高职院校“双高计划”建设教材

高等职业教育“十四五”规划教材

物流基础

主　编◎侯彦明

副主编◎张洪杰　李　鹏　梁艳波　王宏志

方　堃　朱　娜　依铁柱

中国铁道出版社有限公司

CHINA RAILWAY PUBLISHING HOUSE CO., LTD.

内 容 简 介

本书按项目模式进行编写，符合高职教育的教学特点，全书共分九个项目，分别为物流与物流管理、物流包装选择与应用、物流装卸搬运作业、物流运输作业、物流仓配作业、物流流通加工作业、物流信息技术应用、物流职业道德和物流法规与安全。

本书重点讲述物流的含义、分类和我国物流发展的现状，详细讲述和分析物流包装、装卸搬运、运输与配送、仓储保管、物流信息技术、物流标准等物流的基本功能和应用方式。通过学习，可使学生能正确选择物流业务，明确物流智能化、标准化、数据化的发展方向，实现降本、增效、提档、升级。通过精选案例融入课程教学，培养学生爱党爱国的社会主义核心价值观。

本书适合作为高等职业院校物流专业学生的专业基础课教材，也可作为从事物流行业人员的参考用书。

图书在版编目（CIP）数据

物流基础 / 侯彦明主编 . —北京：中国铁道出版社有限公司，2022.6

高等职业教育“十四五”规划教材

ISBN 978-7-113-28710-8

Ⅰ. ①物… Ⅱ. ①侯… Ⅲ. ①物流 - 高等职业教育 - 教材 Ⅳ. ① F252

中国版本图书馆 CIP 数据核字 (2021) 第 262882 号

书　　名：物流基础
作　　者：侯彦明

策　　划：潘星泉　　　　**编辑部电话：**（010）51873090
责任编辑：潘星泉　彭立辉
封面设计：刘　颖
责任校对：孙　玫
责任印制：樊启鹏

出版发行：中国铁道出版社有限公司（100054，北京市西城区右安门西街 8 号）
网　　址：http://www.tdpress.com/51eds/
印　　刷：中煤（北京）印务有限公司
版　　次：2022 年 6 月第 1 版　2022 年 6 月第 1 次印刷
开　　本：787 mm×1 092 mm 1/16　**印张：**20　**字数：**473 千
书　　号：ISBN 978-7-113-28710-8
定　　价：68.00 元

序

黑龙江农业工程职业学院经历国家示范性高职学院建设，2019 年又被教育部、财政部列入“中国特色高水平专业群建设单位”。当前，职业教育改革已经步入深水区。校企合作、产教融合是职业教育的精髓，教师、教材、教法改革（三教改革）是推进、承接和展现高职教育精髓的重要载体，其中教材改革是基础，是改革最重要的支撑，能够助推高职教育培养出行业企业需要的高素质技能型人才。

本套教材作为黑龙江农业工程职业学院“中国特色高水平专业群”建设的主要成果，旨在尝试体现产教融合、课程思政、创新创意和提升人才培养质量。本套教材将从以下 7 个角度展现职教特色和教材特色：

（1）课程类型覆盖面广。本套教材涵盖专业基础课、专业群平台课、专业课、专业核心课和专业拓展课，形成课程类型全覆盖，有效保障科学性、示范性和推广价值。

（2）教材展现形态丰富。创新教材形态，秉承科学严谨、深入浅出、图文并茂、形式多样的特色，开发活页式、工作手册式、立体式融媒体教材，满足不断变化的高职学情，为教师与学生提供有效、有用、有趣的教材。

（3）教材内容紧跟行业需求。教材开发吸纳行业企业精英参与，把行业企业发展的新知识、新技术、新工艺、新方法提炼加工成知识点、技能点和能力点，并融入教材中，提升教材的时代性和先进性。校企合作共同开发是本套教材的一个宗旨，本套教材将引入国家已经公布的 1+X 证书的内容，把证书考核内容和标准融入教材，提高学生的职场能力和就业竞争力。

（4）将思政要素融入教材的知识点和技能点。思政教育是高职教育当下乃至未来一段时间内的主要侧重点。如果思政教育停留在说教上，那会事倍功半。只有根据教材所展现的知识、技能和能力，提炼和升华思政点、总结确认思政要素，将各类思政元素以润物细无声的方式融入教材和教学中，才能达到课程思政的目标，才能培养出高素质技能型人才。

（5）本套教材重点设计为满足“线上+线下的混合式教学模式”和“纯线下教学模式”的使用需求。教师可根据学情分析，确定教学目标和教学计划安排后，根据教学场景和学生接受知识的程度选择“线上”“线上+线下”等多样化的教学组织，以期达到最好的教学效果。

（6）配套资源丰富。教材配有丰富的试题库，为无纸化考核和过程考核提供支持。教材案例形式丰富，既有纯文本的案例资源，也配套二维码，以引入形式多样的多媒体资源，提升教材的易学性，规避传统教材以文字为主的知识性描述，激发学生学习兴趣。

（7）教材的整体设计体现“以学生为中心，以行动为导向”的原则。教材内容组织形式丰富，满足教学改革的需求，根据教材服务的知识、能力和岗位的需求，采用项目式、任务式、工作流程式等符合高职学生认知规律和学情的编写形式，旨在提升教学质量。

高等职业教育不再是普通高等教育的补充，而是具有独立特色和性质的教育，在国家经济发展中有着不可替代的作用。高等职业教育的教材同样应该具有独立特色和组织形式。本套教材从多个专业、多个岗位的视角出发，尝试从内容、展现形式、体例、知识载体上形成具有职教特色的范例，希望能为其他教材开发者提供经验，助推高职学校培养出高素质技能型人才。

黑龙江农业工程职业学院

2021年2月22日

前　言

物流行业是中国十大振兴行业之一，是国民经济运行的基础保障。物流基础课程重点介绍物流的含义和分类，逐一介绍物流的基本功能和应用方式，树立学生正确选择物流业务，坚持物流智能化、标准化、数据化的发展方向，实现降本、增效、提档、升级。物流基础课程是物流类专业基础课，是其他专业的选修课和拓展课。

本书采用活页式，以项目和任务作为教材的核心体例，每个任务包含任务目标、任务学习、任务分析、任务操作、任务测评五项过程性内容，把知识点、素质点、思政点、技能点融入五项过程中，让学生更容易接受。

本书根据正文所讲内容配有微课视频、丰富的习题和案例、9个项目的知识结构图等动静结合的教学资源。大多数教学资源通过二维码的形式嵌套在书中，方便学生即时扫码观看和学习，从而达到立体化、信息化教材的要求。本书所附二维码链接为推荐链接，来源于“智慧树”课程平台。

本书按照物流的功能和作业环节，设置了9个项目37个任务，分别为物流与物流管理、物流包装选择与应用、物流装卸搬运作业、物流运输作业、物流仓配作业、物流流通加工作业、物流信息技术应用、物流职业道德、物流法规与安全。

本书由黑龙江农业工程职业学院侯彦明教授任主编，负责教材的规划设计和统稿，并编写项目一。黑龙江农业工程职业学院张洪杰、李鹏、梁艳波、王宏志、方堃、朱娜、依铁柱任副主编，方堃编写项目二，梁艳波编写项目三，李鹏编写项目四，张洪杰编写项目五、项目七，朱娜编写项目六，依铁柱编写项目八，王宏志编写项目九。

本书学习和借鉴了宋文官教授《物流基础》（第四版）的内容，在此表示感谢。

由于时间仓促，编者水平有限，书中难免存在疏漏与不妥之处，恳请读者批评指正。编者的E-mail:Houyanming66@163.com。

侯彦明

2021年7月

目　　录

项目一　物流与物流管理

知识结构图：

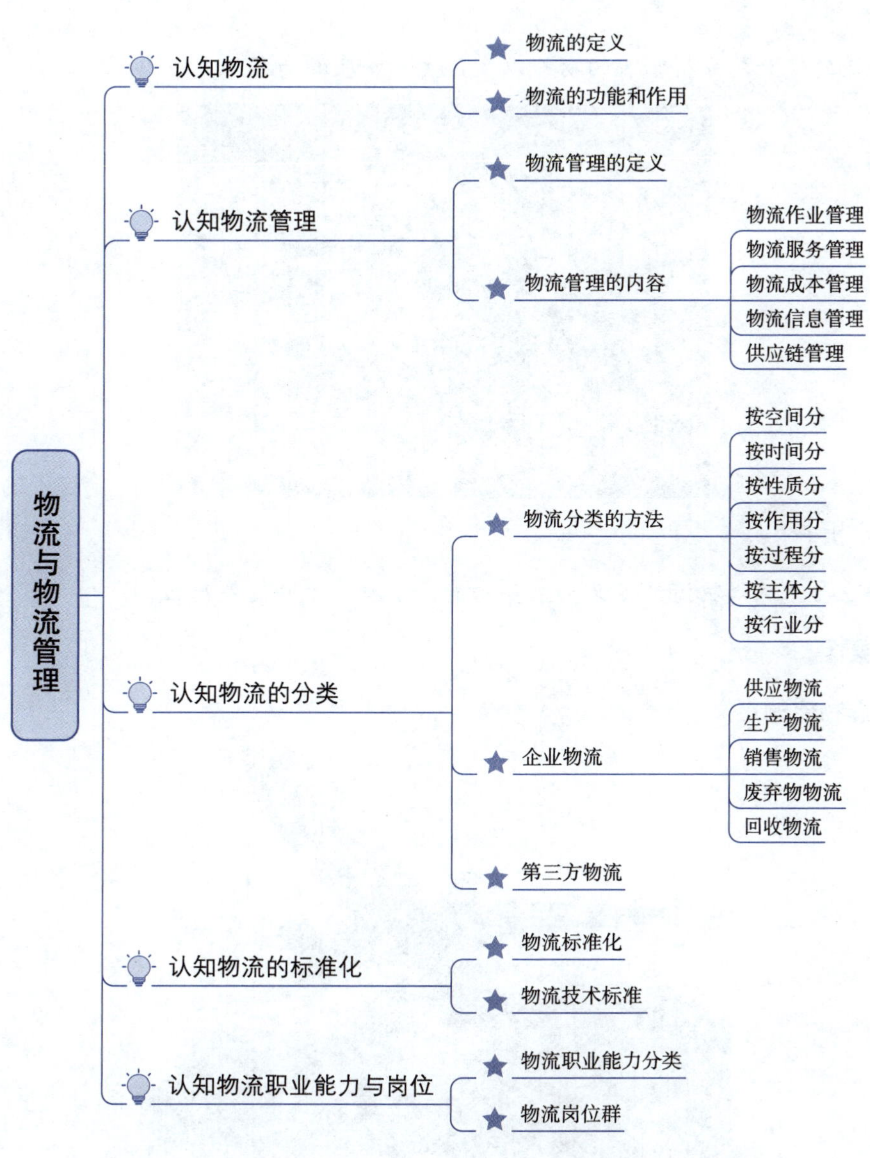

任务一 认知物流

任务目标：

（1）掌握物流的定义；
（2）掌握物流的功能；
（3）了解物流概念产生和发展的历程。

任务学习：

初识物流的定义，分析物流的功能以及产生和发展的历程。

任务分析：

该任务主要是认知物流的定义和主要功能，了解物流的发展历程。

任务操作：

1. 掌握物流的定义

物流与人们的生活息息相关，密不可分。物流不仅与企业生产加工的产品密切关联，而且与人们每天网上购物相关，从网上下单到货物送到人们手中，看似简单的过程，但涉及了多个物流作业环节，会经历相当复杂的物流管理流程。物流过程很重要，起源也很早，但是作为一个专有名词出现的时间并不长。

目前，我国对物流管理最权威的定义是国家标准《物流术语》（GB/T 18354—2021）中的定义：根据实际需要，将运输、储存、装卸、搬运、包装、流通加工、配送、信息处理等基本功能实施有机结合，使物品从供应地向接收地的实体流动过程。例如：

（1）家电物流。从家电生产到消费者收货的全环节，包括家电零件、材料采购、生产加工、制造与装配、包装、装卸与搬运、装车、运输、配送中心入库、配送到客户、消费者验收货物等。

（2）液态牛奶物流。液态牛奶关系千家万户，时效性要求很高。它的物流过程包括牛奶生产、原奶储存、运输、液态奶加工、包装、流通加工、装卸与搬运、装车、运输、配送中心入库、配送销售终端或者直接配送到消费者手中等。

视 频

液态牛奶物流的动画[①]

① 本书所附二维码链接为推荐链接，来源于“智慧树”平台，以下同。

任务单：运 20 大型运输机参与物资运输

<table>
<tr><td colspan="6">任务描述：阅读相关材料，感知科技强国的力量、人民利益至上，物流作用，谈感悟</td></tr>
<tr><td colspan="2">强大的科技助力强国、强军</td><td colspan="4"></td></tr>
<tr><td colspan="2">人民生命财产安全至上</td><td colspan="4"></td></tr>
<tr><td colspan="2">物流运输对物资保障的作用</td><td colspan="4"></td></tr>
<tr><td>学号</td><td></td><td>姓名</td><td></td><td>时间</td><td>年　月　日</td></tr>
</table>

2. 掌握物流的功能和作用

物流的定义清晰地描述了物流的基本功能，包括运输、储存、装卸、搬运、包装、流通加工、配送、信息处理等，这些基本功能对于物流服务面向独立行业是非常必要的，物流的研究方法、研究对象的体系化越来越成熟。

物流在国民经济发展中的作用是非常突出的,2009 年，物流被列入国家“十大振兴行业”，2021 年 3 月通过的《中华人民共和国国民经济和社会发展第十四个五年规划和 2035 年远景目标纲要》中多次提到“物流”，包含了物流体系建设、国家物流枢纽建设、国际物流通道建设、智慧物流、冷链物流设施建设等，这充分表明物流在国家经济和社会发展中的作用。

物流业是融合运输、仓储、货运代理和信息等行业的复合性服务产业，涉及领域广，物流业总体水平的高低会直接影响我国国民经济效益的质量，比如每年都公布社会物流总费用占 GDP 的比值。美国、日本等发达国家该比值稳定在 8% ~ 9%，而我国这个比值较高（见图 1-1），这反映出我国经济运行中的物流成本较高但有相当的优化空间。《国家物流枢纽布局和建设规划》提出，到 2025 年，要“推动全社会物流总费用与 GDP 比率下降至 12% 左右”。

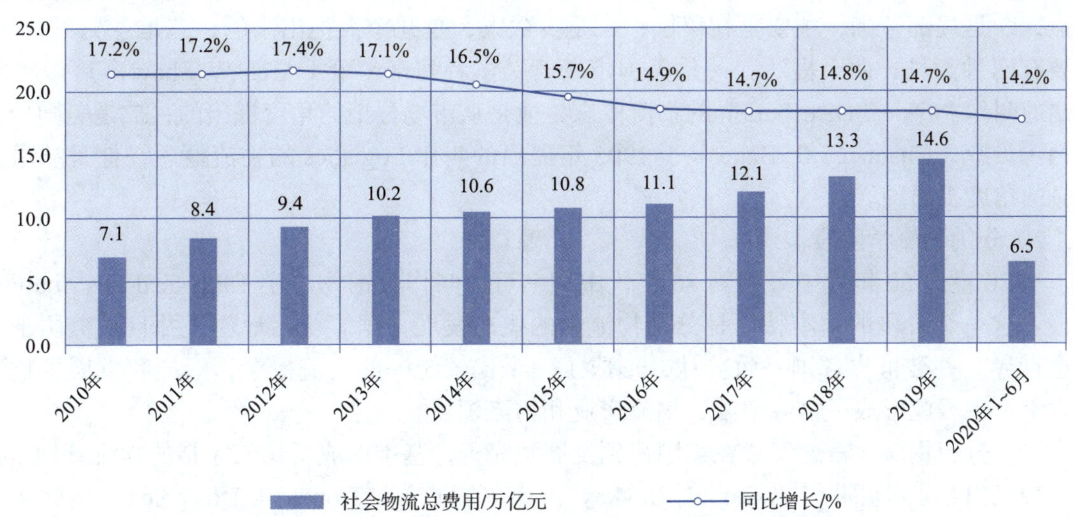

图 1-1　2010—2020 年中国社会物流总费用及占 GDP 比重（单位：万亿元）

资料来源：中物联、国家统计局、前瞻产业研究院整理

物流产业在国民经济发展中的作用一般表现为对宏观经济运行的作用和对微观经济的运行作用。

1）对宏观经济运行的作用

国民经济运行的基本保障；社会经济运行各环节、各部门的纽带；社会资源整合、优化资源配置的重要力量；降低社会运行总成本的重要环节；经济绿色发展方式的支撑。

2）对微观经济运行的作用

（1）企业“第三个利润源”：企业在激烈的市场竞争中，依靠增加市场份额扩大利润越来越难，降低成本是增加利润的更有效的手段，恰恰物流费用在企业成本费用中的占比相当高，如果不影响服务质量合理降低业物流费用，就等于提高了企业的利润。

（2）保值和增值：物流保值和增值是由于任何产品从生产出来到最终消费，都必须经过一段时间、一段距离，在这段时间和距离中，都要经过物流的众多环节，这些环节就要确保产品质量、品质和价值，这也是物流的使命之一。

（3）增强企业竞争力、提高服务水平：在同样的产品质量和品牌影响力的情况下，除价格和生产成本之外，物流服务的能力和水平会直接影响消费者对产品的购买和忠诚度，从而影响企业的竞争力。

（4）保护环境：仓储、配送、装卸、包装等众多环节的新技术、新工艺的使用，包装物循环使用，都能让环境保护的压力明显降低，这也是现代物流最重要的作用之一。

3. 了解物流的产生与发展

物流现象和职能从古代物品交换就开始了，20 世纪初，专家或学者把这个活动总结为专业名词或经济活动，其发展历程大致分为三个阶段：

1）物流概念的孕育阶段

从 20 世纪初到 20 世纪 50 年代，这一阶段是物流概念的孕育和提出阶段。这一阶段的特点，一是局部范围，主要是在美国；二是少数人，是几个人提出来的；三是意见不统一。主要有两种意见、两个提法：一是美国市场营销学者阿奇·萧（Arch W. Shaw）于 1915 年提出的叫作 Physical Distribution 的物流概念，他是从市场分销的角度提出的；二是美国少校琼西·贝克（Chauncey B. Baker）于 1905 年提出的叫作 Logistics 的物流概念，他是从军事后勤的角度提出的。

2）分销物流学阶段

从 20 世纪 50 年代中开始到 80 年代中期，可以叫作分销物流学（Physical Distribution）阶段。这一个阶段的基本特征是分销物流学的概念发展占据了统治地位，并且从美国走向了全世界，并被世界各国一致公认，形成了一个比较统一的物流概念，形成和发展了物流管理学，也因此形成了物流学派、物流产业和物流领域。

（1）分销物流学概念继续在美国得到发展和完善，基本形成了比较完整的物流管理学。

1961 年，斯梅凯（Edward W. Smykay）、鲍尔索克斯（Donald J. Bowersox）和莫斯曼（Frank H. Mossman）撰写了《物流管理》，这是世界上第一本物流管理的教科书，建立起了比较完整的物流管理学科。20 世纪 60 年代初期，密歇根州立大学以及俄亥俄州立大学分别在大学部和研究生院开设了物流课程。

1963 年成立了美国物流管理协会，该协会将各方面的物流专家集中起来，提供教育、培训活动，这一组织成为世界第一个物流专业人员组织。

（2）分销物流学概念从美国走向世界，成为世界公认的物流概念，在世界范围内形成了物流管理学的理论体系。

20 世纪 50 年代中期，美国的分销物流学概念传到了日本，在日本得到了承认、发扬和光大，以后又逐渐传到了欧洲、北美，70 年代末也传到了中国。这样，基本上全世界各个国家都接受了这样的物流概念和物流管理学。

分销物流学，主要把物流看成是运输、储存、包装、装卸、加工（包括生产加工和流通加工）、物流信息等各种物流活动的总和。在分销物流学中，主要研究这些物流活动在分销领域的优化问题。在各个物流专业理论和应用发展上取得了很大的进展，例如系统理论、运输理论、配送理论、仓储理论、库存理论、包装理论、网点布局理论、信息化理论以及它们的应用技术等。

（3）在分销领域各专业物流理论竞相发展的同时，企业内部物流理论异军突起。

1965 年，美国 J. A. 奥列基博士（Dr. Joseph A. Orlicky）提出独立需求和相关需求的概念，并指出订货点法的物资资源配置技术只适用于独立需求物资。而企业内部的生产过程相互之间的需求则是一种相关需求，应当用 MRP（Material Requirement Planning）技术。在 MRP 发展的基础上，受 MRP 思想原理的启发，20 世纪 80 年代又产生了应用于分销领域的 DRP（Distribution Requirement Planning）技术，在 MRP 和 DRP 发展的基础上，为了把二者结合起来运用，90 年代又出现了 LRP（Logistics Resources Planning）技术和 ERP（Enterprise Resources Planning）。

20 世纪五六十年代，日本丰田公司创造的准时化生产技术（Just In Time，JIT）以及相应的看板技术，是生产领域物流技术的另外一朵奇葩。它不但在生产领域创造了一种革命性的哲学和技术，而且为整个物流管理学提供一种理想的物流思想理论和技术，现在已经应用到物流的各个领域。

企业内部另一个重要的物流领域是设施规划与工厂设计，包括工厂选址、厂区布局、生产线布置、物流搬运系统设计等，也都成为物流学强劲应用和发展的领域，形成了物流管理学一个非常重要的分支学科。

所有这些企业内部物流理论和技术的强劲发展，逐渐引起了人们的关注。分销物流的概念显然不能包含它们，使原来只关注分销物流的人们自然想到，仅使用分销物流的概念已经不太合适了。特别是到 20 世纪 80 年代中期，随着物流活动进一步集成化、一体化、信息化的发展，改换物流概念的想法更加强烈，于是就进入了物流概念发展的第三个阶段。

3）现代物流学阶段

第三阶段是从 20 世纪 80 年代中期开始一直到现在，叫作现代物流学（Logistics）阶段。第二阶段物流业的发展，使全世界都自然意识到，物流已经不仅仅限于分销领域，而已经涉及包括企业物资供应、企业生产、企业分销以及企业废弃物再生等全范围和全领域。原来的分销物流概念，已经不适应这种形势，应该扩大概念的内涵，因此决定放弃使用分销物流，而采用 Logistics 作为物流的概念。

值得指出的是，这时候的物流概念 Logistics 虽然和第一阶段的军事后勤学上的物流概念 Logistics 字面相同，但是意义已经不完全相同：第一阶段军事后勤学上的 Logistics 概念主要是指军队物资供应调度上的物流问题，而新时期的 Logistics 概念则是在各个专业物流全面高度发展的基础上基于企业供、产、销等全范围、全方位物流问题，无论是广度、深度以及涵盖的领域、档次都有不可比拟的差别，因此这个阶段的 Logistics 不要译为后勤学，更不要译为军事后勤学，而应当译为现代物流学。它是一种适应新时期所有企业（包括军队、学校、事业单位）的集成化、信息化、一体化的物流学概念。

任务单：了解物流的产生和发展

<table>
<tr><td colspan="6">任务描述：通过所学知识，描述物流的产生和发展的基本知识点</td></tr>
<tr><td colspan="2">物流活动最早的文献记载是什么时候，由谁完成的</td><td colspan="4"></td></tr>
<tr><td colspan="2">物流的概念最早由那个组织、什么时间提出来的</td><td colspan="4"></td></tr>
<tr><td colspan="2">物流的概念由谁在什么时候正式引入中国的</td><td colspan="4"></td></tr>
<tr><td>学号</td><td></td><td>姓名</td><td></td><td>时间</td><td>年 月 日</td></tr>
</table>

任务测评：

结合现实生活，理解物流的含义、产生发展和功能

<table>
<tr><td colspan="2">1. 物流是一种什么活动？</td></tr>
<tr><td colspan="2"></td></tr>
<tr><td colspan="2">2. 物流的最基本功能是什么？</td></tr>
<tr><td colspan="2"></td></tr>
<tr><td rowspan="4">3. 物流特点正确性判断</td><td>（1）物流活动是近代才出现的。（　　）</td></tr>
<tr><td>（2）物流的概念是日本人提出来的。（　　）</td></tr>
<tr><td>（3）物流费用越低越好。（　　）</td></tr>
<tr><td>（4）物流是与生产生活息息相关的经济活动。（　　）</td></tr>
<tr><td colspan="2">4. 我国古代有没有正规的物流机构和活动，举例说明。</td></tr>
<tr><td colspan="2"></td></tr>
</table>

任务二　认知物流管理

任务目标：

（1）掌握物流管理的定义；
（2）了解物流管理的内容。

任务学习：

掌握物流管理的含义。

任务分析：

该任务主要通过认知物流管理的概念，明晰物流管理的作用。

任务操作：

1．掌握物流管理的定义

我国对物流管理定义最权威的是国家标准《物流术语》（GB/T 18354—2021）的定义：为达到既定的目标，从物流全过程出发，对相关物流活动进行的计划、组织、协调与控制。

现代物流管理是在20世纪70年代末期开始出现。在这个时期，主要是美国出台了一些针对航空、铁路、公路运输的一些法案。这些法案的出台有效促进了物流企业的自主权，更加有利于市场竞争。

现代经济社会生产经营方式的规模化、全球化发展，对物流管理的要求提出了更高的需求，专业化、规模化、功能化、系统化、网络化、智能化成为现代物流管理的标志性功能和趋势。

物流管理通过运输、储存、配送、信息处理等物流活动与现代生产和社会分工紧密融合在一起，成为社会和企业的第三方利润源。

物流管理具有以下特征：

1）客户的满意度是首要目标

物流活动以客户需求为出发点。现代物流中，客户服务的优化是企业战略中优先级最高的，追求客户服务的差异化、满足客户个性化需求与物流成本管理之间的平衡一直是企业管理的重要内容。

2）物和信息的流动是管理对象

现代物流管理不仅单一把物的活动作为管理对象，信息技术、信息交换是物流活动的重要支撑，只有物流、信息流、资金流有效统一、协同管理，才能保障物流功能的实现，并有效促进物流管理效率和成本的关系。

3）效率和效益的平衡是管理的标准

满足客户需求、实现效率最大化一直是物流管理追求的目标。但是服务客户、满足个性化需求，无疑会增加物流成本，降低企业的利润，效率提高了，效益降低了。效率和效益的最优平衡点是物流管理的标准，这个平衡点不是一成不变的，它会随着经济发展、科技进步、物流工具和工艺的提高而变化。

4）物流标准化贯穿管理的一切活动

物流活动为了提高物品和信息流动过程中的作业成本、交换成本，会让所有参与物流活动的各环节使用统一大小的工具和载具，使用机械化作业以提高物流效率。现代物流管理中不仅要求物流工具和载具的标准化，同时还会要求物流作业流程、作业规范都要尽量统一，从而提高社会物流活动的总体效率和效益，降低社会物流总费用，提供客户满意度。

2. 了解物流管理的内容

物流管理是通过对物流活动的过程进行组织、协调和控制，一般包括物流作业管理、物流服务管理、物流成本管理、物流信息管理、供应链管理。

1）物流作业管理

物流作业是为完成特定物流活动所进行的具体操作。物流作业流程是为达到一定的物流目的而依次进行的一系列物流作业。

在物流活动中，不论是人力化、机械化物流系统，还是自动化、智慧化的物流系统，都需要正确有效率的作业方法配合。最基本的物流作业流程一般包括：订单处理作业、进货作业、搬运作业、储存作业、盘点作业、拣货作业、补货作业、出货作业、配送作业，如图 1-2 所示。

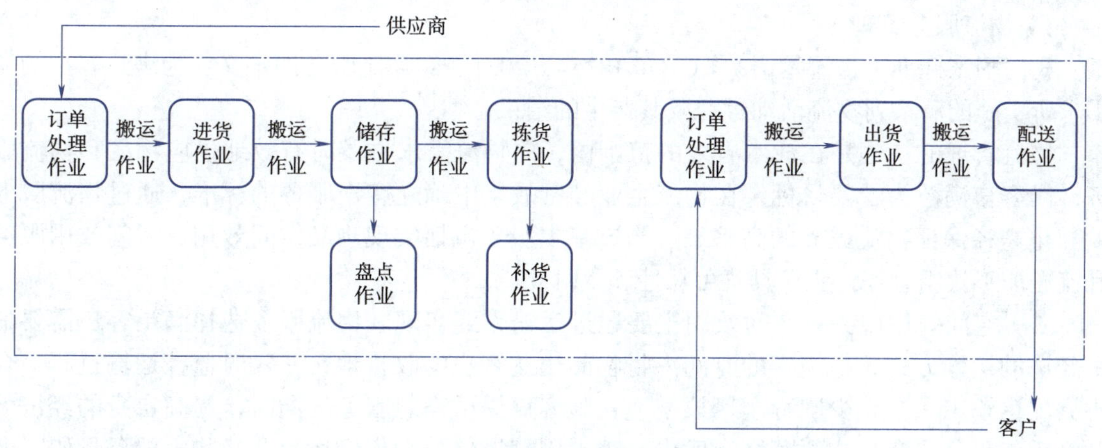

图 1-2　最基本的物流作业流程

不同物流企业、国内外流通企业的物流基本作业流程大致是相同的，但是在实施过程中，作业的统一规范性、物流信息系统的使用、商品物流的质量管理、减少作业环节和成本是物流作业管理的重点。

（1）物流作业规范化和标准化。在现代物流管理过程中，考虑到商品的大进大出、快进快出模式，企业必须对物流作业的每个环节进行严格控制，防止在企业运营过程中的跑、冒、滴、漏，降低企业的物流成本。因此，企业只有设计了一套从采购到销售规范的业务流程，并辅以信息技术实现全程的规范管理和监督，才能使整个进、存、销过程都处于公司的动态监控之下，才能有效防止各个环节上的人情干扰、无谓损失。

（2）物流作业的质量管理。在物流作业中，企业应时刻贯彻质量管理的理念。

沃尔玛创造了零售业神话，“防损无处不在”是其在物流作业管理的重要切入点。在物流作业中一旦防损发生问题，上至总裁、下至员工都要按规定接受防损部的调查，以达到通过防损实现成本控制、人员控制以及其他方面的控制。

（3）物流作业的信息化管理。现代物流作业，必须有信息系统的管理才能保障数据、信息的安全和可靠。物流作业的信息系统一般通过信息化手段作为信息处理和采集的起始点，然后上传于物流信息处理和决策系统，进行加工处理、分流和调配，并下达到物流作业的设备或者人员，让人员不跑路、信息多走路，提高物流作业的规范化管理，提高管理人员的工作效率。

（4）物流作业的流程优化。物流已经成为企业的第三利润源泉，而物流作业是获得利润的最重要环节。物流作业是物流活动中最大的成本支出项目。物流作业流程的先进性、合理性是能够少投入多产出的关键。随着信息化水平的不断提高，物流作业的流程优化和再造变得可能。物流作业流程必然要重新组合、优化，对流程的每一个环节进行改进，对不提供价值的环节彻底摒弃，力争改进流程中每一个环节的工作绩效，通过战略设计和组织管理模式的变革，将企业运行中被割裂的过程重新联结起来，使其成为一个连续的流程，使流程更加通畅，通过对业务流程的集成与优化，实现成本和效率的整体优化，增强企业的竞争能力。

2）物流服务管理

我国国家标准《物流术语》（GB/T 18354—2021）对物流服务的定义：为满足客户物流需求所实施的一系列物流活动过程及其产生的结果。

物流管理的核心是在成本有效的范围内，向物流需求方及时有效地供应物品和物流服务，以客户满意为首要目标，在物流企业经营战略中确立客户服务的标准，通过物流服务差异化途径保证物流服务的高水平。物流基本服务包括实现物品空间效用、时间效用服务和流通加工效用服务，要求具备可靠性和及时性。

（1）空间效用服务。空间效用主要通过运输方式实现。物流服务选择满足客户需要的最经济的运输方式，在规定的时间内将物品送达客户的收货地，并实时监控运输过程，合理调配运输工具，减少回程车辆放空。在为客户提供满意服务的同时，提高自身的经济效益。沃尔玛公司在货物暂存区仓库中，工人用扫描仪分别识别运单和货物上的条形码，通过计算机准确无误识别后才存入或检出，大大提高了效率，保证了沃尔玛零售店的顺利运营。

（2）时间效用服务。时间效应主要通过仓储方式实现。物品在生产经营过程中的暂时停滞对货主是资源的被动浪费，储存功能将其转化为积极的调节功能。

生产和消费不可能完全同步，当市场物品供应过多、价格下降时，将一部分物品储存起来，减少供应，导致价格回升；当市场物品供应减少、价格上升时，将储存物品尽快输送到市场，保证供应，实现价格稳定。

配送中心将分散货源集中到集货中心，然后进入快速干线运输；或者将集中购物从干线运输分散到配送中心，再配送到终端客户。在这种物品从分散到集中的过程中，储存功能发挥了积极的保障和调节作用。

物流服务商选择连贯的运输方式，通过在储存体系中配备高效的分拣、传送、保管设备，多种物流活动同时交叉进行，能减少货主企业的库存量和库存时间。物流服务商还可以采用准时供应方式，利用信息网络的虚拟库存代替实物库存，在不降低物流服务水平的前提下，尽可能减少实物库存水平。

华联印刷在生产物流管理方面统一定制码放产品台板。不同的车间根据本部门常见产品种类和规格，定制了相应规格的可重复使用的塑料卡板，并分别用不同颜色区分其所属部门。这种方式使不同工序的半成品与台板相匹配，整齐美观，台板的使用井然有序，减少了台板不合适或找台板耗费的无效时间，将无效工作减到最小。

（3）流通加工效应服务。流通加工是在流通过程中，应客户要求对物品进行的外形和包装加工。流通加工的作用是促进销售，维护产品质量。

蒙牛在每个小店、零售店、批发等零售终端投放冰柜，以保证其低温产品的质量。由北京销往各地的低温产品，则全部采用汽车运输，虽然成本较铁路运输高出很多，但在时间上能有保证。通常，超市在低温产品超过生产日期 3 天后就会拒绝进货，所以蒙牛必须保证其产品在 2 ~ 3 天内到达终端。蒙牛减少物流费用的方法是尽量使每一笔单子变大，形成规模后，在运输的各个环节就都能得到优惠。对于保质期很短的低温产品，运输半径的减小可以缩短运输时间，这就要求生产车间距离销售终端越近越好。

任务单：进一步理解物流服务管理

任务描述：根据生活中真实现象，分析和理解物流服务管理					
1. 在网上下载付费音乐是否是物流活动？					
2. 唐著名诗人杜牧的《过华清宫三首·其一》有两句诗“一骑红尘妃子笑，无人知是荔枝来”描述了什么物流的最基本功能，描述该活动是通过什么效用来实现价值的？					
3. 党的十九届六中全会，对物流、物流服务做了哪些描述，有什么重大意义？					
学号		姓名		时间	年　月　日

3）物流成本管理

我国国家标准《物流术语》（GB/T 18354—2021）对物流成本的定义：物流活动中所消耗的物化劳动和活劳动的货币表现。对物流成本管理的定义：对物流活动发生的相关成本进行计划、组织、协调与控制。

视　频

物流成本的概念

物流成本管理不单单是一项具体的可操作的任务，也不仅仅是管理物流成本，而是通过成本去管理物流，可以说是以成本为手段的物流管理方法。通过对物流活动的管理，从而在既定的服务水平下，达到降低物流成本的目的。

物流成本管理的基本内容包括物流成本分析、物流成本决策和物流成本控制三部分。

（1）物流成本分析：进行物流成本决策与控制的基础，主要包括物流成本核算和物流成本分析两部分。

物流成本核算是指根据企业确定的成本计算对象，对产生的生产耗费进行归纳，计算出各物流活动成本计算对象的实际总成本和单位成本。可以如实地反映生产经营过程中的实际耗费，也反映出各种活动费用、实际支出与计划支出的差异。物流成本核算是对物流成本计划执行和达成程度的检验，是物流成本管理的基础内容，其核算的准确性对物流成本管理的成效有着至关重要的影响。

物流成本分析是在成本核算及各种相关资料的基础上，使用一些统计分析的方法，分析揭示物流成本水平的变动，进一步查明影响物流成本变动的各种因素。

通过物流成本分析，可以提出积极的建议，采取有效的措施，合理地控制物流成本。物流成本分析的主要目的是，在实现既定的顾客服务水平的条件下，降低企业的物流成本，提高企业的竞争能力。物流成本的分析过程，也是对前一阶段物流成本管理业绩的评估过程。

（2）物流成本决策：包括物流成本预测、物流成本决策和物流成本计划的制订。

物流成本预测是在对本年度物流成本进行分析的基础上，根据有关物流成本数据和企业具体的发展情况，运用一定的技术方法，对未来的物流成本水平及其变动趋势做出科学的估计。物流成本预测可以提高物流成本管理的科学性和预见性。

物流成本决策是在成本预测的基础上，结合其他有关资料，运用一定的科学方法，从若干个方案中选择一个满意的方案的过程。这一过程是下一步编制物流成本计划的必要条件。

物流成本计划是根据物流成本决策所确定的方案、计划期的生产任务、降低成本的要求以及有关资料，运用一定的程序方法，以货币形式规定计划期物流各环节耗费水平和成本水平，并提出保证成本计划顺利实现所采取的措施。

（3）物流成本控制：主要包括物流成本控制和物流成本信息反馈。

物流成本控制是根据计划目标，对成本发生和形成过程以及影响成本的各种因素和条件施加主动的影响，以保证实现物流成本计划的一种管理行为。它在物流成本管理过程中，可以说是最为重要的一项内容，只有对物流成本实施合理的控制，提高物流成本管理绩效，才能真正为企业和社会带来直接的实际利益。

企业通过成本控制，可以及时发现存在的问题，采取纠正措施保证成本目标的实现。

物流成本信息反馈是指对物流过程中所发生的有关成本方面的各种资料和数据，进行收集、整理、汇总，加强对物流成本的控制，保证物流成本目标的实现。

物流成本分析、物流成本决策、物流成本控制，在成本管理活动中是互相配合、相互依存的一个有机整体。物流成本管理是物流管理中非常重要的一个环节。

4）物流信息管理

我国国家标准《物流术语》（GB/T 18354—2021）对物流信息的定义是：反映物流各种活动内容的知识、资料、图像、数据的总称。

物流信息一般通过外部信息载体进行快速信息交换，提高管理效率，如条形码、RFID、北斗、GPS 等。条形码一般分为一维码条形码和二维码条形码，用于记录商品信息、货位信息、运输信息以及商品溯源信息，在商品的外包装上比较常见。RFID 是一种非接触识别技术，相比条形码来说，储存信息量更大、可重复使用，缺点是成本较高，在大型仓储和车辆调度应用较多。北斗和 GPS 都是定位系统，北斗是我国自主研究的，GPS 是美国的，北斗的一些性能已经超过 GPS。平时人们去陌生地方，都会用到手机的定位系统，就是应用了北斗和 GPS。

物流信息管理是指运用计划、组织、指挥、协调、控制等基本职能对物流信息进行收集、检索、研究、报道、交流和提供服务的过程，并有效地运用人力、物力和财力等基本要素达到物流管理的总体目标的活动。

物流信息管理就是对反映物流企业生产经营的知识、资料、图像、数据、文件等信息，利用管理学的理论、手段和方法，收集、研究、加工、处理成有用的信息，并把这些有用的信息，借助计算机程序、管理信息系统、IT 手段完成企业的物流管理。

这个活动过程经常被企业分解为各类子业务，通过信息管理系统去实现上述功能，完成具体任务。

例如，仓储管理、运输管理、配送中心管理等就是物流信息管理的子业务。下面了解一下物流信息管理给物流作业带来的效率。

物流信息管理的内容主要包括信息政策制定、信息规划、信息收集、信息处理、信息传递、信息服务与应用。

物流信息可区分为显性信息和隐性信息。显性信息是可用语言明确表达出来的、可编码化的信息；隐性信息则存在于人们的个人行为、世界观、价值观和情感之中，往往很难以某种方式直接表达出来或直接发现，也难以传递与交流。

因此，需要对显性信息进行分析、加工和提取，挖掘出隐藏在后面的隐性信息，这就是非常主流的技能——数据挖掘。

物流网络和节点建设是为客户提供一站式服务最重要的一步。而在加强总部对各个网点管理，最大化地保障物流功能的无缝衔接，实现企业与客户之间的信息及时、准确传递等环节，以 IT 技术为基础的物流信息化手段，在物流管理优化方面发挥着决定性的作用。

要准确、及时地完成信息规划、信息收集、信息传递、信息处理、信息服务与运用、信息政策制定六方面的内容，没有信息化手段是很难实现的。也就是说，企业需要根据自己的业务流程特点和业务流程需要，研发或者购买管理信息系统来完成上述功能和任务。

随着信息技术的高速发展和 5G 快速应用，物流信息管理也将迎来技术和理念的跨域，大数据、人工智能、云计算、移动通信将助推物流信息管理成为物流企业的核心竞争力，如图 1-3 所示。

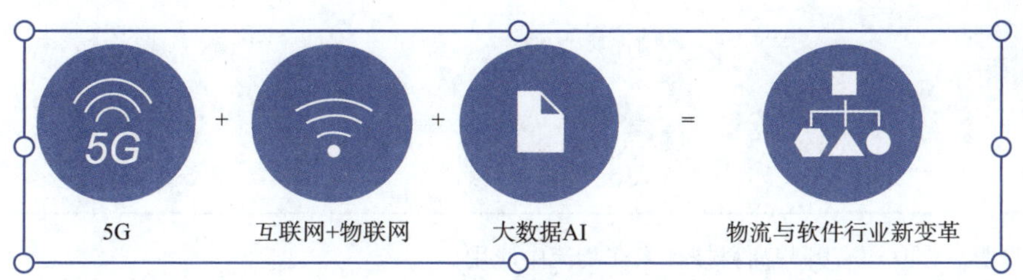

图 1-3　物流信息管理的变革

任务单：进一步理解物流信息管理

<table>
<tr><td colspan="6">任务描述：根据生活中真实现象，分析和理解物流服务管理</td></tr>
<tr><td colspan="6">1. 物流活动的信息管理，应该处理哪些信息，规避哪些信息，避免违反《中华人民共和国个人信息保护法》？</td></tr>
<tr><td colspan="6"></td></tr>
<tr><td colspan="6">2. 举例说明，大数据分析技术对物流效率的提高有什么样的促进作用。</td></tr>
<tr><td colspan="6"></td></tr>
<tr><td colspan="6">3. 举例说明，你身边有哪些高科技技术在物流中应用。</td></tr>
<tr><td colspan="6"></td></tr>
<tr><td>学号</td><td></td><td>姓名</td><td></td><td>时间</td><td>年　月　日</td></tr>
</table>

5）供应链管理

我国国家标准《物流术语》（GB/T 18354—2021）对供应链的定义：生产及流通过程中，围绕核心企业的核心产品或服务，由所涉及的原材料供应商、制造商、分销商、零售商直到最终用户等形成的网链结构。对供应链管理的定义：从供应链整体目标出发，对供应链中采购、生产、销售各环节的商流、物流、信息流及资金流进行统一计划、组织、协调、控制的活动和过程。

一个完整的供应链始于原材料供应商，止于最终用户。

供应链是由原材料供应商、制造商、仓库、外部供应商、运输商、配送中心、分销商、零售商、顾客等多个环节组成的链状结构或网络。

供应链是围绕核心企业，通过对信息流、物流、资金流的控制，从采购原材料开始，到制成中间产品以及最终产品，最后由销售网络把产品送到消费者手中，将供应商、制造商、分销商、零售商、最终用户连成一个整体的网链结构和模式。网链中的各个实体称为节点，如图 1-4 所示。

供应链的最终目的是满足客户需求，同时实现企业的利润。由于企业管理的出发点不同，会导致供应链的驱动力和供应链的流动方向不同，按照这个观点，供应链的类型可以分为推动式供应链、拉动式供应链和推拉混合式供应链。

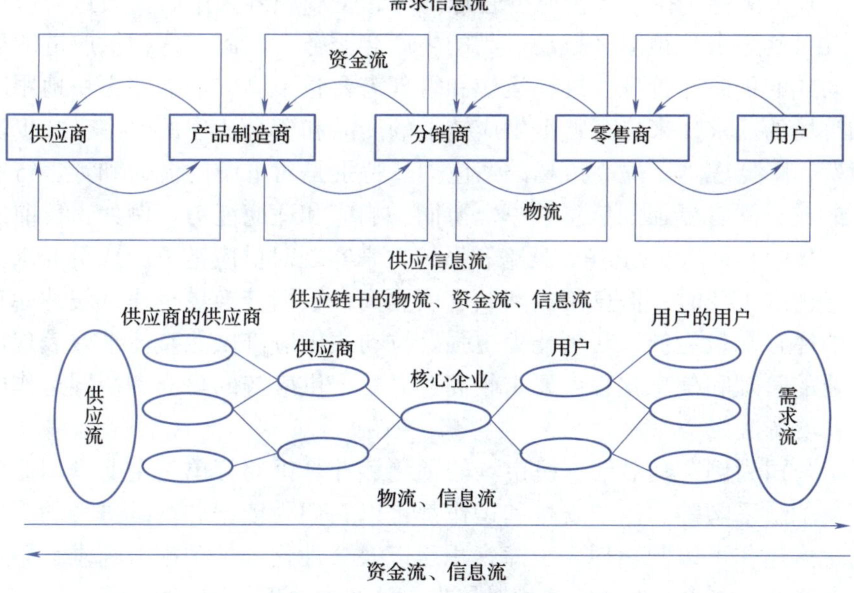

图 1-4　网链中的各个实体

（1）推动式供应链。推动式供应链的运作是以产品为中心，以生产制造商为驱动原点，这种传统的推动式供应链管理是以生产为中心，力图尽量提高生产率、降低单件产品成本来获得利润。通常，生产企业根据自己的 MRP-II/ERP 计划来安排从供应商处购买原材料，生产出产品，并将产品经过各种渠道，如分销商、批发商、零售商一直推至客户端。在这种供应链上，生产商对整个供应链起主导作用，是供应链上的核心或关键成员，而其他环节如流通领域的企业则处于被动的地位，这种供应链方式的运作和实施相对较为容易。然而，由于生产商在供应链上远离客户，对客户的需求远不如流通领域的零售商和分销商了解得清楚，这种供应链上企业之间的集成度较低，反应速度慢，在缺乏对客户需求了解的情况下生产出的产品和驱动供应链运作的方向往往是无法匹配和满足客户需求的。

同时，由于无法掌握供应链下游，特别是最末端的客户需求，一旦下游有微小的需求变化，反映到上游时这种变化将被逐级放大，这种效应称为牛鞭效应。为了对付这种牛鞭效应，相应下游，特别是最末端客户的变化，在供应链的每个节点上，都必须采取提高安全库存量的办法，需要储备较多的库存来应付需求变动，因此，整个供应链上的库存较高，相应客户需求变化较慢。传统的供应链管理几乎都属于推动式的供应链管理，如图 1-5 所示。

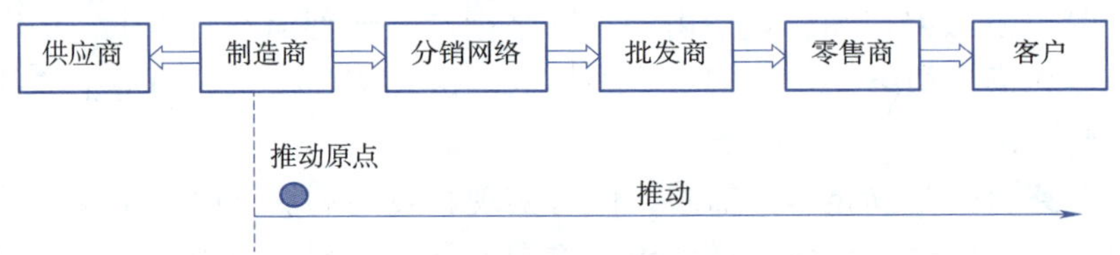

图 1-5　推动式供应链

（2）拉动式供应链。拉动式供应链管理的理念是以顾客为中心，通过对市场和客户的实际需求以及对其需求的预测来拉动产品的生产和服务。因此，这种供应链的运作方式和管理称为拉动式的供应链管理。这种运作和管理需要整个供应链能够更快地跟踪，甚至超前于客户和市场的需求，来提高整个供应链上的产品和资金流通的效率，减少流通过程中不必要的浪费，降低成本，提高市场的适应力。特别是对下游的流通和零售行业，更是要求供应链上的成员间有更强的信息共享、协同、响应和适应能力。例如，目前发达国家采用协同计划、预测和补货（CPFR）策略和系统，来实现对供应链下游成员需求拉动的快速响应，使信息获取更及时，信息集成和共享度更高，数据交换更迅速，缓冲库存量，使整个供应链上的库存总量更低，获利能力更强。拉动式供应链虽然整体绩效表现出色，但对供应链上企业的管理和信息化程度要求较高，对整个供应链的集成和协同运作的技术和基础设施要求也较高。

以计算机公司为例，其对计算机市场的预测和计算机的订单是企业一切业务活动的拉动点，生产装配、采购等的计划安排和运作都是以它们为依据和基础进行的，这种典型的面向订单的生产运作可以明显地减少库存积压以及个性化和特殊配置需求，并加快资金周转。然而，这种供应链的运作和实施相对较难。其结构原理如图 1-6 所示。

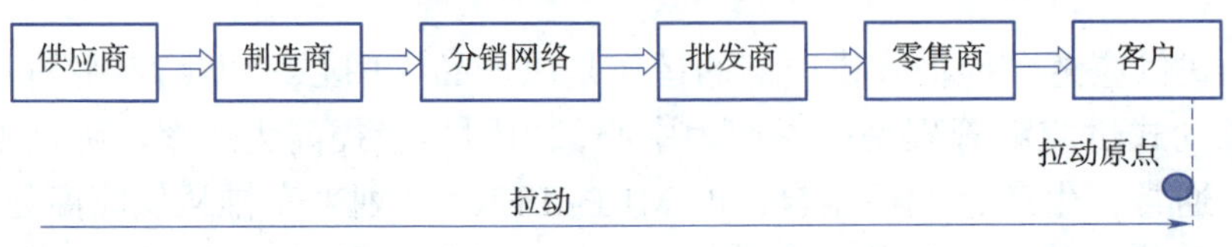

图 1-6　拉动式供应链

但在一个企业内部，对于有些业务流程来说，有时推动式和拉动式方式共存。例如，供应链管理中的延迟生产策略就很好地体现了这一点，通过对产品设计流程的改进，使推和拉的边界尽可能后延，便可有效地解决大规模生产与大规模个性定制之间的矛盾，在充分利用规模经济的同时实现大批量客户化生产。

（3）推拉混合式供应链。推动式供应链和拉动式供应链都各有其优点及其局限性，并且二者的优缺点之间存在着相当的互补关系。拉动式供应链难以实现制造和运输的互补关系，而推动式则可以实现，因此将推动式和拉动式结合起来形成一种新的供应链将更加有效。这种可以扬长避短，既能有效响应市场、降低库存，又可以实现规模经济，降低实施难度的供应链模式可以称作推拉混合式供应链，如图 1-7 所示。推拉混合式供应链结合了推动式和拉动式供应链的优点，扬长避短，既可以为顾客提供定制化产品和服务，又可以实现规模经济。

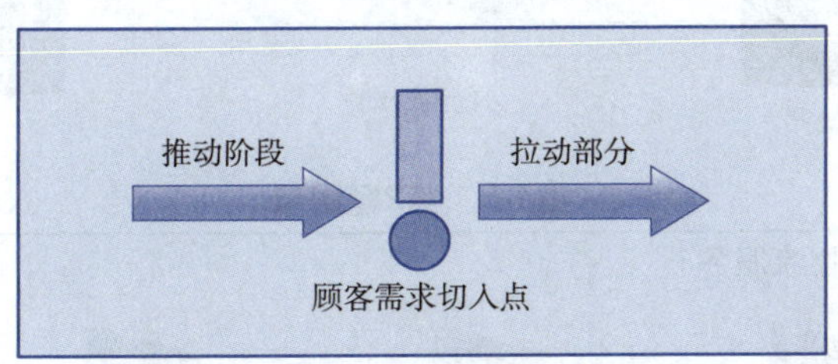

图 1-7　推拉混合式供应链

具体而言，其优势主要表现在：降低库存与物流成本，增加了最终产品型号，能更好地满足顾客的差别化需求，可以实现规模生产和规模运输，缩短了交货提前期，提高了快速反应能力，降低了不确定性，减小了企业风险，实施难度相对不大，具有可行性。

思考：物流活动的信息管理，应该处理哪些信息，规避哪些信息，避免违反《中华人民共和国个人信息保护法》？

任务测评：

结合所学知识分析现象

<table>
<tr><td>

1. 物流服务的核心是（　　）。

A. 订单服务　　B. 延伸服务

C. 运输服务　　D. 配送服务

</td></tr>
<tr><td>

2. 图 1-8 反映的是什么物流服务？

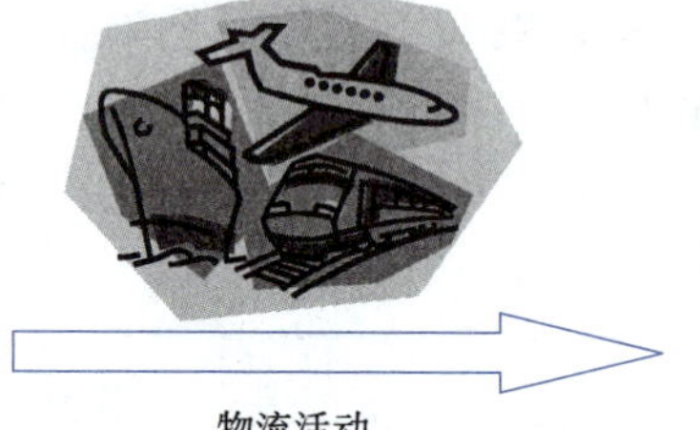

图1-8　第2题图示

</td></tr>
<tr><td>

3. 图 1-9 反映的是什么物流服务？

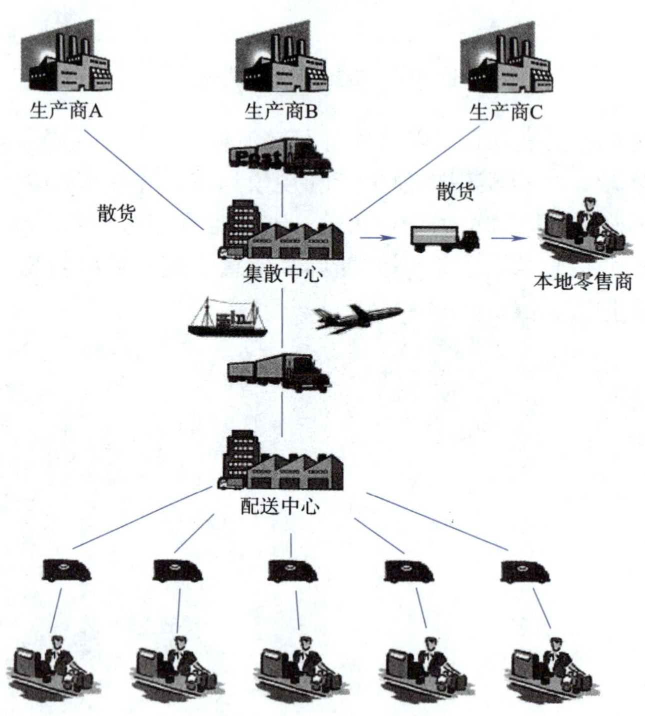

图1-9　第3题图示

</td></tr>
<tr><td>

4. 举例说明物流服务管理成本与效率的关系？

</td></tr>
<tr><td>

</td></tr>
</table>

任务三 认知物流的分类

任务目标：

（1）了解物流的分类方法；
（2）掌握企业物流的内容；
（3）掌握第三方物流的定义和作用。

任务学习：

全班同学分成三组，每组选组长一人，负责全部组员分工合作。第一组负责第一方物流概念、特征、优缺点的描述；第二组负责第二方物流概念、特征、优缺点的描述；第三组负责第三方物流概念、特征、优缺点的描述。

任务分析：

该任务主要掌握第一、二、三方物流的含义和优缺点，引出物流分类、企业物流的主要内容，锻炼学生利用互联网等渠道收集和学习物流理论和知识的能力，并能在公开场合演讲。

任务操作：

掌握物流的分类，有利于物流组织、管理和作业的选择，为企业提供更加高效的物流服务，降低成本，提高效率。

1. 了解物流分类

物流的分类方法很多，最常见的有七种分类方法。

（1）按空间范围分类：地区物流、国内物流、区域物流、国际物流。
（2）按时间分类：传统物流、综合物流和现代物流。
（3）按性质分类：企业物流、行业物流、社会物流。
（4）按物流在社会再生产的作用分类：微观物流、宏观物流。
（5）按物流过程分类：供应物流、生产物流、销售物流、废弃物物流、回收物流。
（6）按物流主体分类：第一方物流、第二方物流、第三方物流。
（7）按物流服务行业分类：粮食物流、钢材物流、医药物流、烟草物流、煤炭物流、液态奶物流、家电物流、汽车物流、特种行业物流等。

2. 掌握企业物流

物流分类的第五类分类方法是按物流过程分类的，主要是对企业物流的分类。企业物流也就是企业按生产（流通）过程中所需原材料以及物资等经过加工处理形成产品，销售到消费者手中的全过程发生的物流活动，如图 1-10 所示。

（1）供应物流：指企业为生产、加工或者流通采购原材料、零部件或其他物品时所发生的物流活动，包括原材料等一切生产资料的采购进货、运输、仓储、包装、装卸搬运、库存管理和用料管理。例如，液态牛奶物流、农业生产资料物流等。

（2）生产物流：指企业为生产产品过程中发生的原材料、在制品、半成品、产成品等各种在企业内的物流活动，包括企业内运输、装卸搬运、在制品、半成品仓储与管理、信息和数据的传递等活动。例如，企业生产资料场区内配送物流，在制品、半成品倒运物流等。

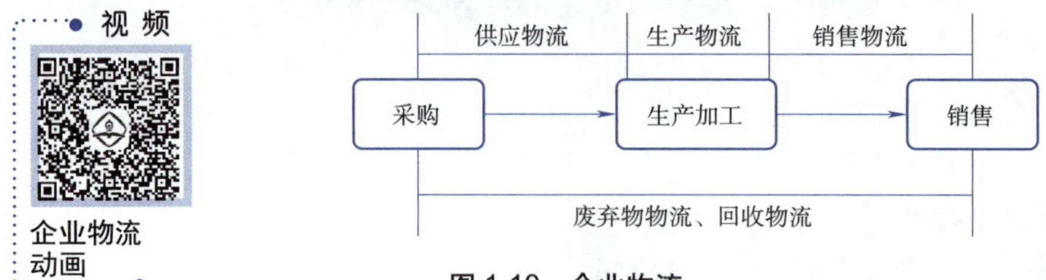

图 1-10 企业物流

（3）销售物流：指企业出售商品过程中所发生的物流活动，包括半成品、产成品的库存管理、运输、订单处理、物流服务等活动。例如，家电配送物流、装卸材料配送物流等。

（4）废弃物物流：指经济活动中失去原有使用价值的物品，根据实际需要进行收集、分类、加工、包装、搬运、储存等，并分送到专门处理场所的物流活动。例如，医药垃圾处理物流、工业垃圾物流等。

（5）回收物流：指退货、换货、返修物品和周转使用的包装容器等从需方返回供方所发生的物流活动。例如，啤酒瓶回收物流、电商退、换货物流等。

企业物流的各环节，一般根据企业核心业务的需要而选取，第一、二、三方物流的形式开展物流活动。

3. 掌握第三方物流

第三方物流又称合同物流，是针对第一方、第二方自营物流的专门从事物流活动的专业物流活动，是由独立于物流服务供需双方之外且以物流服务为主营业务的组织提供物流服务的模式。

1）第三方物流的特征和作用

（1）基于服务合同开展物流活动。第三方物流起始于订单，所以有时也称为订单物流、合同物流。物流合同是第三方物流的活动起点和规则，也是最核心的特点。

（2）降低成本，提高效率。第三方物流通过专业化、集成化、资源共享、信息技术等专业的手段，为企业提供更多专业化的服务，有效降低企业的成本，同时还能提高物流的效率。

（3）减少库存。原材料和商品库存会占用企业大量的流动资金和企业仓储资源，这都将影响企业获利能力。第三方物流专业化程度高，能够实现及时配送，不影响企业生产和销售，大大降低了企业的库存。

（4）个性化物流服务。每个企业的生产、加工、销售都具有独立性，有时间、空间和形象的差异，只有第三方物流作为专业的物流服务公司才能针对不同企业提供个性化的物流服务，来满足企业间差异化的商品和错位竞争。

（5）信息技术是基础。第三方物流需要与物品提供方、物品需求方大量、及时地交换信息才能保障服务的高效和控制成本，现代化信息技术和手段是完成这些功能最基础的保障。

（6）提高企业竞争力。企业把物流业务外包给第三方物流企业，可让企业有更多的时间、精力、人力、技术、资金用于产品研究、市场开拓和推广，从而提高企业的市场占有率和市场把控能力。

任务单：进一步理解第三方物流

<table>
<tr><td colspan="6">任务描述：通过分析第三方物流与传统物流的区别，进一步理解第三方物流</td></tr>
<tr><td colspan="2">—</td><td colspan="3">第三方物流</td><td>传统物流</td></tr>
<tr><td colspan="2">服务功能</td><td colspan="3"></td><td></td></tr>
<tr><td colspan="2">物流成本</td><td colspan="3"></td><td></td></tr>
<tr><td colspan="2">增值服务</td><td colspan="3"></td><td></td></tr>
<tr><td colspan="2">利润来源</td><td colspan="3"></td><td></td></tr>
<tr><td colspan="2">信息化程度</td><td colspan="3"></td><td></td></tr>
<tr><td colspan="2">风　　险</td><td colspan="3"></td><td></td></tr>
<tr><td>学号</td><td></td><td>姓名</td><td></td><td>时间</td><td>年　月　日</td></tr>
</table>

任务测评：

结合所学知识分析现象
1. 按七种物流分类方法，应急物流最适合（　　）分类。 A. 性质 B. 空间范围 C. 主体 D. 服务对象
2. 下列（　　）不属于第三方物流主要作用。 A. 提高企业竞争力 B. 减少库存、提升企业形象 C. 降低成本，提高效率 D. 增加广告效应
3. 举例说明本地较大的第三方物流企业有哪些，都能提供什么样的物流服务。
4. 描述一下液态奶物流的流程。

任务四　认知物流的标准化

任务目标：

（1）掌握物流标准化基本内容和作用；

（2）了解物流技术标准的基本内容。

任务学习：

中国有一句古语“没有规矩不成方圆”，说的就是做事一定要先有规矩和标准。经济社会标准的重要性尤为突出，企业家们经常说“一流企业做标准，二流企业做品牌，三流企业做产品”，可想而知每个企业都想做行业标准，提高企业在行业的话语权。物流标准化是物流降低成本、提高核心竞争力的最重要的方法、手段和趋势。物流从业者要掌握物流标准。

任务分析：

该任务主要了解物流技术标准的内容以及物流标准化的主要内容，指导物流业务的规范性和可适应性。

任务操作：

1. 掌握物流标准化的基本内容和作用

现代物流与传统物流最重要的区别就是现代物流作业和管理都有相关的标准，这些标准让所有从事物流活动的企业都有所遵循，方便业务融合，减少业务衔接过程中的不便，有效降低成本，提高效率。

标准是对重复性事物和概念所做的统一规定，它以科学技术和实践经验的结合成果为基础，经有关方面协商一致，由主管机构批准，以特定形式发布，作为共同遵守的准则和依据。

标准一般分为国家标准、行业标准、企业标准，这三个标准理论上一个比一个严格。对于一个行业或者产业，国家标准是最低标准，是所有从事这个行业或产业的主体必须遵守的规矩和准则，而行业标准和企业标准一般在国家标准基础上会加入一些更加苛刻的内容，让自己的产品和流程更加安全、有效，以提升行业地位和竞争力。

物流标准化是指物流组织或行业以物流系统与物流业务为对象，专门针对运输、储存、装卸、包装、流通加工以及物流信息处理等物流活动而制定、发布和实施有关技术和工作业务流程的标准，如图1-11所示。

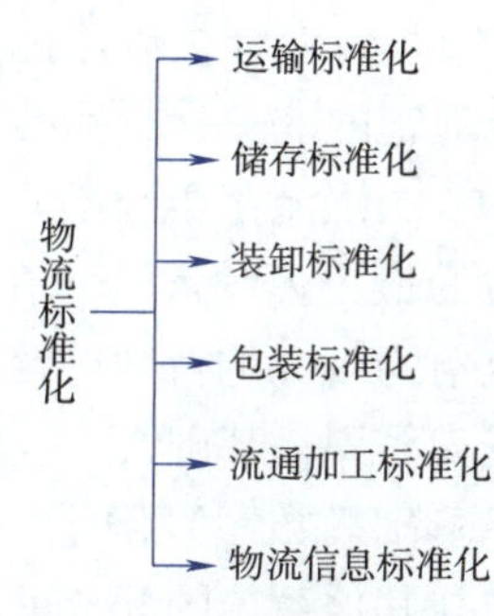

图1-11　物流标准化内容

我国物流标准化工作的管理机构主要有：中国标准化协会物流技术标准化工作组、全国物流信息管理标准化技术委员会、全国物流标准化技术委员会。他们负责物流标准化规划、保障以及标准的制定和推广。

物流标准化已经成为物流组织管理中一种成熟而重要的方法

和手段，它也逐渐成为物流组织业务现代化程度的显著标志。我国开展物流标准化相比西方国家较晚，但经过近些年的发展，已经拉近或超过西方部分发达国家，尤其是国家相关部委的重视更加促进我国物流标准化的飞速发展。例如，2017 年 8 月，商务部办公厅、财政部办公厅联合发布《关于开展供应链体系建设工作的通知》，通知中最重要的内容就是“推广物流标准化，促进供应链上下游相衔接”，这个文件对我国物流标准化的发展起到了重要作用。

表 1-1 所示为世界上部分发达国家物流标准化工作的对比。

表 1-1 部分发达国家物流标准化工作的对比

国家	美国	日本	英国	德国
物流相关标准的数量	1 200 条	400 条	2 500 条	2 480 条

注：数据来源于网络

2. 了解物流技术标准的基本内容

技术标准是指对标准化领域中需要协调统一的技术事项所制定的标准。在物流系统中，主要指物流基础标准和物流活动中采购、运输、装卸、仓储、包装、配送、流通加工等方面的技术标准。物流技术标准一般分为物流基础标准、物流系统技术标准、物流工作标准、物流业务标准。

1）物流基础标准

物流基础标准是制定物流标准应遵循的、全国统一的标准，是制定物流标准必须遵循的技术基础与方法指南。一般包括五方面内容，如图 1-12 所示。

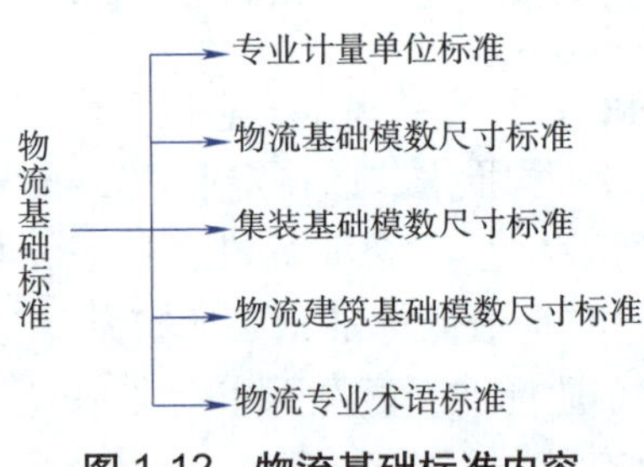

图 1-12 物流基础标准内容

（1）专业计量单位标准：物流标准是建立在一般标准化基础之上的专业标准化系统，除国家规定的统一计量标准外，物流系统还要有自身独特的专业计量标准。

（2）物流基础模数尺寸标准：基础模数尺寸是指标准化的共同单位尺寸、系统各标准尺寸的最小公约尺寸。在制定各个具体的尺寸标准时，要以基础模数尺寸为依据，选取其整数倍为规定的尺寸标准。这样，可以减少规格的复杂性，使物流系统各个环节协调配合，并成为系列化基础。

基础模数一旦确定，设备的制造、设施的建设、物流系统中各环节的配合协调、物流系统与其他系统的配合就有所依据。目前，ISO 及欧洲各国基本认定 600 mm × 400 mm 为基础模数尺寸，如图 1-13 所示。

（3）集装基础模数尺寸标准：集装基础模数尺寸也称物流模数尺寸，是最小的集装尺寸，是在物流基础模数尺寸的基础上，按倍数推导出来的各种集装设备的基础尺寸。在物流系统中，由于集装尺寸必须与各环节物流设施、设备相配合，在设计整个物流系统时，通常以集装尺寸为核心进行设计。

集装基础模数尺寸（见图 1-14）是物流系统各个环节标准化的核心，决定和影响着其他物流环节的标准化。集装基础模数尺寸一般以 1 200 mm × 1 000 mm 为主，也允许 1 200 mm × 800 mm 及 1 100 mm × 1 100 mm。我国目前主要推广的是 1 200 mm × 1 000 mm 这个集装基础模数尺寸。

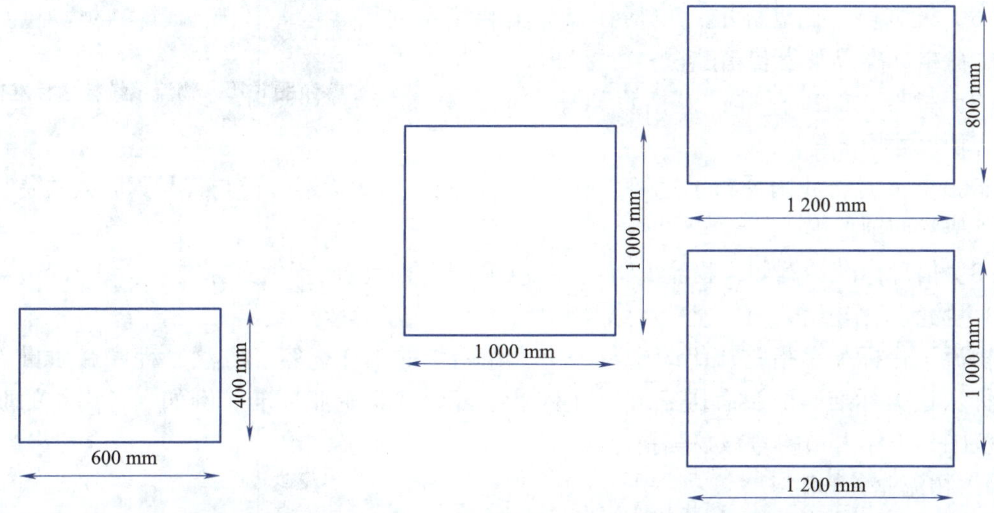

图 1-13　物流基础模数尺寸　　图 1-14　集装基础模数尺寸

（4）物流建筑基础模数尺寸标准：建筑基础模数尺寸主要是指物流系统中各种建筑物所使用的基础模数，在设计建筑物的长、宽、高尺寸，门窗尺寸以及跨度、深度等尺寸时，依据的标准尺寸。

（5）物流专业术语标准：物流专业术语标准包括物流专业名词的统一化、专业名词的统一编码以及定义的统一解释。物流专业术语标准可以避免由于人们对物流词汇的不同理解而造成物流工作的混乱。

例如，托盘在各地的称呼有很多种，如周转托盘、卡板、栈板、托盘、板子、拍子等，如果没有统一的官方术语，企业间沟通就会出现歧义，造成业务出错。

2021 年修订的我国《物流术语》（GB/T 18354—2021），就是物流专业术语标准之一，本书中的所有物流术语都来源这个标准。

2）物流系统技术标准

物流系统技术标准包括八个标准，如图 1-15 所示。

（1）运输车船标准：主要是对火车、卡车、货船、拖挂车等运输设备制定的车厢、船舱尺寸、载重能力、运输环境条件等标准，以保证设备之间以及设备与固定设施的衔接。

（2）仓库技术标准：包括仓库尺寸、建筑面积、通道比例、单位储存能力、温度、湿度、照明等技术标准。

（3）包装标准：包括尺寸、包装材料、质量要求、包装标志以及包装的技术要求等标准。

（4）传输机具标准：包括水平、垂直输送的各种机械式、气动式起重机、传送机、提升机的尺寸、传输能力等技术标准。

（5）站台技术标准：包括站台高度、作业能力等技术标准。

（6）集装箱、托盘标准：包括托盘、集装箱系列尺寸标准、荷重标准以及集装箱的材料等标准。

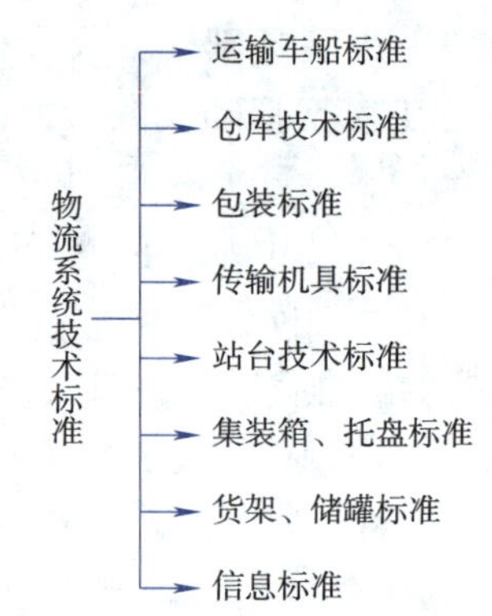

图1-15　物流系统技术标准内容

（7）货架、储罐标准：包括货架净空间、载重能力、储罐容积尺寸标准等。

2009 年 6 月，我国公布了货架行业首批《货架术语》《货架分类与代号》《驶入式货架》《贯通式货架》四项标准。

（8）信息标准：例如，物流 EDI 标准、GPS 标准等就属于信息标准。

3）物流工作标准

物流工作标准是指物流组织中每一个工作岗位的工作内容、方法、程序和质量等规定的总称。这类标准一般没有国家和行业标准，多数都是企业标准。例如，各岗位的职责及权限范围，工作人员的考核与奖罚方法等。

4）物流业务标准

物流业务标准是指在物流作业过程中的物流设备运行标准、作业程序、业务工艺、作业要求等标准。这是物流标准化的重要环节，如果没有业务标准，物流企业员工操作和使用物流设备设施不规范，可能会造成设备设施的损坏，而且还会影响设备设施作用的发挥。例如，《仓单要素与格式规范》（GB/ T30332—2013）适用于仓储活动中企业编写包括运输、储存、装卸、搬运、钜装、流通加工、配送、信息处理及方案设计和规划等主要的物流服务的合同文件。

任务测评：

结合所学知识分析现象

1. 如果物流企业在运输、仓储都要用以 600 mm × 400 mm 为基准单元的载具开展物流活动，会有什么好处？
2. 下列（　　）不属于物流基础的标准。 A. 物流术语国家标准 B. 物流基础模数尺寸标准 C. 集装基础模数尺寸标准、专业计量单位标准 D. 物流建筑基础模数尺寸标准和物流专业术语标准
3. 为什么海洋运输要用标准集装箱？
4. 如何理解“一流企业做标准，二流企业做品牌，三流企业做产品”？

任务五　认知物流职业能力与岗位

任务目标：

（1）了解物流职业能力分类；

（2）了解物流岗位群及岗位群对应的职业能力。

任务学习：

物流行业主要的岗位需要什么样的能力，如何能成为物流行业的合格人才？

任务分析：

该任务主要了解物流行业的主要岗位以及岗位能力和素质要求，激发学生学习兴趣，帮助学生做好未来专业学习规划和专业能力提高规划。

任务操作：

1. 了解物流职业能力分类

中国职业规划师协会对职业的定义：职业是性质相近的工作的总称，通常指个人服务社会并作为主要生活来源的工作。在特定的组织内它表现为职位（即岗位），人们在谈某一具体的工作（职业）时，其实也就是在谈某一类职位。职业具有目的性、社会性、稳定性、规范性和群体性等特点。

我国职业分类，根据中国不同部门公布的标准分类，主要有三种类型：

第一种：根据国家统计局、国家标准总局、国务院人口普查办公室 1982 年 3 月公布，供第三次全国人口普查使用的《职业分类标准》。该标准依据在业人口所从事的工作性质的同一性进行分类，将全国范围内的职业划分为大类、中类、小类三层，即 8 大类、64 中类、301 小类。其 8 个大类的排列顺序是：第一，各类专业、技术人员；第二，国家机关、党群组织、企事业单位的负责人；第三，办事人员和有关人员；第四，商业工作人员；第五，服务性工作人员；第六，农林牧渔劳动者；第七，生产工作、运输工作和部分体力劳动者；第八，不便分类的其他劳动者。在 8 个大类中，第一、二大类主要是脑力劳动者，第三大类包括部分脑力劳动者和部分体力劳动者，第四、五、六、七大类主要是体力劳动者，第八类是不便分类的其他劳动者。

第二种：由国家统计局起草，国家质量监督检验检疫总局、国家标准化管理委员会批准发布，并于 2017 年 10 月 1 日实施的《国民经济行业分类》（GB/T 4754—2017）。该标准适用于在统计、计划、财政、税收、工商等国家宏观管理中，对经济活动的分类，并用于信息处理和信息交换。该标准采用经济活动的同质性原则划分国民经济行业。即每一个行业类别按照同一种经济活动的性质划分，而不是依据编制、会计制度或部门管理等划分。

第三种：根据《中华人民共和国职业分类大典》将我国职业归为8个大类，66个中类，413个小类，1 838个细类（职业）。8个大类分别是：第一大类：国家机关、党群组织、企业、事业单位负责人；第二大类：专业技术人员；第三大类：办事人员和有关人员；第四大类：商业、服务业人员；第五大类：农、林、牧、渔、水利业生产人员；第六大类：生产、运输设备操作人员及有关人员；第七大类：军人；第八大类：不便分类的其他从业人员。

能力是完成一项目标或者任务所体现出来的综合素质。人们在完成活动中表现出来的能力有所不同，能力是直接影响活动效率并使活动顺利完成的个性心理特征。

能力总是和人完成一定的实践相联系在一起的。离开了具体实践，既不能表现人的能力，也不能发展人的能力。掌握和运用知识技能所需的心理特征是达成一个目的所具备的条件和水平。

能力与职业网络是相互关联的，能力只有与职业关联后，才能让能力有所显现，才能表现出社会属性。

物流作为一个行业或者产业，具有相对独立的自然属性和社会属性，按三种职业分类类型的不同类别，都无法把物流的不同职业涵盖进去，更准确地说，物流行业的职业属性会分布在不同的类别中。

目前，学术界和产业界的学者大多认为，物流职业能力可以分为物流职业核心能力和物流职业专业能力。

物流职业的核心能力（见表1-2）又具体包含以下一些内容：自我管理能力，包括培养自己的责任心、能够管理自己的时间、所学知识能灵活运用三个观测点；合作交流能力，包括知道如何尊重他人的观点、能与其他人有效沟通、能获取信息并反馈信息这三个观测点；解决问题能力，包括能够有效使用信息资源、能客观分析事物现状、能发现并解决常规问题这三个观测点；设计创新能力，包括能够使用不同的思维方式，能够提出有价值的观点，能够制定创新方案并实施这三个观测点。

表1-2　物流职业的核心能力

物流职业核心能力	具体包含内容
自我管理能力	培养自己的责任心； 能够管理自己的时间； 所学知识能灵活运用
合作交流能力	知道如何尊重他人的观点； 能与其他人有效沟通； 能获取信息并反馈信息
解决问题能力	能够有效使用信息资源； 能客观分析事物的现状； 能发现并解决常规问题
设计创新能力	能够提出有价值的观点； 能够使用不同的思维方式； 能够制定创新方案并实施

物流职业专业能力，一般根据不同的人才类型相关的专业能力有所不同。物流人才分为物流战略型人才、物流管理型人才、物流技术技能型人才、物流技能型操作人才。不同类型的人才由不同层次培养，如图 1-16 所示。

技术技能型管理人才的物流核心能力主要包括仓储作业能力、运输作业能力、配送作业能力、物流信息管理能力、物流市场拓展能力以及其他能力。

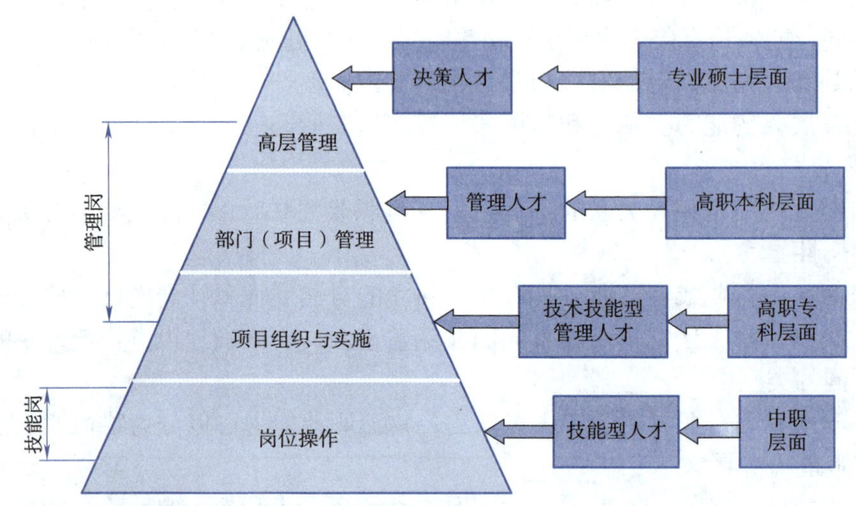

图 1-16　不同类型的人才培养

2. 了解物流岗位群及岗位群对应的职业能力

随着现代物流产业的快速发展，原有物流管理职业更加细分化，很多新型物流岗位不断出现。这就要求现代物流管理人才应当具备更高的物流专业管理素质和职业能力。

物流行业岗位大致分为两大类：第一类是物流管理类岗；第二类是物流技能类岗。

物流管理类岗又分为初级管理（项目组织和实施）岗、中级管理（部门 / 项目管理）岗、高级管理（高层管理 / 分析决策）岗。

物流技能类岗是物流职业的起步岗位，主要包括仓管员、进出货专员、采购员、快递员、报关员、跟单员、理货员、验收员、物流客服员、物流信息技术岗位等。

对于物流环节的具体执行者，初级物流人才和一般物流操作人员都有着不可或缺的作用。一般性物流岗位对于人员的实操性要求很高，需要面对的日常工作主要是订单的处理与追踪、客户服务、账单结算、货物的出入库等实际性的操作。

物流中级管理人员是物流的持续岗位，包括物流操作主管、仓储经理、运输经理、物料经理、采购经理、供应链主管、物流部门经理、物流运营经理等。

中级物流管理人员更加倾向于扮演企业物流规划的实施者和监控者。由此可看出，中级物流管理人员不仅要具备专业知识和计算机操作能力，还需要具备团队协调能力，带领各部门实施物流基本运作流程的能力。

高级物流管理人员是指从事物流规划设计方面的人员，主要包括高级物流规划师、高级物流咨询师、高级行政管理人员、物流总监、运营总监、采购师等。

高级物流管理人员主要扮演企业中的宏观调控者与决策者，需要重点掌握物流企业运营管理等基本流程，能够更好地控制成本，并具有较好的外语应用能力，以便与国际先进物流动态接轨。

从就业方向的角度看，物流行业的职位主要分布在企业内部物流和第三方专业物流公司，而这些岗位可以划分为五个方向，即采购方向、仓储方向、运输方向、物流信息方向和国际货运代理方向。每一个方向下面的各个岗位组成一个岗位群，每个岗位群对应一个就业方向。如表 1-3 所示，采购岗位群对应着采购员、采购助理和采购主管；仓储岗位群对应着仓库管理员、仓库主管和仓库经理；运输岗位群对应着运输调度员、货运主管和运输主管；物流信息岗位群对应着信息分析员、物流信息主管和客户服务人员；国际货运代理岗位群对应着集装箱码头管理员、货代员和货代经理。

表 1-3 岗位及岗位方向

岗位方向	采购	仓储	运输	物流信息	国际货运代理
岗位	采购员	仓库管理员	运输调度员	信息分析员	集装箱码头管理员
	采购助理	仓库主管	货运主管	物流信息主管	货代员
	采购主管	仓库经理	运输主管	客户服务人员	货代经理

3. 了解部门物流岗位工作职责

1）商务部客服员工作职责

（1）负责协助做好客户的来访接待工作。

（2）负责做好收发货信息，帮助客户查询货物信息。

（3）负责开发客户资源，并协助沟通谈判。

（4）每日协助当日工作报表的填写。

（5）负责与客户的联络，将客户的重要情况、要求及建议迅速上报部门领导。

（6）认真完成公司其他临时交办的任务。

2）采购部采购员工作职责

（1）负责编排采购计划、物料的订购及交货期控制。

（2）负责下达订购单。

（3）物料交货期的控制。

（4）查证进料的品质和数量。

（5）进料品质和数量异常的处理。

（6）与供应商进行有关交货期、交货量等方面的沟通协调。

（7）办理支付货款等事宜。

3）仓储部仓库管理员岗位职责

（1）按规定做好物资设备进出库的验收、记账和发放工作，做到账账、账实相符。

（2）随时掌握库存状态，保证物资设备及时供应，充分发挥周转效率。

（3）定期对库房进行清理，保持库房的整齐美观，使物资设备分类排列，存放整齐，数量准确。

（4）熟悉相应物资设备的品种、规格、型号及性能，填写明确。

（5）搞好库房的安全管理工作，检查库房的防火、防盗设施，及时堵塞漏洞。

（6）完成仓库主管交办的其他工作。

4）运输部运输调度员的岗位职责

（1）负责并协调到站物资的领取、货运费用的报销和支付，并建立相应的台账。

（2）负责协调并完成货物的发运工作，安排装卸搬运工作与管理。

（3）负责编制运输计划并负责具体实施。

（4）负责车辆调度和车辆的安全工作，负责运输设备维护保养管理及协调维修工作。

（5）负责运输成本分析及控制。

（6）完成运输部经理安排的其他工作。

5）配送部理货员岗位职责

（1）运用仓储管理、财务、物流等综合知识对出入仓库的货物进行验收、整理、核对和堆码等作业。

（2）在合理安排货物仓储的同时，并对它们进行有序整理、拣选、配货、包装及复核等工作。

任务测评：

根据自身情况分析，未来应该创业还是就业

1. 成为物流行业合格人才，未来你应该培养和训练自己的哪些能力？
2. 作为高职毕业生是否应该具备技型岗位的操作能力，为什么？
3. 针对物流岗位群，未来你会如何选择，有什么规划？
4. 创业者需要具备什么样的能力和素质，自己如果创业有什么需要改进和提升？

项目二　物流包装选择与应用

知识结构图：

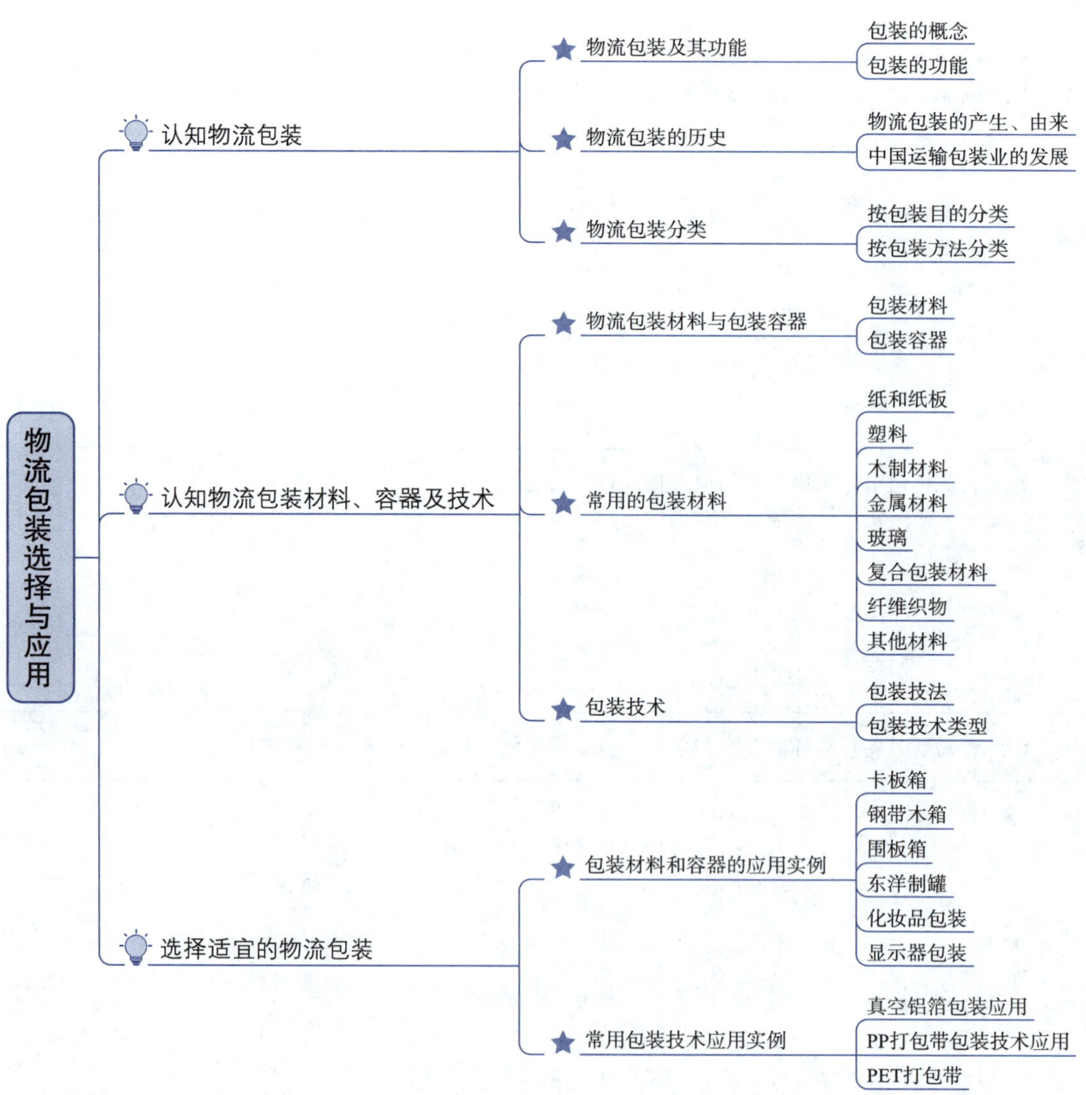

任务一　认知物流包装

任务目标：

（1）了解物流包装及其功能，掌握物流包装的概念；
（2）了解物流包装的产生和由来，熟悉物流包装发展；
（3）理解物流包装分类，重点掌握运输包装。

任务学习：

商品包装在现代市场营销活动中的地位和作用越来越令人瞩目。在市场营销学界，有的学者把包装称为与市场营销 4P 组合平行的第五个 P；在市场营销实践中，企业利用包装把成千上万的商品装扮得五彩缤纷，魅力无穷。世界上最大的化学公司——杜邦公司的营销人员经过周密的市场调查后，发现了著名的杜邦定律，即 63% 的消费者是根据商品的包装和装潢做出购买决策的。到超级市场购物的家庭主妇，被精美包装和装潢吸引，所购物品通常超过她们出门时打算购买数量的 45%。可以看出，包装是商品的“脸面”和“衣着”，它作为商品的“第一印象”进入消费者的眼帘，撞击着消费者购买与否的心理天平。

思考：
（1）包装的分类有哪些？
（2）包装的功能有哪些？
（3）用哪些包装技巧可以提升销售？

任务分析：

该任务主要通过了解物流包装的基本知识，熟悉物流包装的发展，掌握物流包装的概念、功能、分类，有效把握物流包装对物流活动中的货品所起到的重要作用，深刻理解物流包装的重要意义。

任务操作：

1. 了解物流包装及其功能

1）包装的概念

我国国家标准《物流术语》（GB/T 18354—2021）对包装（Packing）的定义是：“为在流通过程中保护产品、方便储运、促进销售，按一定技术方法而采用的容器、材料及辅助物等的总体名称。注：也指为了达到上述目的而采用容器、材料和辅助物的过程中施加一定技术方法等的操作活动。”

例如，农民生产的粮食一般运送到粮食收购和加工单位，需要装成标准包装，交由物流企业运送到约定城市粮食物流中心或配送中心，再分别配送到粮店或卖场上柜销售。农产品物流系统如图 2-1 所示。

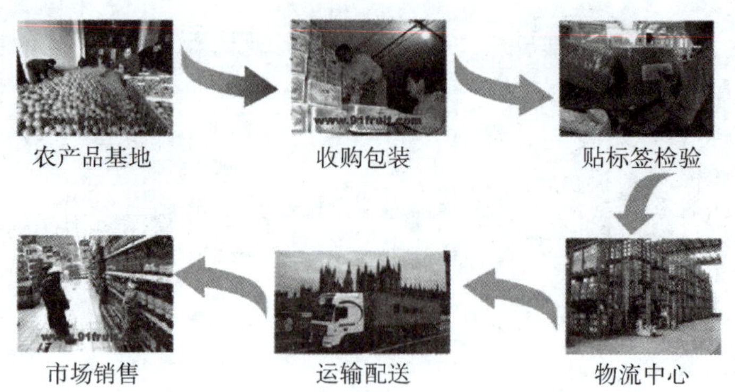

图 2-1　农产品物流系统

作为生产的终点，产品生产工艺的最后一道工序是包装。包装对生产而言，标志着生产的完成。包装必须根据产品性质、状况和生产工艺来进行，必须满足生产的要求。同时，在整个物流过程中，包装发挥着对产品储运的保护作用、对装卸搬运的便利作用和对销售宣传的促进作用，是最终实现商品价值的重要手段之一，是物流系统中的一个子系统。

2）包装的功能

包装是商品的重要组成部分，不仅是商品不可缺少的外衣，起着保护商品、便于运输、促进销售的作用，而且也是商品制造企业的形象缩影。因此，包装的功能可以概括为保护功能（无声的卫士）、便利功能（无声的助手）、促销功能（无声的推销员）。

（1）保护功能：科学的包装可以保护商品在流通过程、储运过程中的完整性和不受损伤，这是包装的基本功能。例如，玻璃器皿的包装。同时，包装也可以防止危害性内装物对接触的人、生物和环境造成伤害或污染。例如，液化气罐装产品。

（2）便利功能：合理的包装便于商品的装卸、储存和销售，同时也便于消费者使用。例如，液态牛奶包装袋和包装箱。

（3）促销功能：良好的包装能给人以美的享受，起到诱导和激发消费者购买欲望的作用。因此，包装在购买者与商品之间起着连接（媒介）作用，起着宣传、美化、促进商品销售的作用。

任务单：回顾物流包装所处的活动环节和功能

<table>
<tr><td colspan="6">任务描述：请根据以前所学知识，描述出物流包装所强调的物流环节和功能是什么</td></tr>
<tr><td colspan="2">物流包装强调的物流环节是什么</td><td colspan="4"></td></tr>
<tr><td colspan="2">物流包装的功能是什么</td><td colspan="4"></td></tr>
<tr><td>学号</td><td></td><td>姓名</td><td></td><td>时间</td><td>年　月　日</td></tr>
</table>

2. 了解物流包装的历史

1）物流包装的产生、由来

包装是人类社会发展的必然产物。在我国，包装经历了由原始到文明、由简易到繁荣的发展进程。这个过程主要划分为原始社会后期、封建社会时期、近代社会、中华人民共和国成立以后和改革开放以来五个时期。

（1）原始社会后期：因为剩余产品的出现，需要储存和交换，从而产生了原始的包装形态。早期的包装由于受生产水平的限制，属于就地取材，即利用竹、木、草、麻、兽皮等纯天然材质来包裹物品。

（2）封建社会时期：随着社会的发展，自新石器时代产生的麻织、丝织技术更趋于成熟，尤其是丝绸的轻柔、光亮，使得丝绸较其他织物更受贵族阶层青睐，常被用来包裹贵重物品。

从战国时期《韩非子·外储说左上》中“买椟还珠”的故事里，可以很直观地了解“为木兰之柜，薰以桂椒，缀以珠玉，饰以玫瑰，辑以翡翠”的木质珠宝饰物包装。

我国现存较早的商品包装资料，是藏于上海博物馆的“济南刘家功夫针铺”的包装纸印刷铜版。该铜版印出的图案四寸见方，图文并茂，是一张集包装纸、商标、招牌三位一体的设计，具备了与现代包装相同的创意，如图 2-2 所示。

图2-2 济南刘家功夫针铺印版及图案

（3）近代社会：1840 年鸦片战争之后，大量“洋货”涌入我国市场，在摧毁自给自足手工业式的自然经济基础的同时，也一定程度上促进了民族经济的发展。包装印刷方式及设计风格大量采用欧美的技术与形式，特别突出的是香烟、火柴、肥皂等商品包装，形成了近代商业包装设计独特的装潢形式，记录了我国近代工商业发展的进程。

（4）中华人民共和国成立以后：由国家专业对外贸易机构统一组织和生产包装，包装工业开始全面发展，新材料、新技术不断出现，聚乙烯、纸、玻璃、铝箔、各种塑料、复合材料等包装材料被广泛应用。

（5）改革开放以来：我国实现了由计划经济向市场经济的转变，国家取消了束缚运输包装行业发展的平均木材指标分配政策，从而彻底打破了由物资系统的木材公司一统天下的包装箱加工局面。个体和民营的包装企业迅速增加，随后，大多数国营企业中的包装分厂被取消或改制，取而代之的是专业的包装企业。同时随着三资企业产品出口量的增加，适应较高包装要求的包装企业开始建立，无菌包装、防震包装、防盗包装、保险包装、组合包装、复合包装等技术日益成熟，从多方面强化了包装的功能。我国加入 WTO 以后，一批适应新的要求、采用国际先进管理方式和较先进生产设备的专业包装企业开始出现，在包装箱的设计和防震、防锈等包装技术方面与国际先进水平迅速接近，新材料、新技术层出不穷，百花齐放，托盘物流与集装箱物流成为世界现代化物流体系中的重要形式。目前，大约 90% 的商品需要经过不同程度、不同类型的包装，包装已成为商品生产和流通过程中不可缺少的重要环节，且向着物流包装标准化、绿色包装、轻量化包装、智能包装方向迈进。

2）中国运输包装业的发展

一般意义上的托盘通常是指可以在联运过程中通用的平托盘。我国国家标准《物流术语》（GB/T 18354—2021）对托盘的定义是：在运输、搬运和存储过程中，将物品规整为货物单元时，作为承载面并包括承载面上辅助结构件的装置。托盘作为一种机械化和单元化储运用具从 19 世纪下半叶在欧美地区推行开始，距今已有百余年的历史。我国采用托盘运输是受国际贸易的影响。1976 年，伊朗、沙特阿拉伯等国家为减轻劳动强度，便于成组货物的起吊搬运，其港口宣布到港船只凡可用托盘组装者必须用托盘装运，否则每吨罚款 10 美元甚至拒绝进港卸货。当年 7 月，中国原对外贸易部包装局在北京召集上海等口岸外贸局，商讨对伊出口商品实行托盘装运。1978 年 2 月，伊朗港口船运组织正式颁布《进口货物包装新规定》。与此同时，上海外贸各专业进出口公司亦接伊朗、科威特、坦桑尼亚、美国等客户来函要求运输包装实行托盘化。上海市对外贸易局包装处当年成立托盘推广小组，加速托盘化的进程。1978 年 5 月，上海市五金矿产品进出口公司试用托盘对外成交。图 2-3 所示为木质托盘。

图 2-3　木质托盘

上海市畜产进出口公司出口的肠衣自木桶改为塑料桶后，由于塑料桶性能和造型不适宜侧放或竖立堆叠，外运装船受其他装载物的挤压，不胜负重而破碎，上海市远洋运输公司也不愿承运塑料桶包装的货物。在推广推盘运输包装中，该公司制成立柱式双层托盘，首批试运 100 桶（25 只新托盘）至荷兰鹿特丹，包装完整，符合远洋运输要求。

上海市食品进出口公司从 1979 年起，罐头、糖果、饼干出口沙特阿拉伯实行托盘出运。1981 年，进口热收缩薄膜流动包装机，使用日本进口薄膜，用于托盘载货的加固裹包。后改用上海长虹塑料厂生产的国产收缩薄膜。

随着公路、铁路、水运、航空运输、多式联运等多种运输方式日趋成熟，联运平托盘的应用越来越广泛，托盘运输已成为全球公认的与集装箱运输、驼背运输并驾齐驱的三种联运方式之一，受到了世界各国的高度关注与重视。

2001 年，我国加入世界贸易组织以来，在经济全球化趋势下包装业水平大幅度提升，物流包装伴随现代物流业发展不断推出新技术、新材料、新造型、新包装。

任务单：回顾物流包装的发展趋势与标志

<table>
<tr><td colspan="6">任务描述：请根据以前所学知识，描述出当代物流包装的发展趋势</td></tr>
<tr><td colspan="2">现代物流体系标志的物流包装单元载体是什么</td><td colspan="4"></td></tr>
<tr><td colspan="2">物流包装的发展方向是什么</td><td colspan="4"></td></tr>
<tr><td>学号</td><td></td><td>姓名</td><td></td><td>时间</td><td>年　月　日</td></tr>
</table>

任务单：物流包装起源与历史，感受中国人民的智慧结晶

<table>
<tr><td colspan="6">任务描述：阅读材料，了解物流包装起源与历史，感知中国人民的智慧结晶</td></tr>
<tr><td colspan="2">物流包装的起源和历史</td><td colspan="4">随着物流的碎片化、电商化、快递化，物流包装设计亦广受重视。包装设计影响到所有物流作业的效率，包装提高了产出量，成为物流作业中牵一发动全身的核心。
1. 原始包装
人类使用包装的历史可以追溯到原始社会的旧石器时代。那时人类的生产力十分低下，仅靠双手和简单的工具采集野生植物，捕鱼狩猎以维持生存。人类从对自然界的长期观察中受到启迪，学会使用植物茎条进行捆扎，学会使用植物叶、果壳、兽皮、动物膀胱、贝壳、龟壳等物品来盛装转移食物和饮水。这是原始包装发展的胚胎。以后随着劳动技能的提高，人们以植物纤维等制作最原始的篮、筐，用火煅烧石头、泥土制成泥壶、泥碗和泥罐等，用来盛装、保存食物、饮料及其他物品，使包装的方便运输、储存与保管功能得到初步完善。
2. 传统包装
约在公元前 5000 年，人类开始进入青铜器时代。4000 多年前的中国夏代，中国人已能冶炼铜器，商周时期青铜冶炼技术进一步发展。春秋战国时期，人们掌握了铸铁炼钢技术和制漆涂漆技术，铁制容器、涂漆木制容器大量出现。在古代埃及，公元前 3000 年就开始吹制玻璃容器。因此，用陶瓷、玻璃、木材、金属加工各种包装容器已有千年的历史，其中许多技术经过不断完善发展，一直使用到如今。
早在汉代，公元前 105 年蔡伦发明了造纸术。公元 61 年，中国造纸术由中原经朝鲜半岛传至日本；13 世纪传入欧洲，德国第一个建造了较大的造纸厂。11 世纪中叶，中国毕昇发明了活字印刷术。15 世纪，欧洲开始出现了活版印刷，包装印刷及包装装潢业开始发展。16 世纪欧洲陶瓷工业开始发展;美国建成了玻璃工厂,开始生产各种玻璃容器。至此,以陶瓷、玻璃、木材、金属等为主要材料的包装工业开始发展，近代传统包装开始向现代包装过渡。
3. 现代包装
进入 20 世纪,科技的发展日新月异,新材料、新技术不断出现,聚乙烯、纸、玻璃、铝箔、各种塑料、复合材料等包装材料被广泛应用，无菌包装、防震包装、防盗包装、保险包装、组合包装、复合包装等技术日益成熟，从多方面强化了包装的功能。
20 世纪中后期开始，国际贸易飞速发展，包装已为世界各国所重视，大约 90% 的商品需要经过不同程度、不同类型的包装，包装已成为商品生产和流通过程中不可缺少的重要环节</td></tr>
<tr><td colspan="2">通过材料阅读，你有何感受</td><td colspan="4"></td></tr>
<tr><td colspan="2">体现了我国人民怎样的精神</td><td colspan="4"></td></tr>
<tr><td>学号</td><td></td><td>姓名</td><td></td><td>时间</td><td>年　月　日</td></tr>
</table>

3. 理解物流包装分类

物流的包装分类很多，本项目按包装目的及包装方法分类进行介绍。

1）按包装目的分类

（1）我国国家标准《物流术语》（GB/T 18354—2021）对运输包装的定义是：以满足运输、仓储要求为主要目的的包装。运输包装又称工业包装、外包装，以保护功能为主，也具有便利功能，主要包括箱装、桶装、袋装、罐装、筐装以及集合包装等。

视 频

物流包装的分类

图2-4 木箱

① 箱装是出口商品运输包装的主要包装方式。按出口商品运输的不同需要，该包装有木箱（见图 2-4）、胶合板箱、钙塑箱（见图 2-5）、纸箱（见图 2-6）4 个系列。出口商品运输包装较多采用纸箱，按其结构有单瓦楞箱（3 层）、双瓦楞箱（5 层）、三瓦楞箱（7 层）三大类，还有连体纸板箱及黏合箱等。

图 2-5 钙塑箱

图 2-6 纸箱

② 桶装容器为圆形，在装卸搬运中便于滚动。根据外贸出口商品运输包装的需要，桶装主要有木桶、胶合板桶、纸板桶、塑料桶（见图 2-7）、铁塑桶、铁桶（见图 2-8）、软塑桶等品类。

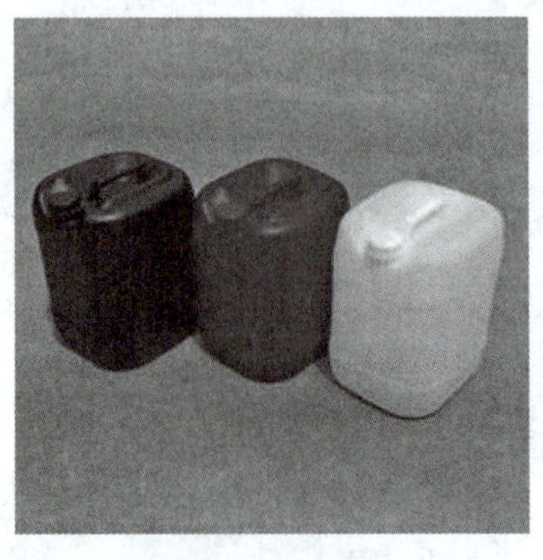

图 2-7 塑料桶

图 2-8 铁桶

③ 袋装为传统的由植物纤维和化纤编织的软性包装，有广包、麻袋、棉布袋、塑料编织袋、多层牛皮纸袋五大类。其使用方式有两种：一是预制成麻袋、棉布袋、塑料编织袋；二是利用片材，如广包、麻布、棉布、塑料编织布随货就地打包，部分袋装如图 2-9、图 2-10 所示。

图 2-9　购物袋

图 2-10　食品包装袋

④ 罐装的容器缸、坛均为陶土高温烧制而成，不受含盐成分食品腐蚀，隔热密封，保香保质，为外贸出口咸菜、榨菜、咸蛋、皮蛋、黄酒等食品的传统运输包装。

⑤ 筐装的容器竹篓、柳条筐（见图 2-11）均为古老的运输包装，常用于出口土产、食品的外包装。

⑥ 集合包装是现代出口商品的运输包装，在 1978 年前均为单件运输包装。1978 年起，为适应国际货运，逐步发展集合包装。集合包装有托盘、集装箱、吨装集装袋三大系列。

托盘类似垫仓板，如图 2-12 所示。单件运输包装捆扎或用薄膜热收缩加以固定，堆码于托盘便于整体搬运。1982 年 3 月，国家标准总局发布 GB 2934—1982 联运平托盘外部尺寸系列（现用 GB/T 2934—2007）国家标准，与国际标准化组织推荐的 ISO-R198 一般用途通用托盘尺寸接轨。

2007 年 11 月，国家标准总局发布 GB/T 2934—2007 联运通用平托盘外部尺寸系列国家标准，与国际标准 ISO 6780 推荐的一般用途通用托盘尺寸接轨。

图 2-11　柳条筐

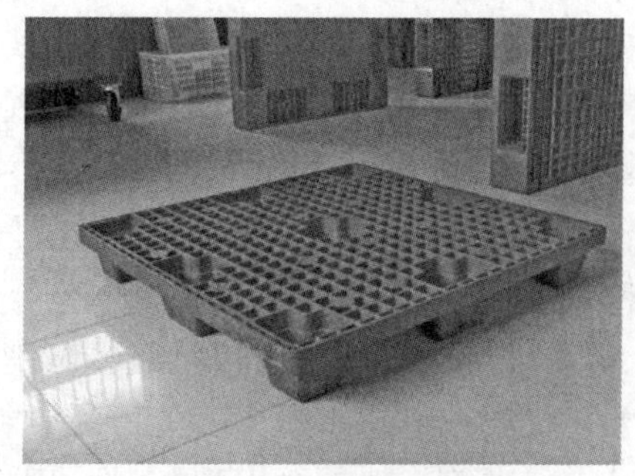

图 2-12　塑料托盘

集装箱（见图 2-13）是继托盘化后发展的新的包装方式。1978 年，上海港集装箱码头开始采用集装箱包装运输。当年，中国远洋运输公司上海分公司开辟澳大利亚航线，专门从事集装箱运输。

我国是世界上集装箱的第一制造大国，并在这一生产领域创造了三项世界第一。早在 2008 年，我国集装箱年生产能力就已达 580 万 TEU（标箱），居世界第一；生产集装箱的规格品种世界第一。我国集装箱生产从干货集装箱到一般货物集装箱，以及特种集装箱、箱式运输车，规格品种已达 900 多个，能满足各种运输需求；集装箱产销量世界第一，世界集装箱产销量是 392 万 TEU，其中，我国集装箱产销量已达 374 万 TEU。

图 2-13　集装箱

（2）销售包装：指直接接触商品并随商品进入零售店和消费者直接见面的包装。销售包装以销售为主要目的，与内装物一起到达用户，具有保护、美化、宣传商品的作用，对商品起促销作用。例如，玻璃或塑料的饮料瓶、食品易拉罐、真空包装袋等。出口商品销售包装主要有瓶类、罐类、袋类、盒类四大系列。20 世纪 70 年代后，逐步发展了热收缩包装、泡罩和贴体包装。

① 瓶类容器：玻璃瓶是早期用于出口商品的容器。1890 年，上海中法药房年产艾罗补脑汁 36 万瓶，开始出口南洋群岛等地区。1926 年，佛手牌味精出口美国，采用玻璃瓶做销售包装，当年在美国费城参加博览会获奖，并先后在美国、英国、法国等国办理专利权。20 世纪 70 年代起，国际市场大量使用薄壁玻璃瓶、罐做销售包装。

出口商品使用塑料瓶包装始于 20 世纪 70 年代末，主要用于化工出口的糖浆、眼药水、胶囊药、糖衣片等以及轻工出口的发乳、洗头膏等洗涤用品，到 20 世纪 90 年代初，我国出口的部分玉米油、小磨麻油等也采用塑料瓶，以塑料瓶做销售包装发展较快。1991 年，中粮上海市粮油进出口公司发展食用油小包装出口，玉米油、小磨麻油分装成 250 克、500 克、2 500 克等多种规格，均采用塑料瓶装做销售包装。

今天，我们在逛超市时，随处可见塑料瓶的包装产品，比如加多宝、王老吉、牛奶、果汁、矿泉水、酒等，都需要用到塑料瓶型包装。我们经常会被一些新奇好看的瓶型包装所吸引，甚至会产生强烈的购买欲望，这也是瓶型设计的魅力所在。

② 罐类容器：罐类容器主要包括三片焊锡罐、两片易开罐和印铁听。

- 三片焊锡罐：以锡作为罐身的焊接剂是最初的焊接方式，用于食品包装。20 世纪 80 年代初，国际市场认为焊锡罐对食品有污染，拒销焊锡罐包装食品，于是以高频电阻焊接新工艺来取代三片焊接罐，称作三片电阻焊接罐。
- 两片易开罐：主要用于啤酒、果汁等饮料做销售包装。国际上在 20 世纪 60 年代即投入市场，如图 2-14 所示。
- 印铁听：主要用于食品、化妆品等做销售包装，用于出口香粉、油脂、香烟、茶叶、味精、饼干、颜料、油漆等做销售包装，如图 2-15 所示。

图 2-14　罐装饮料

图 2-15　罐装水果罐头

③ 袋装容器：牛皮纸袋早期均采用手工糊制。随着塑料工业的发展，均先后改用热收缩包装及挂式吸塑包装，纸袋渐趋淘汰。

玻璃纸袋作为销售包装，能增强商品的透明度，便于顾客挑选商品。20 世纪 50 年代，上海市纺织品进出口公司出口的混纺针织内衣，均用玻璃纸袋包装。

塑料袋始于 20 世纪 60 年代初。1961 年以前，上海出口商品销售包装所使用的塑料袋全部依赖进口。1961 年，原生产牙刷的梁新记牙刷厂，开始自制首批国产聚乙烯薄膜，随后又试制出聚氯乙烯、聚丙烯薄膜等，出口商品塑料薄膜包装的品种和数量日益增长。1980 年底，上海市土产进出口公司出口的蘑菇干片、黄葱片、大蒜粉、大蒜粒等食品均采用日本进口复合袋。该袋名为佛列斯克袋，由真空镀铝聚酯薄膜、尼龙、聚乙烯、EVA 干式复合，包装效果很好。

21 世纪塑料包装材料将持续、稳步地发展，在保护商品、提高商品价值等方面继续发挥积极作用。自 2016 年以来至今，国内塑料包装的发展趋势与方向大致可以概括为几方面：

第一方面，节能环保、易回收利用。

第二方面，复合基材双向拉伸薄膜崛起。

第三方面，药用塑料包装材料或成新的热点。

第四方面，饮水包装瓶（桶）市场持续增加。

第五方面，塑料饮料瓶市场蕴含广阔商机。

第六方面，蔬果保鲜包装薄膜市场前景广阔。

任务单：绿色环保——物流包装轻量化的践行者

<table>
<tr><td colspan="6">任务描述：阅读材料，感知“物流人”降低包装耗材，绿色环保的使命感和责任担当</td></tr>
<tr><td>菜鸟网络在绿色包装及绿色物流方面的主要举措</td><td colspan="5">菜鸟网络联合 32 家物流合作伙伴成立菜鸟绿色联盟，发起菜鸟绿色行动计划，成立菜鸟绿色联盟公益基金，推进绿色物流相关的工作。在减量化方面，主要在考虑提升物流运作效率的前提下，通过智能打包算法，根据消费者订单包含的产品，推荐包装解决方案，进而实现减量包装，提升整个纸箱空间利用率，减少塑料填充物的使用。目前该算法至少可以节约 5% 的包装耗材。比如，2017 年“双十一”发货量超过 10 亿件，可节省 4 500 多万个箱子。推行菜鸟电子面单替代传统三联面单，阿里电商平台上商家使用率已经达到 80%，每一年节约纸张费用达 12 亿元。此外，还推出全生物降解袋、无胶带纸箱，联合天猫企业购共同开设绿色包裹的采购专区。与蚂蚁森林开展深度的合作，消费者收到绿色包裹快递之后，在蚂蚁森林上自动获得绿色的能量，达到条件之后，公益组织会在敦煌种下绿色包裹的森林，设计标准化绿色回收专区，在十个城市开启纸箱回收，并在厦门打造第一个绿色物流城市。</td></tr>
<tr><td>通过材料阅读，你有何感受</td><td colspan="5"></td></tr>
<tr><td>体现了“物流人”怎样的精神</td><td colspan="5"></td></tr>
<tr><td>学号</td><td></td><td>姓名</td><td></td><td>时间</td><td>年 月 日</td></tr>
</table>

④ 盒装容器：黄板纸盒是最早的盒类销售包装。上海黄板纸盒始于 20 世纪初，由手工业小作坊生产，用黄板纸作原料，盒内裱托白纸，盒面糊上各式彩印图案包装纸即成。传统的天地盖黄板纸盒因糨糊裱制，铁丝订成，易受潮发霉、生锈，影响出口商品包装质量，于 20 世纪 80 年代初逐步淘汰，被新型的销售包装所取代。

瓦楞纸盒内衬一层细瓦楞，起衬垫作用，适合于较重或易碎的商品的销售包装。1964 年，上海开始生产彩色瓦楞纸盒，用于出口保温瓶、玻璃器皿、搪瓷器皿等商品的销售包装。

白板纸盒是一种高档的销售包装。1964 年，上海市工艺品进出口公司将部分出口商品由原黄板纸盒，改用彩印白板纸折叠式纸盒，既省工省时，又确保质量。1989 年起，上海装潢工艺印刷厂、上海凹凸彩印厂、上海人民印刷八厂等相继引进 E、B 型中细瓦楞流水线设备，配合白板纸彩印盒面，制成彩色瓦楞纸盒，瓦楞纸盒内衬一层细瓦楞，起衬垫作用，适合于较重或易碎的商品的销售包装，用作高档名酒、搪瓷烧锅、高档玩具、保温瓶等出口商品的销售包装。后来，由牛皮纸与瓦楞纸芯黏合后制成瓦楞纸箱，主要用于家用电器、日用百货、针织棉物、文化用品、中西成药等的外包装。据公开资料显示，我国国内箱板纸市场需求旺盛，除 2013 年受行业整体经济影响略有下滑外，整体保持增长态势，2007—2016 年消费量年均增长率为 6.04%。到 2021 年，经过 57 年的持续发展和进步，瓦楞纸凭借成本低、易加工、强度硬、重量轻等优势，应用范围越来越广。

2）按包装方法分类

按包装方法分类，包装可分为缓冲包装、防锈包装、真空包装、吸塑包装、热收缩包装、贴体包装等。

（1）缓冲包装：这是针对出口商品中一些脆值低、对外力冲击和震动承受能力差的品种，经改进衬垫材料性能和包装内部结构，进行缓冲处理，使商品在出口装卸和搬运过程中减少破损的包装方法。出口商品中脆值低，易破碎、破损的商品主要有鲜蛋、陶瓷器、漆器家具、玻璃仪器、玉雕、木挂钟等。这些商品早期均以植物纤维（如稻草、木丝、棉花、纸花、棕榈丝、竹壳丝等）填充以减少破损。现在多采用泡沫作为缓冲。

（2）防锈包装：出口工具防锈早期使用涂牛油脂的办法，经营商出售时需要擦去油脂，很不方便。

（3）真空包装：真空包装是现代化的包装技术，对土特产商品出口具有防霉防虫、保鲜保质和压缩包装体积、节省外汇运费等优点，如图 2-16 所示。

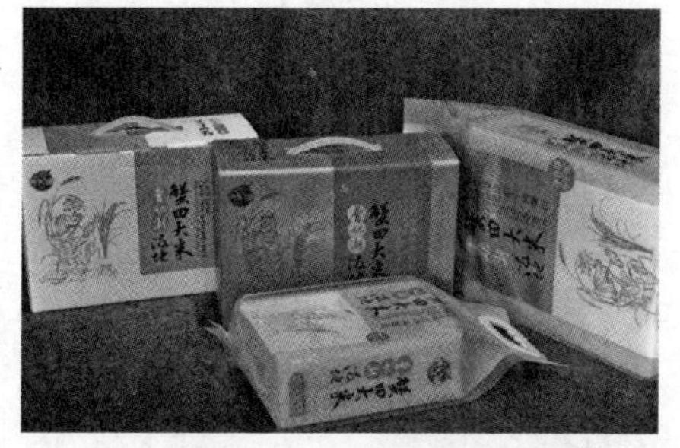

图2-16　真空包装

（4）吸塑包装：它是纸板、塑料片和膜相结合，通过真空吸塑而成的新颖包装，该包装可见可挂、结构灵活。

（5）热收缩包装：它是采用热收缩薄膜，通过烘道热缩而形成一种全透明销售包装。

（6）贴体包装：它是以商品为模具，直接将薄膜紧贴于商品上，采用真空吸塑与纸板热合的一种销售包装。1987 年，上海机械进出口公司率先从联邦德国引进三台贴体包装机，用于工具的贴体包装。多年来，我国已经生产出一大批国产贴体包装机。

任务单：回顾物流包装不同的分类方法和表现形式

<table>
<tr><td colspan="6">任务描述：请根据以前所学知识，描述出物流包装的不同分类方法和表现形式</td></tr>
<tr><td colspan="2">分类方法</td><td colspan="3">类别</td><td>形式</td></tr>
<tr><td colspan="2" rowspan="2"></td><td colspan="3"></td><td></td></tr>
<tr><td colspan="3"></td><td></td></tr>
<tr><td colspan="2"></td><td colspan="4"></td></tr>
<tr><td>学号</td><td></td><td>姓名</td><td></td><td>时间</td><td>年　月　日</td></tr>
</table>

任务测评：

通过案例材料分析，结合本节所学知识，进行物流包装应用分析

材料分析： 通达公司的新型包装 通达公司产品包装贯彻环保意识的四个原则： （1）包装材料减量化原则：采用减少容器厚度、薄膜化、削减层数、变更包装材料等方法。 （2）使用后包装体积减小原则：采用箱体凹槽、纸板箱表面压痕、变更包装材料等方法，体积变得很小，方便回收。 （3）再循环使用原则：采用易分离的纸容器，纸盒里面放塑料薄膜，使用完毕后，纸、塑分离，减少废弃物，方便处理；还有一种易分离的热塑成型的容器。 （4）减轻环境污染原则。
1. 结合材料请思考：为什么企业采用包装材料减量化原则，新型包装较传统包装有哪些改进？
2. 通过自己的学习，对包装有了一定的认识，你觉得自己的理解对吗？
（1）用于安全运输、保护商品的较大单元的包装形式称为（　　）。 A. 运输包装　B. 销售包装　C. 保护包装　D. 便利包装 （2）一般包装件小，对包装的技术要求美观、安全、卫生、新颖，易于携带，随商品销售给顾客的包装形式称为（　　）。 A. 运输包装　B. 销售包装　C. 保护包装　D. 便利包装 （3）以两种或两种以上材料黏合制成的包装形式称为（　　）。 A. 金属包装　B. 塑料包装　C. 纤维织品包装　D. 复合材料包装 （4）（　　）也称内包装或小包装，是指以销售为主要目的，与内装物一起到消费者手中的包装。 A. 绿色包装　B. 运输包装　C. 销售包装　D. 集合包装 （5）（　　）包装是指由若干单件运输包装组合成的一件大包装，以便使用相应的运输工具及其他设施，大大提高装卸效率，减轻劳动强度，降低商品损耗，可以促进商品装运的现代化的实现。 A. 绿色　B. 运输　C. 销售　D. 集合运输

任务二　认知物流包装材料、容器及技术

任务目标：

（1）了解物流包装材料与包装容器的概念；

（2）熟练掌握常用的包装材料种类及特性；

（3）了解常用包装技术的种类和原理，重点掌握包装技术的应用场景。

任务学习：

1921年5月，当香水创作师恩尼斯•鲍将他发明的多款香水呈现在香奈儿夫人面前让她选择时，香奈儿夫人毫不犹豫地选出了第五款，即如今誉满全球的香奈儿5号香水。然而，除了那独特的香味以外，真正让香奈儿5号香水成为“香水贵族中的贵族”的却是那个看起来不像香水瓶，反而像药瓶的创意包装。服装设计师出身的香奈儿夫人，在设计香奈儿5号香水瓶型上别出心裁。让香奈儿5号香水瓶简单的包装设计在众多繁复华美的香水瓶中脱颖而出，成为最独特、最另类，也是最为成功的一款造型。香奈儿5号以其宝石切割般形态的瓶盖、透明水晶的方形瓶身造型、简单明了的线条，成为一股新的美学观念，并迅速俘获了消费者。从此，香奈儿5号香水在全世界畅销，至今仍然长盛不衰。1959年，香奈儿5号香水瓶以其所表现出来的独有的现代美荣获“当代杰出艺术品”称号，跻身于纽约现代艺术博物馆的展品行列。香奈儿5号的成功，很大程度上依靠的就是它独特的、颠覆性的创意包装。

思考：

（1）香奈儿5号香水为什么能够成功？

（2）香奈儿5号香水给我们的启示是什么？

任务分析：

该任务紧紧围绕对产品的包装，结合产品自身特点通过选择合适的包装材料和包装容器，进行包装设计，既满足了保护产品、方便运输储存的功能，又凸显了包装设计在商业活动中促进销售的重要功能。

任务操作：

1. 了解物流包装材料与包装容器

1）包装材料

包装材料是指产品包装和制作包装容器所使用的材料，通常与包装容器统称为包装器材。

2）包装容器

包装容器是包装材料和造型相结合的产物。常用的运输包装容器有包装袋、包装盒、包装瓶、包装罐（筒）五大类。

（1）包装袋（Packaging Bag）：按盛装容量分为集装袋、一般运输包装袋和小型包装袋。

① 集装袋：盛装质量在 1 t 以上，一般用聚酯纤维编织而成，顶部通常装有金属吊架或吊环，便于起重机吊装、搬运，卸货时可打开袋底的卸货孔进行卸货，非常方便。

② 一般运输包装袋：盛装重量为 50~100 kg，大部分是由植物纤维或合成树脂纤维编织而成，或者由几层挠性材料构成的多层材料包装袋。

③ 小型包装袋：也称普通包装袋，盛装质量较低，根据需要可用单层材料、多层材料或者不同材料复合而成。

（2）包装盒（Packaging Box）：这是一种刚性或半刚性容器，呈规则几何形状，有关闭装置，通常用纸板、金属、硬质塑料以及复合材料制成。包装盒可以是外形固定的，在使用过程中不能折叠变形；也可以是折叠式，在未盛装物品时，可折叠存放，如图 2-17 所示。

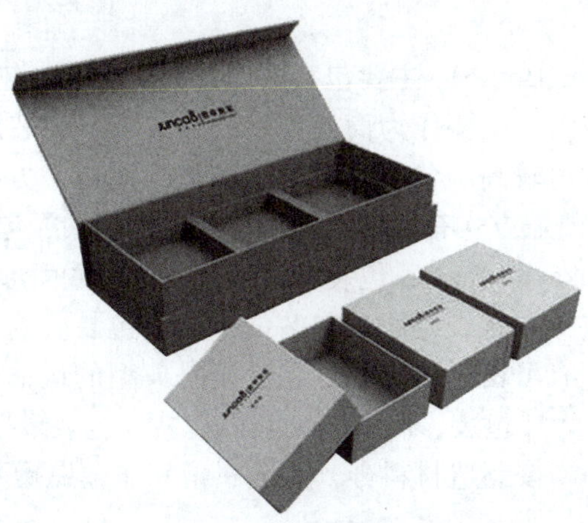

图 2-17　包装盒

（3）包装箱（Packaging Case）：它是刚性或半刚性容器，一般呈长方体箱形，容积较大，通常由纸板、木材、金属、硬质塑料或复合材料制成。其种类主要有：瓦楞纸箱、木箱、托盘集合包装、集装箱、塑料箱。箱装是商品运输包装的主要包装方式。按出口商品运输的不同需要，该包装有木包装箱（见图 2-18）、金属包装箱（见图 2-19）、纸板包装箱（见图 2-20）、钙塑箱四个系列。

图 2-18　木包装箱

图 2-19 金属包装箱

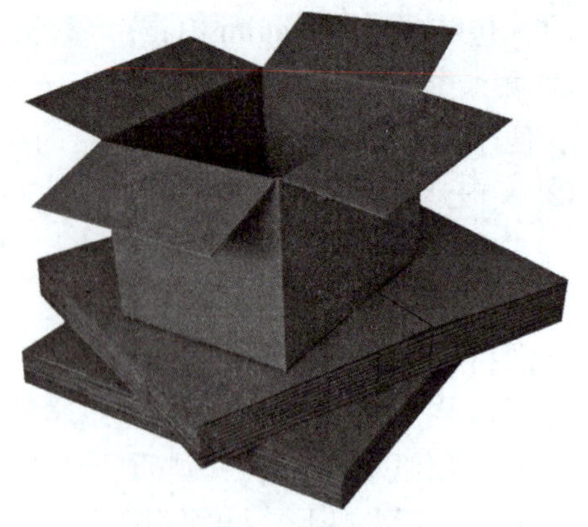
图 2-20 纸板包装箱

（4）包装瓶（Packaging Bottle）：主要包装液体和粉状货物。包装瓶（见图 2-21）的包装量一般不大，适合美化装潢，主要作为商业包装、内包装。包装瓶的材料要有较高的抗变能力，对刚性、韧性要求也较高。包装瓶按外形可分为圆瓶、方瓶、高瓶、矮瓶、异形瓶等若干种。瓶口与瓶盖的封盖方式有螺纹式、凸耳式、齿冠式、包封式等。

（5）包装罐（筒）(Packaging Tin)：包装罐的罐身各处横截面形状大致相同，罐颈短，罐颈内径比罐身内径稍小或无罐颈，是刚性包装的一种。包装罐要求包装材料强度较高，罐体抗变形能力强，通常带有可密封的罐盖。包装罐是典型的运输包装，适合包装液体、粉状及颗粒状物品，也可作为外包装、商业包装和内包装。包装罐按容量分，有小型包装罐、中型包装罐和集装罐三种；按制造材料分，有金属罐和非金属罐两类。图 2-22 所示为塑料包装筒。

图 2-21 包装瓶

图 2-22 塑料包装筒

任务单：回顾物流包装材料与包装容器

<table>
<tr><td colspan="6">任务描述：请根据所学知识，描述出物流包装的材料与包装容器</td></tr>
<tr><td colspan="6">1. 什么是包装材料？</td></tr>
<tr><td colspan="6"></td></tr>
<tr><td colspan="6">2. 常用的运输包装容器有哪些？</td></tr>
<tr><td colspan="6"></td></tr>
<tr><td colspan="4">类　　别</td><td colspan="2">形　　式</td></tr>
<tr><td colspan="4"></td><td colspan="2"></td></tr>
<tr><td colspan="4"></td><td colspan="2"></td></tr>
<tr><td colspan="4"></td><td colspan="2"></td></tr>
<tr><td colspan="4"></td><td colspan="2"></td></tr>
<tr><td colspan="4"></td><td colspan="2"></td></tr>
<tr><td>学号</td><td></td><td>姓名</td><td></td><td>时间</td><td>年　月　日</td></tr>
</table>

2. 掌握常用的包装材料种类及特性

包装材料中使用最为广泛的是纸及各种纸制品，其次是塑料、木材。随着社会经济发展和国内外对环境保护的日益重视，以纸代木、以纸代塑的绿色包装势在必行，纸质包装逐步向中高档、低量化方向发展。常用的包装材料包括以下几种：

1）纸和纸板

纸和纸板是支柱性的包装材料，其应用范围十分广泛，是按定量（单位面积的质量）或厚度来区分的。凡定量在 250 g/m^2 以下或厚度在 0.1 mm 以下的称为纸，在此以上的称为纸板。由于纸无法形成固定形状的容器，常用来做裹包衬垫和口袋，而纸板常用来制成各种包装容器。包装纸主要有纸袋纸、牛皮纸、中性包装纸、普通食品包装纸、鸡皮纸、半透明玻璃纸和玻璃纸、有光纸、防潮纸、防锈纸、铜版纸等。包装纸板主要有箱纸板、牛皮箱纸板、草纸板、单面白纸板、茶纸板、瓦楞纸板等。

2）塑料

塑料是一类多性能、多品种的合成材料，具有物理性能优越、化学稳定性好、轻便、易加工成型的特点。但塑料作为包装材料强度不如钢铁，耐热性不如玻璃，易老化，易产生静电。包装常用的塑料有聚乙烯、聚丙烯、聚氯乙烯、聚苯乙烯、聚酯等，可制成瓶、杯、盘、盒等容器。聚苯乙烯还大量地用来制造包装用泡沫缓冲材料。图 2-23 所示为塑料箱及其规格。

23#箱	
外规格/mm	860×620×450
内规格/mm	805×580×440

图2-23　塑料箱及其规格

3）木质材料

木质材料是传统的运输包装的材料，包括天然木材和人造板材，具有特殊的耐压、耐冲击性能，加工方便，是大型和重型商品运输包装的重要材料。人造板材有胶合板和纤维板两种。

常用的木制包装容器有木箱（胶合板箱和纤维板箱）、木桶（包括木板桶、胶合板桶和纤维板桶）等。

4）金属材料

包装用金属材料主要是指钢板、铝材及其合金材料，其形式有薄板和金属箔，品种有薄钢板（黑铁皮）、镀锌薄钢板（白铁皮）、镀锡薄钢板（马口铁）、镀铬薄钢板、铝合金薄板、铝箔等。金属材料牢固结实；密封性、阻隔性好；延展性强，易加工成型；金属表面有特殊的光泽，便于进行表面装潢。但金属材料成本高，生产能耗大，化学稳定性差，易锈蚀，所以金属材料包装的应用受到限制。图 2-24 所示为金属铝箱。

5）玻璃

玻璃是以硅酸盐为主要成分的无机材料，其特点是透明、清洁、美观，有良好的机械性能和化学稳定性，价格便宜，可多次周转使用。但玻璃耐冲击性差，自身质量大，运输成本高，限制了其在包装上的应用。玻璃包装容器常见的有玻璃瓶、玻璃罐、玻璃缸等，主要应用于酒类、饮料、罐头食品、调味品、药品、化学试剂等商品的包装。此外，也可制造大型运输包装容器，存装强酸类产品。

6）复合包装材料

复合包装材料是将两种或两种以上的材料紧密复合在一起而制成的包装材料。塑料与纸、塑料与铝箔、塑料与玻璃、纸与金属箔都可制成复合材料。复合材料兼有不同材料的优良性能，使包装材料具有更加良好的机械性能、气密性以及防水、防油、耐热或耐寒性，是现代包装材料的一个发展方向，特别适用于休闲食品、复杂调味品、冷冻食品等的包装，如图 2-25 所示。

图 2-24　金属铝箱

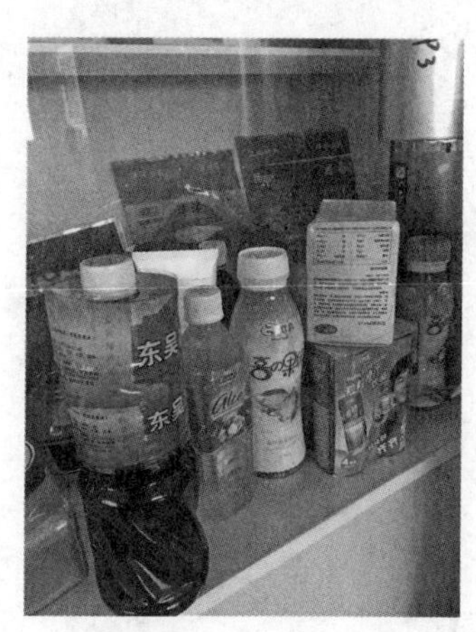

图 2-25　复合材料包装

7）纤维织物

纤维织物可以制成布袋、麻袋、布包等，具有牢度适宜、轻巧、使用方便、易清洗、便于回收利用等特点，适用于盛装粮食及其制品、食盐、食糖、农副产品、化肥、化工原料及中药材。

8）其他材料

毛竹、水竹等竹类材料可以编制各种竹制容器，如竹筐、竹箱、竹笼、竹篮、竹瓶等。水草、蒲草、稻草等可编织席、包、草袋，是价格便宜的、一次性使用的包装用材料。柳条、桑条、荆条及其他野生藤类，可用于编织各种筐、篓、箱、篮等。陶瓷可制成缸、坛、砂锅、罐、瓶等容器。另外，棕榈、贝壳、椰壳、麦秆等也可用于制作各种特殊形式的销售包装。

任务单：回顾常见包装材料

<table>
<tr><td colspan="6">任务描述：请根据所学知识及生活中实例，描述出常用包装材料有哪些，表现形式如何</td></tr>
<tr><td colspan="2">序　号</td><td colspan="2">类　别</td><td colspan="2">形　式</td></tr>
<tr><td colspan="2">1</td><td colspan="2"></td><td colspan="2"></td></tr>
<tr><td colspan="2">2</td><td colspan="2"></td><td colspan="2"></td></tr>
<tr><td colspan="2">3</td><td colspan="2"></td><td colspan="2"></td></tr>
<tr><td colspan="2">4</td><td colspan="2"></td><td colspan="2"></td></tr>
<tr><td colspan="2">5</td><td colspan="2"></td><td colspan="2"></td></tr>
<tr><td colspan="2">6</td><td colspan="2"></td><td colspan="2"></td></tr>
<tr><td colspan="2">7</td><td colspan="2"></td><td colspan="2"></td></tr>
<tr><td colspan="2">8</td><td colspan="2"></td><td colspan="2"></td></tr>
<tr><td>学号</td><td></td><td>姓名</td><td></td><td>时间</td><td>年　月　日</td></tr>
</table>

3. 掌握包装技术

1）包装技法

包装作业时采用的技术和方法简称包装技法。一般包装技法的要求包括：①对包装容器内装物的合理置放、固定和加固，其目的是缩小体积、节省材料、减少损失；②对松泡产品进行体积压缩，比较有效的方法是真空包装；③合理选择外包装形状和尺寸，要避免过高、过扁、过大、过重等；④合理选择内包装（盒）形状尺寸，要与包装模数吻合；⑤包装物外部的捆扎是将单个物件或数个物件捆紧，以便于运输、储存和装卸。

视 频

物流包装技术及其应用

2）包装技术类型

（1）防震保护技术：防震包装又称缓冲包装，是指为减缓内装物受到冲击和震动，保护其免受损坏所采取的防护措施的包装。防震包装主要有以下三种方法：

①全面防震包装方法。它是指内装物和外包装之间全部用防震材料填满进行防震的包装方法。②部分防震包装方法。对于整体性好的产品和有内装容器的产品，仅在产品或内包装的拐角或局部地方使用防震材料进行衬垫即可。所用包装材料主要有泡沫塑料防震垫、充气型塑料薄膜防震垫和橡胶弹簧等。③悬浮式防震包装方法。对于某些贵重易损的物品，为了有效地保证在流通过程中不被损坏，外包装容器比较坚固，然后用绳、带、弹簧等将内装物悬吊在包装容器内，而不与包装容器发生碰撞，从而减少损坏。

（2）防破损保护技术：缓冲包装有较强的防破损能力，是防破损包装技术中有效的一类。此外，还可以采取以下防破损保护技术：

①捆扎及裹紧技术。捆扎及裹紧技术的作用是使杂货、散货形成一个牢固整体，以增加整体性，便于处理及防止散堆，从而减少破损。②集装技术。利用集装技术，减少与货体的接触，从而防止破损。③选择高强保护材料。即通过高强度的外包装材料来防止内装物受损。

（3）防锈包装技术。它包括：

①防锈油防锈蚀包装技术。金属腐蚀是空气中的氧、水蒸气及其他有害气体等作用于金属表面而引起电化学作用的结果。如果使金属表面与引起锈蚀的各种因素隔绝（即将金属表面保护起来），就可以达到防止金属锈蚀的目的。用防锈油封装金属制品，要求油层有一定厚度，油层的连续性好，涂层完整。不同类型的防锈油要采用不同的方法进行涂覆。②气相防锈包装技术。气相防锈包装技术就是用气相缓蚀剂（挥发性缓蚀剂），在密封包装容器中对金属制品进行防锈处理的技术。气相缓蚀剂是一种能减慢或完全阻止金属在侵蚀性介质中的破坏过程的物质，在常温下具有挥发性。它在密封包装容器内的每个角落和缝隙，同时吸附在金属制品的表面上，从而起到抑制锈蚀因素对金属锈蚀的作用。

（4）防霉腐包装技术：在运输包装内装运食品和其他货物时，货物表面可能生长霉菌，在流通过程中如遇潮湿，霉菌生长繁殖极快，甚至伸延至货物内部，使货物腐烂、发霉、变质，因此要采取特别防护措施。

包装防霉腐变质的措施通常是采用冷冻包装、真空包装或高温灭菌方法。①冷冻包装的原理是减慢细菌活动和化学变化的过程，以延长储存期，但不能完全消除食品的变质。②高温杀菌法可消灭引起食品腐烂的微生物，可在包装过程中用高温处理防霉。有些经干燥处理的食品包装，应防止水汽浸入，可选择防水汽和气密性好的包装材料，采取真空包装和充气包装。③真空包装法也称减压包装法或排气包装法。这种包装可阻挡外界的水汽浸入包装容器内，也可防止在密闭的防潮包装内部存有潮湿空气，在气温下降时结露。采用真空包装法，要注意避免过高的真空度，以防损伤包装材料。

防止运输包装内货物发霉，还可使用防霉剂。防霉剂种类甚多，用于食品的必须选用无毒防霉剂。机电产品的大型封闭箱，可酌情开设通风孔或通风窗等相应的防霉措施。

（5）防虫包装技术：防虫包装常用的是驱虫型，即在包装中放入有一定毒性和臭味的药物，利用药物在包装中挥发气体杀灭和驱除各种害虫。常用的驱虫剂有萘、樟脑精等。也可采用真空包装、充气包装、脱氧包装等技术，使害虫无生存环境，从而防止虫害。

（6）危险品包装技术：危险品有上千种，按其危险性质，交通运输及公安消防部门将其分为十大类，即爆炸性物品、氧化剂、压缩气体和液化气体、自燃物品、遇水燃烧物品、易燃液体、易燃固体、毒害品、腐蚀性物品、放射性物品。有些物品同时具有两种以上危险性能。对有毒商品的包装要在明显之处标明有毒的标志；对有腐蚀性的商品，要注意避免商品和包装容器的材质发生化学变化。

（7）特种包装技术。特种包装技术包括以下 5 种：

① 充气包装：采用二氧化碳气体或氮气等不活泼气体置换包装容器中空气的一种包装技术方法，因此也称为气体置换包装。这种包装方法是根据好氧性微生物需氧代谢的特性，在密封的包装容器中改变气体的组成成分，降低氧气的浓度，抑制微生物的生理活动、酶的活性和鲜活商品的呼吸强度，达到防霉、防腐和保鲜的目的。

② 真空包装：将物品装入气密性容器后，在容器封口之前抽成真空，使密封后的容器内基本没有空气的一种包装方法。一般的肉类商品、谷物加工商品以及某些容易氧化变质的商品都可以采用真空包装。真空包装不但可以避免或减少脂肪氧化，而且抑制了某些霉菌和细菌的生长。同时在对其进行加热杀菌时，由于容器内部气体已排除，因此加速了热量的传导，提高了高温杀菌效率，也避免了加热杀菌时由于气体的膨胀而使包装容器破裂。

③ 收缩包装：就是用收缩薄膜裹包物品（或内包装件）的包装技术方法。收缩薄膜是一种经过特殊拉伸和冷却处理的聚乙烯薄膜，由于薄膜在定向拉伸时产生残余收缩应力，这种应力受到一定热量后便会消除，从而使其横向和纵向均发生急剧收缩，同时使薄膜的厚度增加，收缩率通常为 30%~70%，收缩力在冷却阶段达到最大值，并能长期保持。

④ 拉伸包装：20 世纪 70 年代开始采用的一种新包装技术，它是由收缩包装发展而来的。拉伸包装是依靠机械装置在常温下将弹性薄膜围绕被包装件拉伸、紧裹，并在其末端进行封合的一种包装方法。由于拉伸包装不需要进行加热，所以消耗的能源只有收缩包装的 1/20。拉伸包装可以捆包单件物品，也可用于托盘包装之类的集合包装。

⑤ 脱氧包装：继真空包装和充气包装之后出现的一种新型除氧包装方法。脱氧包装是在密封的包装容器中，使用能与氧气起化学作用的脱氧剂与之反应，从而除去包装容器中的氧气，以达到保护内装物的目的。脱氧包装方法适用于某些对氧气特别敏感的物品，常用于那些即使有微量氧气也会促使品质变坏的食品包装中。

任务单：回顾物流包装技法与用途

<table>
<tr><td colspan="6">任务描述：请根据所学知识和生活实际，描述出物流包装技法与用途</td></tr>
<tr><td colspan="6">1. 常见的包装技法有哪些？</td></tr>
<tr><td colspan="6"></td></tr>
<tr><td colspan="2">序　号</td><td colspan="2">类　别</td><td>形　式</td><td>用　途</td></tr>
<tr><td colspan="2">1</td><td colspan="2"></td><td></td><td></td></tr>
<tr><td colspan="2">2</td><td colspan="2"></td><td></td><td></td></tr>
<tr><td colspan="2">3</td><td colspan="2"></td><td></td><td></td></tr>
<tr><td colspan="2">4</td><td colspan="2"></td><td></td><td></td></tr>
<tr><td colspan="2">5</td><td colspan="2"></td><td></td><td></td></tr>
<tr><td colspan="2">6</td><td colspan="2"></td><td></td><td></td></tr>
<tr><td colspan="2">7</td><td colspan="2"></td><td></td><td></td></tr>
<tr><td>学号</td><td></td><td>姓名</td><td></td><td>时间</td><td>年　月　日</td></tr>
</table>

任务测评：

物流包装自我介绍

类　别	名　称
常用的包装容器	
常用的包装材料	
包装技法	
特种包装技术	

通过案例材料分析，结合本节所学知识，进行物流包装技术应用分析

<table>
<tr><td>

材料分析："无悔美食"墨西哥玉米片的包装设计

"无悔"美食是1989年"由一群又想减肥又不想放弃自己喜爱的快餐食品、有点超重的墨西哥玉米片爱好者"所成立的公司。如今，已成为当地发展最快的公司之一，其生产的玉米片为十大畅销品牌。他们还开发出不含脂肪的沙司系列，在1996年夏开发出松脆土豆片系列。这种低脂肪产品的制作关键是采用烤而不是煎的方法。因此，"烤而非煎"一语就成了玉米片包装上的主要副标语。这一点经印有"不加任何油脂"或"1克脂肪"金色小标签而显得更为突出。至于玉米糊则用"脱脂"字样。"无悔美食"标识中的第一个单词 Guiltless 用大写字母写出以突出本系列产品最基本的销售原则——健康的信息。包装封口处压印了鲜艳的色彩以增加视觉效果，也更突出了产品的新鲜感。为了区别不同口味而采用不同的色系，与此相应，不同的颜色模式也应用于标识语中。

销售包装更加强调具有美化商品，宣传商品，便于消费者识别、选购、携带和使用，以促进销售的功能。快餐食品往往与现代人紧张的生活节奏相切合，因此其销售包装在设计上要充满情趣，突显明快，以吸引消费者。包装标示上采用 Guiltless 的大写字母以体现快餐食品首要的销售理念——健康。不同口味不同色系的包装设计既吸引了消费者，又可以使货架显得活泼明快充满活力。

运输包装的主要作用在于保护商品，最大限度地避免运输途中各种外界条件对商品可能产生的影响，方便检验、计数和分拨，有利于节省仓库容量、运费和包装费用。本例中外包装箱的设计就属于运输包装的范畴。采用外包装箱的优点在于它既节省了制造商的成本，也减少了零售商的费用。制造商只需支付外包装纸箱的费用，便可在纸箱上套印、打孔以方便运输；而零售商则既可以直接打开运输包装外包装展示商品，也可以连箱带货上架储存。在运输过程中，产品的外包装箱就如同一块广告牌，立在车流滚滚的高速公路旁，只要感兴趣的顾客就能立刻从中获取相关信息。

</td></tr>
<tr><td>结合材料思考：1. 运输包装的重要特点是在满足物流要求的基础上使包装费用越低越好，但是，如何在降低包装费用和减少物流时的损失两者之间寻找平衡点？</td></tr>
<tr><td></td></tr>
<tr><td>2. 为吸引消费者关注，达到促销目的，商品的销售包装是否包装层次越多，包装体积越大越好？</td></tr>
<tr><td></td></tr>
<tr><td>3. 利用课余时间到一些大型超市进行调查，看是否有类似于"无悔美食"的其他商品，在包装上它们有何独特性？</td></tr>
<tr><td></td></tr>
</table>

任务三　选择适宜的物流包装

任务目标：

（1）熟悉常用物流包装材料和容器的应用实例；
（2）熟悉常用包装技术应用案例；
（3）能够根据货物特点综合分析运用适合的包装材料、容器和包装技术。

任务学习：

茶叶作为世界三大饮品之一，历来就受到人们的喜爱。由于茶叶本身的独特性，对茶叶的包装主要是要求防潮、防高温、防异味和便于运输携带。然而随着经济的发展和人们生活水平的提高，茶叶的包装除了原有的实用功能以外，更大的作用在于提升茶叶自身的价值和文化品味。

思考：

（1）茶叶包装需要考虑的因素有哪些？
（2）如何选择茶叶包装？

在物流活动中，所管理的货品种类繁多，要想有效保障这些货品的完好性，有条不紊地实施物流作业，达到客户满意，就需要在物流包装环节根据货品特性和要求，选择适宜的物流包装。那么在日常物流运作中有哪些物流包装材料、容器，以及包装技术的应用实例？这就要求人们掌握如何选择适宜的包装材料、容器及包装技术。

任务分析：

物流包装主要是物流包装防护设计和应用，对物流活动环节具有重要的意义。不同产品的运输包装设计和生产以及物流应用过程中的事件组合成工作任务，结合物流包装应用实例，为企业提供物流运输包装方案的设计与策划。

任务操作：

1．熟悉包装材料和容器的应用实例

1）包装材料应用实例一：卡板箱

卡板箱是一体式卡板箱，又称托盘箱，由底部托盘加上部箱体组成，如图 2-26 所示。

卡板箱的材料分类为塑料、木料、金属材料等。结构分类为一体式样（卡板与箱体连接为一体）、组合式样（底部为卡板，上部为可拆卸的箱壁）、折叠式样（底托和箱壁相连，空箱时可向内折叠，大大减少了空箱的仓储体积）。目前大部分卡板箱为一次注塑成型，采用耐冲击材料生产，可以存放大量的、大尺寸的货物，可以使用叉车移动，四面进叉可机械化搬运。卡板箱有封闭的和网孔的两种：封闭的卡板箱可以存放液体和粉末货物，可以安装水龙头，方便使用和清洗，配有盖子，具有很好的防尘防潮作用；网孔的卡板箱可以存放固体货物。卡板箱可以相互堆叠，能有效提高仓库使用效率，且使用寿命长。

图 2-26 卡板箱

2）包装材料应用实例二：钢带木箱

钢带木箱具有连接可靠、外形美观、可重复使用、轻量化、便于装卸等一系列优点，在国外被广泛使用，常用于出口产品的包装。将其折叠后储运，极大地降低了运输成本，较适合用于包装质量在 2 t 以下的工件，如图 2-27 所示。

根据不同的钢带结构及加工方法，快装箱常分为 P 型箱（三片箱）、S 型箱（六片箱）等。三片箱就是箱体可以拆分为三片。同理，六片箱就是可以拆分为六片，便于运输，使用的时候再组装起来。钢带木箱的边长一般为 300~2 000 mm。与普通免熏蒸木箱相比，钢带木箱具有质轻、平稳、美观、整体性好、无钉无刺、无味无毒、耐酸、耐碱、耐腐蚀、易冲洗消毒、不腐烂、不助燃、无静电火花、可回收等优点；使用寿命是普通免熏蒸木箱的 5~7 倍。钢带木箱是现代化运输、包装、仓储的重要工具，是国际上规定的用于食品、水产品、医药、化学品等行业储存的必备器材，可根据不同尺寸定做。

3）包装材料应用实例三：围板箱

现在各企业都重视 5S 管理，广泛采用货架堆放，围板箱（Pallet Collars）非常适合货架储存。围板箱是配合托盘使用的可折叠、可拆卸木箱，适用于欧版托盘 1 200 mm × 800 mm，配合叉车使用，方便搬运、堆高，可大大提高工作效率。

围板箱有几大特点：①方便快捷，可以根据物品大小任意加高或缩小；②储存空间大，占地空间小，可以折叠，不使用时可以节省 85% 的空间；③利用价值高，可以重复使用，拆装方便；④坚固耐用，在正常状态下可以循环使用 10 年；⑤环保，不使用铁钉，为降低运输费用，物流企业可以根据产品体积来决定木箱层数，减少包装体积。

托盘围板是由托盘、箱体和箱盖三部分组成，组成每层围板的四片或六片木板用 L 形铰链连接，如图 2-28 所示。使用层数由内装物的高度来决定，以最大限度地节约运输空间；相同规格的围板，层与层之间、新与旧之间完全可以互换；无钉化作业，降低了工人操作时发生工伤的风险；周转回收时，可以折叠起来运输，大大节省了运输成本。围板箱主要应用于日本、韩国、美国、俄罗斯、委内瑞拉、欧盟等国家和地区配套出口。

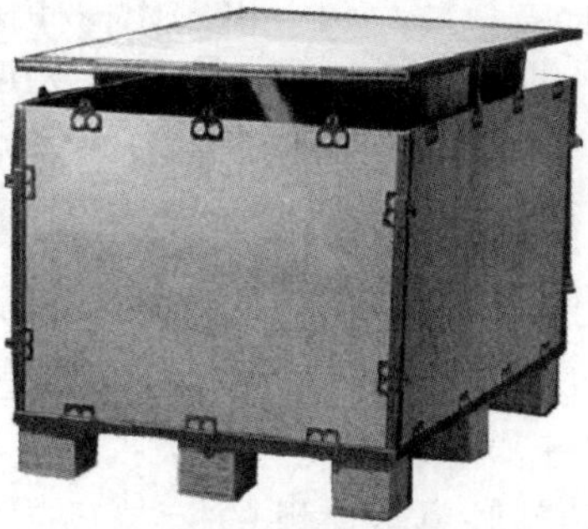

图 2-27　钢带木箱

图 2-28　托盘围板

4）包装材料应用实例四：东洋制罐

由东洋制罐开发的塑胶金属复合罐 TULC(Toyo Ultimate Can）罐，是以 PET 及铁皮合成的两片罐，主要使用对象是饮料罐。这种复合罐既节约材料又易于再循环，在制作过程中低能耗、低消耗，属于环境友好型产品。东洋制罐还研发生产一种超轻级的玻璃瓶。像用这种材料生产的 187 mL 的牛奶瓶的厚度只有 1.63 mm、89 g，而普通牛奶瓶厚度为 2.26 mm，重 130 g，其比普通瓶轻 40%，可反复使用 40 次以上。该公司还生产不含木纤维的纸杯和可生物降解的纸塑杯子。东洋制罐为了使塑料包装桶、瓶在使用后方便处理，减少体积，在塑料桶上设计几根环形折痕，废弃时可方便折叠缩小体积。这类塑料桶（瓶）种类较多，容积为 500 mL 到 10 L 不等。

5）包装材料应用实例五：化妆品包装

目前，几乎各种材质在化妆品包装上均有使用，而玻璃、塑料、金属三种材料是当前主要使用的化妆品包装容器材料，纸盒则常用作化妆品的外包装。不断研制新材料和新的加工技术，追求新的造型，一直是业内在化妆品包装容器方面的开发重点。随着包装技术和数字化的逐渐应用，化妆品包装的未来发展趋势主要表现在以下几方面：

（1）多层成塑复合技术。采用多层复合技术，塑料包装就能一方面完全隔绝光、空气，避免化妆品氧化；另一方面，通过糅合不同种类的物质，可在外观上获得奇妙的视觉效果和独特的手感。

（2）真空包装。真空包装尽管因成本较高仅限于有限的几个品牌使用，但这种包装技术还是有很多独有的优点，例如，保护性强、强力恢复性高、方便高黏度护肤乳的使用，并以其高科技优势提升产品档次，真空包装另一个重要发展方向是突出功能性，这对于那些不那么复杂的容器更加重要。现在常见的真空包装是装上分配泵和压缩帽。分配泵系统因其方便而大受消费者欢迎，很快就赢得了市场青睐。

（3）胶囊包装。化妆品胶囊外观形式新颖，对消费者颇具吸引力及新奇感。不同的胶囊造型还可以表达不同的主题，可成为馈赠亲友的别致礼品。化妆品胶囊包装精巧，内容物设计为一次用量，消费者每次使用一粒胶囊即可，从而避免了可能出现的二次污染，保证消费者每次使用的产品都是洁净的。化妆品胶囊由于不存在二次污染，产品中不加或少加防腐剂，从而使产品的安全性大大提高。另外，化妆品胶囊携带安全、使用方便、在消费者居家使用的同时，同样适于外出旅游及野外工作时使用，十分方便。

（4）绿色包装进入日程。保鲜装是近年发展起来的时尚包装趋势，指一次性使用的小包装。为了防止丰富的营养物质在使用中因二次污染迅速地腐败变质，将其罐装在极小的容器中，一次用完，如精华的小容器包装。这种化妆品由于价格昂贵，虽然不会成为市场的主流产品，但它是未来时尚、奢华生活方式的标志，因此会有稳定的消费者群。

6）包装材料应用实例六：显示器包装

显示器包装通常将LCD用包装泡沫保护住显示器的四个角，然后再装于纸质包装箱内，包装箱外应标有制造厂名称、产品型号，并喷刷或贴有“小心轻放”“怕湿”“向上”等运输标志。产品的其他标志应符合国家有关规定。包装箱外喷刷或粘贴的标志不应因运输条件和自然条件而褪色、变色、脱落。包装箱应符合防潮、防尘、防震的要求，包装箱内应有装箱明细表、检验合格证、备附件及其有关的随机文件，如图2-29和图2-30所示。

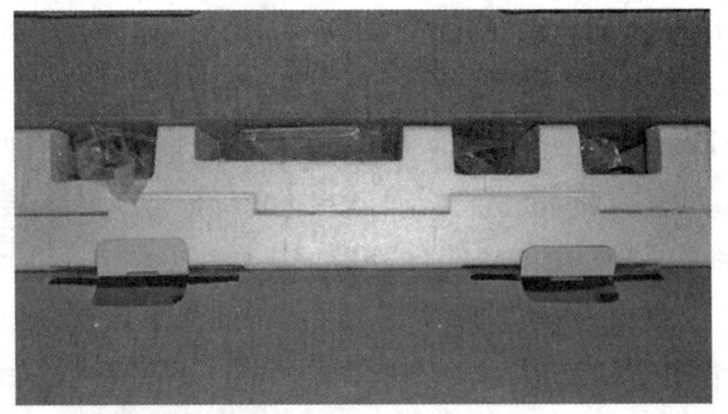

图2-29　显示器包装泡沫

图2-30　显示器外包装

纸浆模塑包装制品是以废弃纸脚纸张为主要原材料，经过制浆、吸附模塑成型、脱水干燥等工艺流程而制成的包装装潢或填充产品。它具有造价低、重量轻、强度大、纤维交织、缓冲性佳、可回收再生利用、无污染、耐高温等特点，广泛适用于电子、机械零部件、工业仪表、电工工具、计算机、家电、玻璃、陶瓷和农产品等行业的内衬包装。

思考：常用的包装材料和容器的应用实例有哪些？

____

____

____

____

2. 熟悉常用包装技术应用实例

1）真空铝箔包装应用

真空包装（Vacuum Packaging）也称减压包装，是将包装容器内的空气全部抽出密封，维持容器内高度减压状态，空气稀少相当于低氧效果，使微生物没有生存条件，达到无病腐发生的目的。目前应用的有塑料袋内真空包装、铝箔包装、玻璃器皿、塑料及其复合材料包装等。可根据物品种类选择包装材料。

真空包装的目的是减少包装内氧气含量并防潮。真空包装技术起源于20世纪40年代。自1950年聚酯、聚乙烯塑料薄膜成功应用于商品包装以来，真空包装机便得到迅速发展。真空镀铝聚酯薄膜是以聚酯薄膜为原料，经真空镀铝精制而成。真空镀铝膜的引入是由铝箔开始的。软塑包装上使用的铝箔，厚度一般为6~20 μm。铝箔具有银白色光泽，直接在铝箔上印刷透明油墨，会呈现特有的金属光泽。铝箔有良好的遮光性、阻气性、阻湿性、导热性、电磁屏蔽性。其中，最为突出的是铝箔的阻隔性能。在铝箔厚度足够的前提下，可以完全阻隔气体和水分，因而在软塑包装基材膜中铝箔是不可或缺的材料，被广泛应用在药品包装、食品包装，特别是需要高温蒸煮及保存时间相对较长的药物、化妆品等高档产品的软包装中。但是铝箔有一个致命的缺陷——弯曲后，铝箔很容易产生裂纹，影响铝箔的阻隔性，并且铝箔价格较贵。

在20世纪80年代，一种新的技术——真空镀铝被引入。此后，越来越多的行业开始在不影响质量要求的前提下，改用真空镀铝膜来代替真空包装，从而降低包装成本。所谓真空镀铝是指在高真空度下，铝经液化后立即汽化，然后冷却堆积在塑料薄膜表面，形成一层具有良好金属光泽、厚度为300~600埃（1埃=10^{-10} m）的镀铝层。镀铝层的厚度还使用透光量、光密度或者方阻的方式来表示。真空镀铝膜一般是耐温及机械加工性能较好的BOPP（双向拉伸聚丙烯薄膜）、BOPET（双向拉伸聚酯薄膜）、BOPA（双向拉伸尼龙薄膜）、CPP（未拉伸聚丙烯薄膜）等材料。通过这种方式，使得真空镀铝膜既具有与基材相似的机械物理性能，同时又拥有与铝箔相似的阻隔性能。

2）PP打包带包装技术应用

PP打包带，学名聚丙烯，是常见塑料中较轻的一种。PP打包带的主要材料是聚丙烯拉丝级树脂，因其可塑性好、断裂拉力强、耐弯曲、密度小、使用方便等优点，被加工成捆扎带，已在各领域中广泛作用。

PP打包带牌号很多，生产（最好效果）使用的是牌号T30S的聚丙烯原料。

PP 打包带（见图 2-31）外观半透明至不透明，在火焰中可燃，离开火焰后缓缓熄灭或继续燃烧。燃烧时，火焰上端呈黄色，下端呈蓝色，有熔融、滴落现象，可闻到石蜡味。

图2-31　PP打包带

PP 打包带的分类：

（1）按生产打包带的聚丙烯原料颗粒透明与否或色彩可以分为：透明 PP 打包带、半透明 PP 打包带、色彩 PP 打包带。

（2）按生产打包带使用的聚丙烯成分比例可以分为：新纯料 PP 打包带、纯料（回收料）PP 打包带、普通夹芯 PP 打包带。

（3）按照用途可以分为：全自动 PP 打包带、半自动 PP 打包带、手工用 PP 打包带、柔性 PP 打包带。

PP 打包带主要用于纸箱打包，配合自动打包机使用。主要产品有 PP 手工带、全自动及半自动机用带、无人化机用捆扎带、PE 耐低温机用带、建筑机用带、重型带、防静电特殊机用捆扎带、各种印刷打包带等。

PP 打包带的生产工艺：首先是挤出机温度控制，一般在 250~280℃。接下来是冷却，带料出机头后温度很高，要立即进入水中冷却，因为对等规聚丙烯在急冷的情况下容易生成酝晶结构，酝晶分子结构较疏松，容易拉伸取向，获得高质量的产品。然后是拉伸，其目的是为提高打包带的纵向强度，减少伸长率。拉伸必须在沸水中进行，一般采用一次拉伸。最后是压花，拉伸后的打包带经过两个带花纹的压辊，便被压上花纹，其作用是在使用中增加摩擦，不打滑，从外表上看美观大方。

3）PET 打包带

PET 打包带又称塑钢带，因其制品刚性好、耐高温、延伸度小等优点，广泛应用于钢铁、铝材、化纤、棉纺、烟草、纸业、木业、建材、金属制品等行业，是目前国际上流行的替代钢皮带的新型捆扎带。

PET 打包带（塑钢带）的主要特性有：①较好的抗拉力，PET 打包带既有钢带的抗拉力，又有良好的延展性能，更能确保商品的运输安全；②延伸变化小，其延伸性仅是 PP 打包带的 1/6，膨胀物包装后体积不再变化，能保持拉紧力；③较强的耐温性能，PET 打包带的熔点在 260℃，能长期在 120℃环境下使用而不变形；④经济效益好，其密度仅为钢带密度的 1/6，单位长度的价格相对较低；⑤美观漂亮，提升货物档次；PET 打包带不生锈，具有晶莹剔透的外观，令人伤心悦目；⑥柔韧性佳，操作方便；PET 打包带没有钢带锋利的边缘，不会划伤包装物，更不会伤手，大大提高了工作效率和安全性；⑦连接方便，PET 打包带既可用钢扣压接，也可用手动、自动打包机电热熔连接和超声波摩擦熔接。

思考：常用的包装技术应用实例有哪些？

____

____

____

____

任务单：创新驱动，促进物流包装发展

<table>
<tr><td colspan="6">任务描述：阅读材料，感知“物流人”的创新发展，以创新驱动促进行业发展</td></tr>
<tr><td>一撕得拉链纸箱荣获“流包装行业优秀案例奖”</td><td colspan="5">2018 年 10 月 17 日至 18 日，中国物流与采购联合会在北京召开“首届物流包装技术发展大会”，主题为“绿色、标准、智能、共享”，目的是鼓励绿色环保包装新产品、新材料、新技术的推广和应用，健全生产者责任延伸制。一撕得受邀出席，此次与会企业包括日本包装技术协会、意大利 CMC 集团、京东、苏宁、宝洁、波司登、圆通等数十家企业。一撕得拉链纸箱荣获“2018 年度物流包装行业优秀案例”奖。在绿色可持续发展的社会环境下，物流包装的浪费以及由此带来的巨量包装垃圾问题，已成为社会关注的焦点。一撕得拉链纸箱横空出世，在降低包材成本的基础上为企业提升打包效率。此次奖项授予说明了社会大众对一撕得产品以及服务的认可，未来，一撕得将通过坚持创新驱动、行业聚焦，帮助品牌企业建立简单、高效且环保的整体包装方案。</td></tr>
<tr><td>通过材料阅读，你有何感受</td><td colspan="5"></td></tr>
<tr><td>体现了“物流人”怎样的精神</td><td colspan="5"></td></tr>
<tr><td>学号</td><td></td><td>姓名</td><td></td><td>时间</td><td>年　月　日</td></tr>
</table>

任务测评：

常用物流包装应用实例自我介绍

类　　别	名　　称
常用的包装材料和容器应用实例	
常用的包装技术应用实例	

通过案例材料分析，结合本节所学知识，进行物流包装技术应用分析

材料分析：

禽肉包装的创新——真空收缩包装

为顺应连锁超市的蓬勃发展并帮助解决其后店加工包装所面临的空间、人手不足等问题，近年来禽肉收缩真空包装配合中央包装工厂的操作模式已被广泛应用。

保鲜禽肉包装根据零售市场的需要逐渐由袋装全鸡的单一品种发展出适合分割禽肉零售的托盘包装，其中包括不漏水型零售托盘包装和调气式充气零售托盘包装，此类现代零售包装配合中央包装配送贩卖系统，能使保鲜禽肉产品保持最好的零售外观、卫生质量和更长的保存期限。

在鲜肉零售包装出现之前，生鲜禽肉通常会出现湿黏、有异味、不易储藏保存的现象。使用了打钉PE袋全鸡包装和PVC托盘分切鸡包装后，可以大大减少在运送和零售贩卖时造成的二次污染，确实有效地改善了零售生鲜禽肉的卫生条件，包装生鲜禽肉在市场上备受欢迎。

简单的零售包装，如松垮的打钉PE袋全鸡包装和保鲜膜（PVC）托盘分切鸡包装，唯有在严格的全程温度控管和小心地运送过程下，才能勉强维持其外观和质量，并不能满足零售市场的需要，因为这种包装形式很容易由于一时控管不周而产生消费者以及零售商都无法接受的血水外漏现象，同时也不适合作为冷冻产品的包装，保存期限也相对较短。

真空收缩袋提供的真空包装，紧包在产品上有如第二层皮肤而且会使肉类产品拥有亮眼的外观，减少不收缩真空袋发生的诸如血水等问题，紧实的封口方式可防止血水的外漏，适合应用于冷冻产品。包装袋紧贴产品可以避免袋中结霜、脱水干燥等情况，大大改善了生鲜禽肉在货架上卖相的美观程度，使其外形更加诱人，自然也就更受消费者欢迎。

优质的保鲜禽肉包装袋还必须具有耐磨的特性，保障产品从装箱运送到上架零售的过程中包装保持完整无损，且光亮如新。这样的包装才能真正地保护产品，同时激发消费者的购买欲望。

本案例中对禽肉的包装不仅采用了收缩包装，还使用了真空技术，即将物品装入气密性容器后，在容器封口之前抽成真空，使密封后的容器内基本没有空气的一种技术方法。

结合材料请思考：1. 除了收缩包装以及真空包装之外，还有哪些属于特种包装技术？

2. 对禽肉商品采用真空收缩包装相比于打钉 PE 袋全鸡包装以及保鲜膜（PVC）托盘分切鸡包装有哪些优势？
3. 除了禽肉商品之外，在超市中你还发现哪些商品是采用真空收缩包装的？为什么它们需要采用这种包装技术？
知识拓展：仿真案例——物流包装的保护功能 未采用包装的批量物资，经过传送带传送和人工搬运，产生了较多损坏或不合规的物资，因此被分类拣选到损坏货物区；采用包装的物资，通过包装产生的保护功能，大大降低了物资损坏的概率。
思考：在本案例中，对比了采用包装和未采用包装的物资流通效率，如何进行分析？

项目三　物流装卸搬运作业

知识结构图：

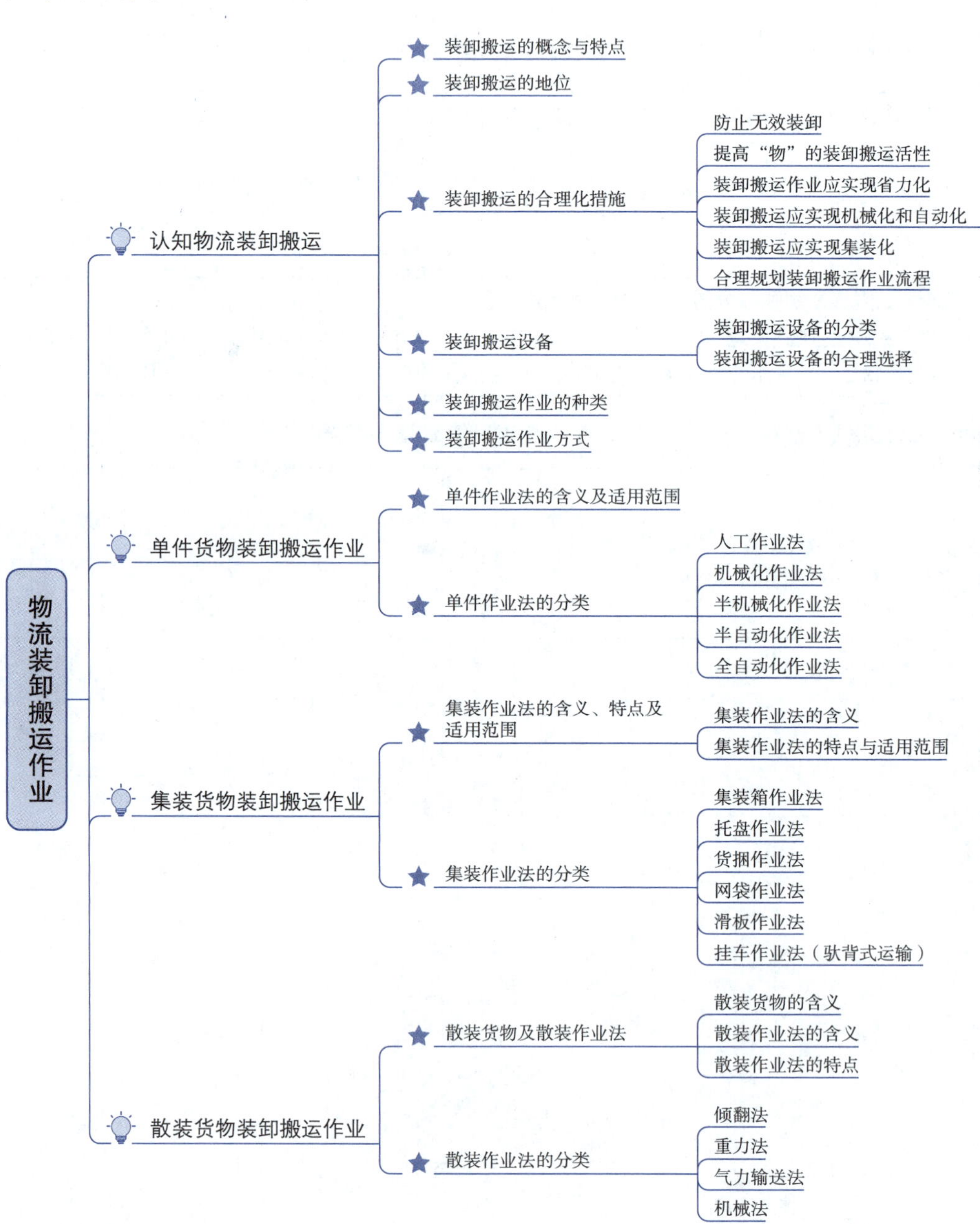

任务一　认知物流装卸搬运

任务目标：

（1）掌握装卸搬运作业的含义及特点；
（2）明确装卸搬运在物流系统中的重要地位；
（3）能够运用恰当的措施提高装卸搬运的作业效率和质量；
（4）掌握装卸搬运设备的分类，并能正确选择恰当的设备开展装卸搬运作业；
（5）能正确区分装卸搬运作业的种类；
（6）能正确掌握装卸搬运的作业方式。

任务学习：

在物流系统的合理化中，装卸和搬运环节占有重要地位。装卸、搬运不仅发生次数频繁，而且其作业内容复杂，又是劳动密集型、耗费人力的作业，它所消耗的费用在物流费用中也占有相当大的比重。那么什么是装卸搬运？为什么装卸搬运在物流系统中具有着重要的地位？如何提高装卸搬运作业的质量和效率？物流活动中有哪些装卸搬运设备？装卸搬运作业的种类和具体方式又有哪些？

任务分析：

该任务主要通过了解装卸搬运的基本知识，能够在掌握装卸搬运合理化措施基础上选择恰当的装卸搬运设备和装卸搬运方式来提高装卸搬运的质量和效率。

任务操作：

1. 掌握装卸搬运的概念与特点

1）装卸搬运的概念

装卸搬运是指在同一地域范围内进行的、以改变物的存放状态和空间位置为主要内容和目的的活动，在物流系统合理化中，装卸和搬运环节占有重要的地位。国家标准《物流术语》(GB/T18354—2021) 对装卸的定义是：在运输工具间或运输工具与存放场地（仓库）间，以人力或机械方式对物品进行载上载入或卸下卸出的作业过程。搬运是指在同一场所内，以人力或机械方式对物品进行空间移动的作业过程。在整个物流活动中，如果强调存放状态的改变时，一般用“装卸”一词表示，装卸常以垂直移动为主；强调空间位置的改变时，常用“搬运”一词表示，搬运常以水平移动为主，两者全称为装卸搬运。有时候单称“装卸”或“搬运”也包含了“装卸搬运”的完整含义。

任务单：进一步深入理解装卸搬运的定义

<table>
<tr><td colspan="6">任务描述：请根据 2021 版国家标准《物流术语》对装卸搬运的定义，分析下列描述分别指的是装卸还是搬运</td></tr>
<tr><td colspan="3">强调存放状态的改变</td><td colspan="3"></td></tr>
<tr><td colspan="3">强调空间位置的改变</td><td colspan="3"></td></tr>
<tr><td colspan="3">以垂直移动为主</td><td colspan="3"></td></tr>
<tr><td colspan="3">以水平移动为主</td><td colspan="3"></td></tr>
<tr><td>学号</td><td></td><td>姓名</td><td></td><td>时间</td><td>年　月　日</td></tr>
</table>

在习惯中，物流领域（如铁路运输）常将装卸搬运这一整体活动称作“货物装卸”；在生产领域中常将这一整体活动称作“物料搬运”。实际上，活动内容都是一样的，只是领域不同而已。

搬运的“运”与运输的“运”，区别之处在于，搬运是在同一地域的小范围内发生的，而运输则是在较大范围内发生的，两者是量变到质变的关系，中间并无一个绝对的界限。

2）装卸搬运的特点

（1）装卸搬运是附属性、伴生性的活动。无论生产领域的加工、装配、检验，还是流通领域、消费领域中的运输、仓储、包装及废物处理，装卸搬运是每一项活动开始及结束时必然发生的活动。在运输过程中，装卸搬运是第一环节，也是最终环节。无论哪一种运输方式，其运输全过程都包括了装货—运送—卸货三个主要环节。因此，装货是运输生产的开始，卸货是运输生产的终结。没有装卸搬运，运输生产无法进行，也无法完成。

（2）装卸搬运是支持、保障性活动。装卸搬运为生产与流通等环节提供了保障和服务。在生产与流通领域中，没有装卸搬运的保障与服务，就无法使运输高质量、高效率地运行，装卸搬运的质量、效率对运输过程有着重要的制约作用。在运输过程中，货物是多种多样的，会产生许多不同的装卸搬运作业。装卸的停歇时间在运输中占有很大的比重，搞好装卸搬运工作，是缩短装卸搬运时间、加速车辆周转、提高运输效率、降低运输成本的重要途径。另外，装卸搬运作业需要人与机械、货物、其他劳动工具相结合，工作量大，情况变化多，作业环境复杂，导致了装卸搬运作业中存在着不安全的因素和隐患，这就需要严格执行安全操作规程，确保装卸搬运质量，保障运输全过程的安全优质。

（3）装卸搬运是衔接性的活动。各种运输方式，都需要一个集、装、运、卸、散的过程和相互换装的环节，否则，运输的优势就无法发挥。在集、装、运、卸、散五个环节中，“运”是主体，“集、装”是“运”的开始，“卸、散”是“运”的继续和终结，从而组成了运输生产的全过程。在运输的全过程中，“集、装”与“卸、散”起着运输的衔接作用。正因为装卸搬运在整个运输活动中具有衔接功能，运输生产活动才得以正常运转，各种运输方式的中转换装才可实施和发挥，保证了综合运输能力的形成。只有把装卸搬运组织好，达到快装、快卸、及时集散，才能提高各种运输方式的效率。

2. 明确装卸搬运的地位

装卸搬运是随运输和保管等活动而产生的必要活动。装卸搬运活动是影响物流效率、决定物流技术经济效果的重要环节。

装卸搬运是决定物流速度的关键因素。物流的各环节和同一环节不同活动之间，都必须进行装卸搬运作业。在物流过程中，装卸活动是不断出现和反复进行的，它出现的频率高于其他各项物流活动，每次装卸活动都要花费很长时间，所以往往成为决定物流速度的关键因素。

在物流系统中装卸费用比重高。在物流过程中装卸出现的频率高于其他各项物流活动，每次装卸活动花费时间长、消耗的人力也很多，所以装卸费用在物流成本中所占的比重也较高。

另外，装卸造成的损失也比较大。

任务单：进一步明确装卸搬运的地位

任务描述：根据以下资料说明装卸搬运在物流环节中时间、费用以及货损方面存在哪些显著问题					
背景资料				说明的问题	
火车货运：运距 < 500 km 时，运时 < 装卸时间					
铁路运输全程装卸作业费约占运费的 20%，船运占 40% 左右					
美日远洋船运：一个往返需 25 天（运输 13 天，装卸 12 天）					
中国生产物流统计：机械工厂每生产 1 吨成品，需搬运 252 吨次，搬运成本为加工成本的 15.5%					
水泥纸袋破损导致水泥散失，玻璃、机械、器皿等在装卸时最容易造成破坏					
学号		姓名		时间	年　月　日

3. 恰当运用装卸搬运的合理化措施

装卸搬运合理化是指以尽可能少的人力和物力消耗，高质量、高效率地完成仓库的装卸搬运任务，保证供应任务的完成。装卸搬运合理化的主要目标就是节省时间、节约劳动力、降低装卸成本、提高装卸质量。要达到这些目标，要求做到距离短、时间少、质量高、费用省。

1）防止无效装卸

无效装卸的含义是在装卸作业活动中超出必要的装卸、搬运量的作业，即多余的装卸劳动，具体反映在过多的装卸次数、过大的包装装卸、无效物质的装卸、装卸搬运路线不合理。显然，防止和消除无效作业对提高装卸作业的经济效益有重要作用。为了有效地防止和消除无效作业，可从以下几方面入手：

（1）尽量减少装卸次数。要使装卸次数降低到最小，要避免没有物流效果的装卸作业。

装卸次数过多会导致损失增加（装卸货损发生频数超过任何其他物流活动）。另外，增加装卸，会增加费用（一次装卸的费用相当于几十公里的运输费用）。装卸阻缓整个物流的速度，是降低物流速度的重要因素。

减少装卸次数的办法——采用集装方式、多式联运，避免单件货物反复装卸搬运。

（2）提高被装卸物料的纯度。物料的纯度，指物料中含有水分、杂质与物料本身使用无关的物质的多少。物料的纯度越高则装卸作业的有效程度越高。反之，则无效作业就会增多。

物流中的无效物质指物流过程中混杂的没有使用价值或使用价值不对路的各种掺杂物。例如，煤炭中的研石、矿石中的水分等消耗装卸劳动，形成无效装卸。

（3）包装要适宜。包装是物流中不可缺少的辅助作业手段。包装过大过重，在装卸时消耗较大，形成无效劳动。包装的轻型化、简单化、实用化会不同程度地减少作用于包装上的无效劳动。

（4）缩短搬运作业的距离。物料在装卸、搬运当中，要实现水平和垂直两个方向的位移，选择最短的路线完成这一活动，就可避免超越这一最短路线以上的无效劳动。搬运距离应该越短越好，缩短搬运距离，成为人们实现搬运合理化的主要目标。其效果是节省劳动消耗、缩短搬运时间、减少搬运中的损耗。影响搬运距离的主要因素是工厂和物流据点的平面布局与作业组织工作水平。

2）提高“物”的装卸搬运活性

装卸搬运活性的含义是指从物的静止状态转变为装卸搬运运动状态的难易程度。所以，在堆放货物时，事先要考虑到物料装卸作业的方便性。

装卸、搬运的灵活性，根据物料所处的状态，即物料装卸、搬运的难易程度，可分为不同的级别。

0 级——物料杂乱地堆在地面上的状态。

1 级——物料装箱或经捆扎后的状态。

2 级——箱子或被捆扎后的物料，下面放有枕木或其他衬垫后（比如托盘），便于叉车或其他机械作业的状态。

3 级——物料被放于台车上或用起重机吊钩钩住，即刻移动的状态。

4 级——被装卸、搬运的物料，已经被起动、直接作业的状态（比如在运动的输送机上）。

任务单：进一步明确物品活性指数区分

<table>
<tr><td colspan="7">任务描述：请正确填写物品的活性区分及活性指数表。注：√——表示还需要的作业；×——表示已不需要的作业</td></tr>
<tr><td rowspan="2">物品所处的状态</td><td colspan="4">作业种类</td><td rowspan="2">还需要的作业数目</td><td rowspan="2">搬运活性指数</td></tr>
<tr><td>集中</td><td>搬起</td><td>升起</td><td>运走</td></tr>
<tr><td>散放在地上</td><td></td><td></td><td></td><td></td><td></td><td></td></tr>
<tr><td>在箱中</td><td></td><td></td><td></td><td></td><td></td><td></td></tr>
<tr><td>放在托盘等集装工具上</td><td></td><td></td><td></td><td></td><td></td><td></td></tr>
<tr><td>已放在装卸工具上</td><td></td><td></td><td></td><td></td><td></td><td></td></tr>
<tr><td>运动的输送机上</td><td></td><td></td><td></td><td></td><td></td><td></td></tr>
<tr><td colspan="7">做一做　物品在储存阶段能达到的最大灵活性指数是：</td></tr>
<tr><td>学号</td><td></td><td>姓名</td><td></td><td>时间</td><td colspan="2">年　月　日</td></tr>
</table>

从理论上讲，活性指数越高越好，但也必须考虑到实施的可能性。例如，物品在储存阶段，活性指数为 4 和活性指数为 3，在一般的仓库中很少被采用，这是因为不可能把大批量的货物存放在输送带和车辆上。

3）装卸搬运作业应实现省力化

装卸搬运使物料发生垂直和水平位移，必须通过做功才能实现，要尽力实现装卸作业的省力化。

在装卸作业中应尽可能地消除重力的不利影响。在有条件的情况下利用重力进行装卸，可减轻劳动强度和能量的消耗。将设有动力的小型运输带（板）斜放在货车、卡车或站台上进行装卸，使物料在倾斜的输送带（板）上移动，这种装卸就是靠重力的水平分力完成的。在搬运作业中，不用手搬，而是把物资放在一台车上，由器具承担物体的重量，人们只要克服滚动阻力，使物料水平移动，这无疑是十分省力的。

利用重力式移动货架也是一种利用重力进行省力化的装卸方式之一。重力式货架的每层格均有一定的倾斜度，利用货箱或托盘可自己沿着倾斜的货架层板自己滑到输送机械上。为了使物料滑动的阻力越小越好，通常货架表面均处理得十分光滑，或者在货架层上装有滚轮，也有在承重物资的货箱或托盘下装上滚轮，这样将滑动摩擦变为滚动摩擦，物料移动时所受到的阻力会更小。

4）装卸搬运应实现机械化和自动化

充分利用机械，实现“规模装卸”，如传送带、吊车、叉车、电动平板车和自动升降机等。尽可能采用机械化搬运，可以把作业人员从重体力劳动中解放出来，并提高劳动生产率。

随着生产力的发展，装卸搬运的机械化程度定将不断提高。尤其对于危险品的装卸作业，机械化能保证人和货物的安全，也是装卸搬运机械化程度不断得以提高的动力。

5）装卸搬运应实现集装化

在装卸搬运作业过程中，根据不同物料的种类、性质、形状、重量的不同来确定不同的装卸作业方式。处理物料装卸搬运的方法有三种形式：普通包装的物料逐个进行装卸，叫作“分块处理”；将颗粒状物资不加小包装而原样装卸，叫作“散装处理”；将物料以托盘、集装箱、集装袋为单位进行组合后进行装卸，叫作“集装处理”。对于包装的物料，尽可能进行“集装处理”，实现单元化装卸搬运，可以充分利用机械进行操作。单元化装卸具有很多优点：

（1）装卸单位大、作业效率高，可大量节约装卸作业时间。

（2）能提高物料装卸搬运的灵活性。

（3）操作单元大小一致，易于实现标准化。

（4）不用手去触及各种物料，可达到保护物料的效果。

6）合理规划装卸搬运作业流程

装卸搬运作业过程是指对整个装卸作业的连续性进行合理的安排，以减少运距和装卸次数。

装卸搬运作业现场的平面布置是直接关系到装卸、搬运距离的关键因素，装卸搬运机械要与货场长度、货位面积等互相协调。要有足够的场地集结货物，并满足装卸搬运机械工作的要求，场内的道路布置要为装卸搬运创造良好的条件，有利于加速货位的周转。使装卸搬运距离达到最小，平面布置是减少装卸搬运距离的最理想的方法。

提高装卸搬运作业的连续性应做到：作业现场装卸搬运机械合理衔接；不同的装卸搬运作业在相互联结使用时，力求使它们的装卸搬运速率相等或接近；充分发挥装卸搬运调度人员的作用，一旦发生装卸搬运作业障碍或停滞状态，立即采取有力的措施补救。

4. 了解装卸搬运设备

视 频

装卸搬运设备的分类

1）装卸搬运设备的分类

（1）起重机械：主要包括轻小型起重设备、升降机和起重机。轻小型起重设备主要是指绞车；升降机包括电梯、液压升降机；起重机包括桥式、门式、臂式、梁式类型起重机。起重机械的特点是间歇动作、重复循环、短时载荷、升降活动。

（2）输送机械：主要包括有牵引构件的输送机和气力输送装置。有牵引构件的输送机包括带式输送机、板式输送机、悬挂输送机、斗式提升机、链式输送机；气力输送装置包括悬浮式气力输送装置和推气式气力输送装置。输送机械的特点是连续动作、循环运动、持续载荷、路线一定。

（3）搬运车辆：主要包括手推车、笼车、托盘搬运车、叉车、牵引机、挂车、底盘车、无人搬运车等。搬运车辆的特点是它主要完成水平搬运作业。

（4）专用机械：主要包括翻车机、堆取料机、堆垛机、拆垛机、分拣专用机械设备、集装箱专用、托盘专用、航船专用、车辆专用装卸机械。专用类机械一般指带专用取物装置的起重、输送机械或工业车辆的综合，一般进行专业作业。

2）装卸搬运设备的合理选择

合理选择和使用装卸搬运机具，是提高装卸效率、降低装卸搬运成本的重要环节。选择装卸搬运机械应考虑的基本因素包括：

（1）装卸搬运设备的选择要与物流量相吻合。应力求做到机械作业能力与现场作业量之间形成最佳的配合状态（机械作业能力大于现场作业量，会造成生产能力过剩及经济损失；而机械作业能力小于现场作业会使物流受阻）。

影响物流现场装卸作业量的因素很多，主要有：吞吐量、堆码、搬倒作业量（非一次，越少越好）、装卸作业量等。

（2）装卸搬运设备的选择要考虑其配套性。装卸机械的合理配套，是提高装卸效率、降低装卸费用的重要因素。要考虑的是装卸机械在生产作业区的衔接，即各种装卸机械在作业区的配套、在吨位上的配套，以及在作业时间上的衔接。

（3）装卸搬运的选择要考虑其购置费用和运营费用。另外，还应根据不同类物品的装卸搬运要求，合理选择具有相应技术特征的装卸搬运设备。

5. 正确区分装卸搬运作业的种类

装卸作业可分为两大类：与运输设备对应的是"装进、卸下装卸"；与储存保管设施对应的是"入库、出库装卸"。而这两类装卸分别伴随有商品的"堆码、拆垛""分拣、配货""搬送、移送"三类基本的装卸作业。

这些作业由于动作和装卸机械的不同，相应地出现了不同的作业方法。

1）堆放作业

堆放作业是把商品从预先放置的场所，移动到卡车之类的商品运输设备或仓库之类的固定设备的指定位置，再按要求的位置和形态放置商品的作业，比如货物组托的堆码作业、集装箱堆放作业（见图 3-1）和就地堆垛作业就是典型的堆放作业。

图 3-1　集装箱堆放作业

2）拆垛作业

拆垛作业是堆垛作业的逆向作业。从堆垛作业中取出货物以进行其他工序作业或者卸货。通俗地解释就是把堆成一堆的物料一份一份地拆分开。

3）分拣作业

分拣作业是在堆垛、拆垛作业的前后或在配送作业之前发生的作业，把商品按品种、出入先后、货物流向分类（分拣分类），再分别放到规定位置的作业。比如，快递货物到货后根据物流流向进行的分拣作业，配送作业出库前从货位拣选货物的作业都是分拣作业的范畴。

4）配货作业

配货作业是向卡车等运输设备装货作业前和从仓库等保管设施出库装卸前发生的作业，是把商品从固定的位置，按品种、下一步作业种类、发货对象分类（配货分类）所进行的拆垛、堆放作业。分拣配货作业是不可分割的整体，通常是同时进行的。一般是在分拣作业之后将货物搬运至发货理货区再将货物进行集中分类的作业，是装车前的货物位移作业。

5）搬送作业

搬送作业是为了进行上述各项作业而发生的、以堆放、拆垛、分拣、配货这些作业为主要目的的移动作业。搬送包括水平、垂直、斜行搬送以及几种组合的搬送。

搬送作业在配送中心作业中占有 60% ~ 70% 以上的作业量，是物流系统构成的要素之一。搬送作业在具体操作中并不直接创造价值，但它却是在物品由生产到消费的流动过程中不可缺少的。

6）移送作业

移送作业是用传送带对商品进行运送的作业。比如，粮食的入库、出库一般都是通过传送带来移送的（见图 3-2），还有快递货物到中转港的分拣作业也多数采取传送带来移送分拣。

图 3-2　传送带移送作业

6. 掌握装卸搬运作业方式

装卸搬运的作业方式多种多样，按不同的角度有很多的作业方式分类。

按物流设施、设备为对象划分装卸搬运的作业方式可以分为仓库装卸、铁路装卸、港口装卸、汽车装卸和飞机装卸。

1）仓库装卸

仓库装卸是以仓库为对象完成出库、入库、维护保养等活动，并且以堆垛、上架、取货等操作为主的整装零卸或零装整卸的装卸搬运方式。

2）铁路装卸

铁路装卸是对火车车皮的装进及卸出，特点是一次作业就实现一车皮的装进或卸出。铁路装卸很少有像仓库装卸时出现的整装零卸或零装整卸的情况。散装货物整车装卸，多采用装卸设施来完成作业，如装车仓、翻车机等；整箱、整包的包装货物进行铁路装卸多用运输机和吊车等工具来完成作业。

3）港口装卸

港口装卸包括码头前沿的装船，也包括后方的支持性装、卸、运，有的港口装卸还采用小船在码头与大船之间“过驳”的办法，因而其装卸的流程较为复杂，往往经过几次的装卸及搬运作业才能最后实现船与陆地之间货物过渡的目的。

4）汽车装卸

汽车装卸一般一次装卸批量不大。由于汽车的灵活性，可以少用或免去搬运活动，而直接利用装卸作业达到车与物流设施之间货物过渡的目的。

汽车装卸包括的作业法有散装作业法、单件作业法和单元化作业法。

5）飞机装卸

飞机装卸主要包括客机行李装卸和货机货物装卸，主要利用液压升降机或传送带来完成货物的上下机。

按运动方向和作业性质划分，装卸搬运的作业方式可以分成使用吊车的吊上吊下方式，使用叉车的叉上叉下方式，使用半挂车或叉车的滚上滚下方式、移上移下方式及散装散卸方式。

1）吊上吊下方式

采用各种起重机械从货物上部起吊，依靠起吊装置的垂直移动实现装卸，并在吊车运行或回转的范围内实现搬运或依靠搬运车辆实现小件搬运。由于吊起及放下属于垂直运动，这种装卸方式属垂直装卸。

2）叉上叉下方式

采用叉车从货物底部托起货物，并依靠叉车的运动进行货物位移，搬运完全靠叉车本身，货物可不经中途落地直接放置到目的处。这种方式垂直运动不大而主要是水平运动，属水平装卸方式。

3）滚上滚下方式

这主要是港口采用的一种水平装卸方式。利用叉车或半挂车、汽车承载货物，连同车辆一起开上船，到达目的地后再从船上开下，称“滚上滚下”方式。这种方式有效减少了装卸搬运的次数，提高了运转效率。滚上滚下方式需要有专门的船舶，对码头也有不同要求，这种专门的船舶称为“滚装船”，如图 3-3 所示。

图 3-3　滚装船

4）移上移下方式

这种方式包括在两车之间，如火车、汽车、飞机等，或者车辆与仓库直接进行靠接，然后利用各种方式（如传送带），靠水平移动从一个车辆上推移到另一个车辆上或仓库里的方式。还有一种比较典型的移上移下方式就是自动化立体仓库利用巷道式堆垛机完成货物的移上移下。

5）散装散卸方式

这是对散装物进行装卸的方式，一般从装点直到卸点，中间不再落地。这是集装卸与搬运于一体的装卸方式，如煤炭、玉米港口装卸采用堆取料机和传送带机完成机械化装卸。

按连续性和移动性划分，装卸搬运的作业方式可分成连续装卸与间歇装卸两类。

1）连续装卸

连续装卸主要是针对同种大批量散装或小件杂货通过连续输送机械，连续不断地进行作业，中间无停顿，货间无间隔。

这种方式是设备不停地作业，物资可连绵不断、持续流水般地实现装卸作业的方法。例如，将煤炭由火车车皮内卸到堆场的过程就是利用翻车机将车皮上的煤炭倾倒在传送带机上，再由传送带机传送至堆取料机卸至煤炭堆场，如图 3-4 所示。

在装卸量较大、装卸对象固定、货物对象不易形成大包装的情况下适合采取这一方式，如码头散装货物装船与卸船，如图 3-5 所示。

图 3-4　煤炭的连续卸货

图 3-5　煤炭的连续装船

2）间歇装卸

间歇装卸有较强的机动性，装卸地点可在较大范围内变动，主要适用于货流不固定的各种货物，尤其适用于包装货物、大件货物，散粒货物也可采取此种方式，如大型堆场货物装卸。

间歇装卸简单地说就是在两次作业中存在一个空程准备过程的作业方法，如门式起重机间歇性装卸和集装箱叉车间歇性装卸，如图 3-6、图 3-7 所示。在实际装卸搬运作业中，间歇性装卸更普遍一些。

图 3-6　门式起重机间歇性装卸

图 3-7　集装箱叉车间歇性装卸

任务测评：

提高装卸搬运的作业效率和质量的具体措施

____

____

装卸搬运设备自我介绍

类　　别	设备名称	特　　点
起重机械		
输送机械		
搬运车辆		
专用机械		

案例分析：

京东仓库自动化分拣系统

随着电子商务行业不断发展，如何提高物流的运行效率和用户体验已成为全行业关注的重要问题。京东作为中国领先的自营式电商企业，正在不断通过技术对业务进行强有力的驱动，自建物流体系毫无疑问是京东的核心竞争力之一，而青龙系统则是每一笔订单从分拣、出库到配送的整个流程中为用户提供优质体验的幕后英雄。近日，京东青龙系统的京东智能分练中心系统在京东集团因安智能物流中心落地，成为京东智慧物流体系又一次脚踏实地的进步，也为京东 618 品质狂欢节提供了有力的保障。

物流在整个购物流程中，是与用户关联极为密切和直接的一环。而在物流大环节中，分拣订单最为烦琐，用时长、分拣差错率将会直接影响用户的购物体验。京东智慧物流运用智能分拣中心系统使整个分拣流程更加简洁顺畅，分拣效率得到大幅度提升。因京东智能分拣中心的日订单分拣能力已经达到 30 万单，再一次增强了京东华北地区的分拣能力，有力提升了运营效率并明确降低了运营成本。京东一号智能分拣中心与矩阵式分拣方式相比，人员投入比例减少了近 70%，效率提升了 5 倍。

京东智能分拣中心是一套全智能化、机械化操作的平台，它拥有独立的场院管理系统及 AGV 操作台，其完善的远程实时监控体系有效地实现了整个业务操作流程的可视化。智能分拣机和龙门架的引入实现了智能收货和发货，脱离人工操作，让分拣环节更加自动化和智能化，保证包裹分拣正确率达到 99%，促进了包裹的高速运转；自动称重设备有助于快速、精确地对包裹进行称重，并准确计算物流费用；视觉扫描仪可以实现漏扫描包裹影像照片的调取，通过人工补码方式完成系统数据录入，实现扫描率 100%；智能分拣柜采用立体分拣结构，结合 LED 灯光完成包裹实物分拣和系统数据同步流转；工位管理系统的上线将能够实现对员工的智能排班和岗位管理，有效地提升了运营效率；智能看板和远程视频，将实现对分拣场地的实时流程把控，有效提升集团或区域对现场的管控力度；AGV 机器人自动沿规定的导引路径行驶，将包裹自动移到特定的位置，极大地节省了人力和运输时间。这一系列设备的引入有力地促进了京东物流的标准化、精细化、可视化，在节约成本的同时，提升了物流的运转效率。

AGV 自动导引叉车，相较于过去设备简单、人力密集型的物流分练体系，京东智能分拣中心具备明显的优势。智能分拣中心在整个系统的设计、开放过程中，采用国际上先进成熟的网络技术、软硬件产品和物流理念，保证系统在各应用领域保持相当的先进性；系统从设计之初就向其他系统公开接口，软硬件平台和数据库系统均具有相当的开放性；各个模块的设计充分考虑到用户的实际需求，并且很容易根据情况的变化进行调整，具有一定的灵活性和扩展性；为了保证信息系统的正常运行，智能分拣中心采用安全可靠的主机系统和网络产品，具备安全的容错设计，极大地提升了系统运行的可靠性。

京东智能分拣中心作为青龙系统的又一重要成果，促进了京东智慧物流体系更加全面地落地实施。京东智慧物流的不断推进，正是依托京东在物流领域的强大积累，完整物流链、供应链的巨大优势，并结合了大数据、云计算等技术的充分应用。

结合本案例谈一谈，相较于过去设备简单、人力密集型的物流分练体系，京东智能分练中心具备哪些明显的优势？

____

____

____

任务二　单件货物装卸搬运作业

任务目标：

（1）掌握单件作业法的含义及适用范围；

（2）能正确选择恰当的方法完成单件货物的装卸搬运作业。

任务学习：

快递公司每天要面临各种单件货物的收发作业，如何提高快递公司货物的装卸搬运效率，节省相应的费用？请为一家中型快递公司的中转场设计一套装卸搬运方案；从货物入场到库内的分拣再到出场，通过适当的投入实现出入库装卸搬运作业效率的提升。

任务分析：

该任务需要了解快递企业所从事的货物类型特点，能够说出五种单件货物作业方法的特点和适用范围，能根据企业自身的需要，综合考虑各方面的因素，根据单件货物的作业方法进行合理规划和设计，选择恰当的设备，并描述装卸搬运作业流程。

任务操作：

1. 掌握单件作业法的含义及适用范围

1）单件作业法的含义

单件作业法即单件逐件货物作业，是指货物装卸搬运是逐件完成的一种作业方法。单件作业对机械、装备、装卸条件要求不高，因而机动性较强，不受固定设施、设备的地域局限。由于逐件处理装卸速度慢，容易出现货损及货差。

2）单件作业法的适用范围

当装卸机械涉及各种装卸搬运领域时，单件、逐件装卸搬运的方法也依然存在。主要适用于：一是单件货物本身特有的安全属性；二是装卸搬运场合没有或不适宜采用机械装卸；三是货物形状特殊、体积过大，不便于采用集装化作业；四是快递包裹类小件托运物品的装卸作业等。

2. 掌握单件作业法的分类

单件作业法依作业环境和工作条件可以采用不同的装卸搬运方法。

1）小件货物人工作业法

单件作业法是以人力为主的作业方法，所以多数情况下的零散的小件货物适用于人工作业。在车站、港口等节点之外的场地，缺少应有的设施和设备，不得已会采用纯人工作业法。人工作业法需要考虑装卸人员的体力，因此能够人工装卸的货物在体积和重量上是有一定限制的。

2）特种货物机械化作业法

视 频

特种货物装卸搬运作业

特种货物是指形状特殊、超长、超限、集重等大件货物在运送上对车辆及加固方法都有特殊要求，一般通过机械化作业法完成装卸搬运。

大件货物类型比较固定，主要有发电机定子、转子、锅炉汽包、水冷壁、除氧水箱、大板梁、上下机架、主轴、座环、导水机构、闸门启闭机、主变压器、化工反应器以及一些常用的军工设备等。

大件物流具有以下特点：①大件运输的对象都具有超长、超大、超高、超重的特征，要利用各种起重机械完成装卸（见图 3-8），并运用牵引车、全挂平板车、低平板运输车（见图 3-9）、各类型平板门架、汽车吊车等运输工具进行接驳转运直至目的地。②大件运输的最大特点是运输前期工作复杂，运输过程对空间、技术要求高。

图 3-8　利用桥吊完成大型设备装卸搬运

图 3-9　利用低平板运输车搬运

3）半机械化作业法

为了提高作业效率，在一些物流节点也会利用机械和人工作业相结合的方式完成装卸作业（见图 3-10），比如从事公路运输的快运企业在场站货物集货装车过程中可以利用叉车举升结合人工作业方式来完成货物的装卸作业。

图 3-10 利用叉车和人工作业相结合的装卸作业

4）半自动化作业法

在分拣类型的装卸搬运过程或者小件商品集中的快递中转场的装卸车作业中往往会应用半自动化设备参与装卸搬运。半自动分拣设备主要是以传送带输送机为主要的输送工具，通过在各分拣位置配备作业人员进行分拣。

这种分拣方式投资不多，在一定程度上可减轻劳动强度，提高分拣的效率，适用于日分拣量在一万件左右的小型分拣中心。但是，这种分拣方式仅在搬运环节提高了效率，如果遇到分拣量激增，超出分拣线负荷的情况，分拣员精神不佳时就容易出现分拣错误。

5）全自动化作业法

全自动化作业法就是利用全自动分拣装卸搬运系统完成货物的装卸搬运作业，此过程不需要人工作业参与其中。全自动系统不受气候、时间和体力的限制，实现了货物的连续大规模分拣装卸搬运。

全自动作业法不仅可降低企业人工成本投入和劳动强度，还可提高工作和管理效率。例如，安徽省一一通研发的高速环形交叉带分拣系统，实测分拣效率高达 2.3 万件 / 小时，分拣准确率达 99.99%。自动识别功能用于判断商品的条形码、尺寸、重量和形状、分类错误率极低，广泛应用于邮政快递、跨境电商等行业。

任务单：科技创新的重要性

<table>
<tr><td colspan="6">任务描述：结合视频谈谈你对科技创新在物流管理中的重要性</td></tr>
<tr><td colspan="6"></td></tr>
<tr><td>学号</td><td></td><td>姓名</td><td></td><td>时间</td><td>年　月　日</td></tr>
</table>

任务测评：

装卸搬运方案设计：

郊区一家水果种植园按协议向市内各连锁经营大卖场提供新鲜水果，由于需要分区供货，在市中心设集中配送点，发往各店。

思考：确定一种物流方案，描述装卸搬运的作业过程。

单件作业的几种方法对比：

不难看出，在单件货物的五种装卸搬运方法中各自都有一些优缺点，请对五种装卸搬运方法进行对比分析（其中作业效率、一次性投入成本和出错率请用“低、较低、较高和高”进行填写）。

装卸搬运方法	作业效率	一次投入成本	出错率	适用情况
人工作业法				
机械化作业法				
半机械化作业法				
半自动化作业法				
全自动化作业法				

任务三　集装货物装卸搬运作业

任务目标：

（1）掌握集装作业法的含义及适用范围；
（2）能正确区分不同集装作业法适用的情况；
（3）能正确选择恰当的集装作业方法完成集装货物的装卸搬运作业。

任务学习：

随着国内经济的蓬勃发展，大批量的货物运输需求越来越多，某家商贸公司经营范围包括国内和国外市场。国内市场主要经营的产品包括各种类型的钢材、建筑材料；出口的产品主要为手工艺品，出口规模每次均能达到5集装箱以上的批量，且均通过海运运输。请为该公司设计一套装卸搬运方案，从货物出库搬运装车到港口卸车装船还有国内货物到目的地卸货，并通过适当的投入实现出入作业效率的提升。

任务分析：

该任务需要了解该企业所从事的货物类型特点，能够说出6种集装作业方法的特点和适用范围，能根据企业自身的需要，综合考虑各方面的因素，根据集装货物的作业方法进行合理规划和设计，选择恰当的设备，并描述装卸搬运作业流程。

任务操作：

1．掌握集装作业法的含义、特点及适用范围

1）集装作业法的含义

集装作业法，也称单元装卸，是指将货物集零为整（集装化）后再进行装卸搬运的方法。也就是用集装化工具将小件或散装物品集成一定质量或体积的组合件，以便利用机械进行作业的装卸方式。

2）集装作业法的特点与适用范围

集装作业法有很多的优点，可以提高装卸搬运效率、减少损失、节省包装费用、提高服务水平。便于达到储存、装卸搬运、运输、包装一体化、实现物流作业机械化、标准化。集装作业法因为装卸速度快，装卸时并不逐个接触货体，因而货损小，货差也小。但集装作业法也有它的劣势：作业有间歇；需要宽阔的道路；需要良好的路面；托盘和集装箱的管理烦琐；设备费一般较高；由于托盘和集装箱自身的体积及重量的原因，使物品的装载减少。

集装作业的对象范围较广，一般除特大、重、长和粉、粒、液、气状货物外，都可进行集装。粉、粒、液、气状货物经一定包装后，也可集装作业，可以分解的特大、重长的

货物，经适当分解处理后，也可采用集装作业。

2．掌握集装作业法的分类

集装作业法按集装化方式不同，分为集装箱作业法、托盘作业法、货捆作业法、网袋作业法、滑板作业法、挂车作业法（驮背式运输）。

1）集装箱作业法

视 频

集装箱装卸搬运作业

集装箱装卸主要用港口岸壁吊车、龙门吊车、桁车等各种垂直起吊设备进行“吊上吊下”式的装卸，同时完成小范围的搬运。对于有一定距离的搬运，还需要与搬运车相配合。小型集装箱也可以和托盘一样采用叉车进行装卸（见图 3-11）。港口装卸，利用叉车或半挂车，可以进行“滚上滚下”方式装卸。

（1）垂直装卸法（吊上吊下方式）。垂直装卸法在港口可采用集装箱起重机，目前跨运车应用最为广泛，但龙门起重机方式最有发展前途。专用集装箱码头前沿一般都是配备岸边集装箱起重机进行船舶装卸作业。在车站以轨行式龙门起重机方式为主，配以叉车较为经济合理，跨运车方式（见图 3-12）、轮胎龙门起重机（见图 3-13）、动臂起重机（见图 3-14）、侧面装卸机方式也较多采用。

图 3-11　集装箱叉车

图 3-12　集装箱跨运车

图 3-13　轮胎龙门起重机

图 3-14　动臂起重机

（2）水平装卸法（滚上滚下方式）。水平装卸法在港口是以挂车和叉车为主要装卸设备。在车站主要采用叉车或平移装卸机的方式，在车辆与挂车间或车辆与平移装卸机间进行换装。在码头采用滚装船运输集装箱，是将集装箱放置在挂车（底盘车）上，船舶到港后，牵引车通过船首门、艉门或舷门铰接的跳板进入船舱，用叉车把集装箱放到挂车上，由牵引车拖带到码头货场（见图 3-15）。或者仅用叉车通过跳板搬运集装箱，这种方式称为滚上滚下方式。

图 3-15　集装箱自动导引车

任务单：集装箱装卸搬运在上海洋山港的应用

<table>
<tr><td colspan="6">任务描述：魔鬼码头——世界最大的全自动码头
我国上海洋山港港口，年吞吐量抵得过美国所有港口之和。为什么能够如此厉害呢？主要原因是它是全球单体最大的全自动化码头、全球综合自动化程度最高的码头。它也被称为“魔鬼码头”，整个码头和堆场内将不再有人，不仅岸桥不需要人驾驶，连集装箱卡车也不再需要人来驾驶，直接由自动运行的无人驾驶 AGV 小车把集装箱运到堆场，堆场的桥吊也是无人操作的。原来的码头操作员全部转移到监控室，对着计算机屏幕就能完成全部作业。“魔鬼码头”不仅没有人，还实现了魔鬼般的效率。洋山港码头作业效率在不远的将来会达到 40 箱 / 小时，远超人工码头的作业效率，减少人工 70% 左右。</td></tr>
<tr><td colspan="4">你对这样的码头装卸的印象是什么</td><td colspan="2"></td></tr>
<tr><td colspan="4">为什么会花钱去建造一个如此先进的码头</td><td colspan="2"></td></tr>
<tr><td colspan="4">上海洋山港自 2009 年成为世界第一大港并一直遥遥领先其他国家的港口，这说明了什么</td><td colspan="2"></td></tr>
<tr><td>学号</td><td></td><td>姓名</td><td></td><td>时间</td><td>年　月　日</td></tr>
</table>

2）托盘作业法

托盘作业法就是以托盘为基本工具，最大限度地应用集装单元的原则，以及除此之外货物搬运的灵活性、标准化、流水作业、作业次数最少、机械化等物料搬运的原则，使搬运作业组织化，从历来的静态搬运发展到动态搬运的新的搬运作业体制。

托盘作业法的主要机械有叉车、托盘搬运车、托盘移动升降机、桥式堆垛机、巷道堆垛机、码盘机、拆盘机等。

托盘类型繁多，代表性的有平托盘（见图 3-16、图 3-17）、柱式托盘（见图 3-18）、网式托盘（见图 3-19）、箱式托盘（见图 3-20）、轮式托盘（见图 3-21）。利用叉车对托盘货物进行装卸，属于“叉上叉下”方式。叉车本身有行车机构，在装卸同时可以完成小搬运，无须落地过渡。托盘装卸常需要叉车与其他设备、工具配合，可有效地完成全部装卸过程。例如，叉上车之后，由于叉的前伸距离有限，有时需要托盘搬运车或托盘移动器来短距离水平移动托盘。由于叉车叉的升高有限，有时需要与升降机、电梯、巷道起重机等设备配套，以解决托盘垂直位移问题。

图 3-16　木质平托盘　　图 3-17　塑料平托盘　　图 3-18　柱式托盘

图 3-19　网式托盘　　图 3-20　箱式托盘　　图 3-21　轮式托盘

3）货捆作业法

货捆作业法是用捆装工具将散件货物组成一个货物单元，使其在物流过程中保持不变，从而能与其他机械设备配合，实现装卸作业机械化。货捆装卸适于长尺寸货物、块条状货物、强度较高无须保护的货物，像木材（见图 3-22）、建材、金属（见图 3-23）之类的货物最适于采用货捆作业法。货捆装卸主要采用起重机进行装卸，短尺寸货捆还可采用一般叉车装卸，长尺寸货捆可采用侧式叉车进行装卸（见图 3-24）。

图 3-22 木材捆扎

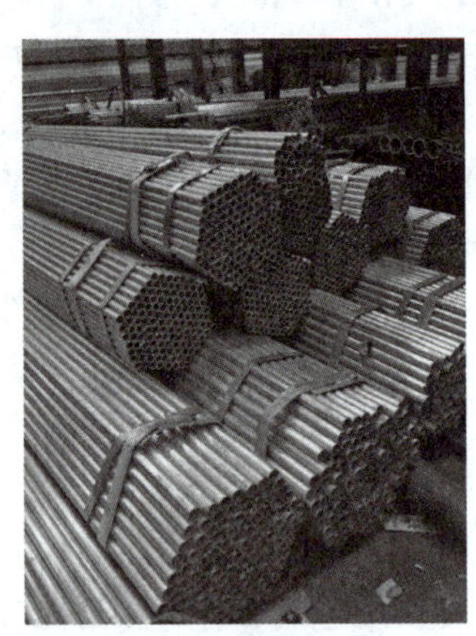
图 3-23 钢材捆扎

4）网袋作业法

网袋作业法是指将粉状、粒状货物装入多种合成纤维和人造纤维编织成的集装袋（见图 3-25），将各种袋装货物装入人造纤维或合成纤维织成的网，将各种块状货物（如废钢铁）装入用钢丝绳编成的网，这种先进行集装再进行装卸搬运的方法称为网袋装卸搬运法。

图 3-24 侧插式叉车

图 3-25 集装袋

网袋作业法适宜于粉粒状货物、各种袋装货物、块状货物、粗杂物品的装卸作业。集装网、集装袋装卸主要采用吊车进行“吊上吊下”作业，也可与各种搬运车配合进行吊车所不能及的搬运。

货捆装卸与集装网袋装卸有一个共同的突出优点，即货捆的捆具及集装袋、集装网本身重量轻，又可折叠，因而无效装卸少，装卸作业效率高，货捆具与集装袋、网成本较低，装卸后易返运，可一次或多次使用。

5）滑板作业法

滑板是用纸板、纤维板、塑料板或金属板制成，与托盘尺寸一致的、带有翼板的平板，用于承放货物组成的搬运单元。

与其匹配的装卸作业机械是带推拉器的叉车。叉货时推拉器的钳口夹住滑板的翼板（又称勾舌或卷边），将货物支上货叉，卸货时先对好位，然后叉车后退、推拉器前推，货物即放置就位（见图 3-26）。

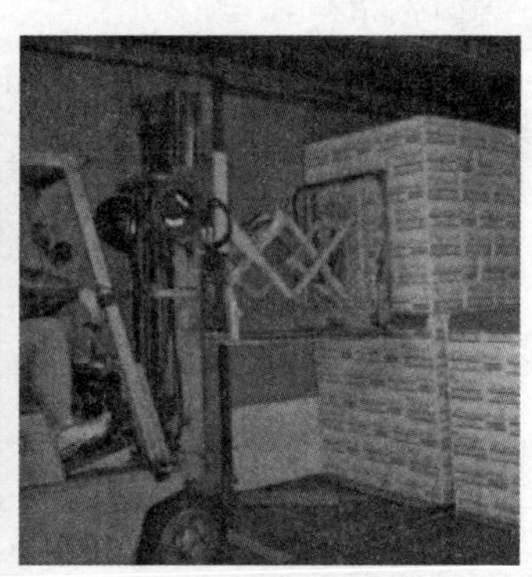

图 3-26 滑板作业法

滑板作业法虽具有托盘作业法的优点，而且解决了木材消耗大、流通周转很繁杂、运载工具净载重、占用作业场地多等问题，但带推拉器的叉车较重（推拉器本身重 0.5~0.9 t）、机动性较差，堆取货物时操作比较困难，装卸效率比托盘低，对货物包装与规格化的要求高，与工业发达国家已形成的成套搬运储存设备不配套，因此，到底采用托盘还是滑板尚在争议之中。

6）挂车作业法（驮背式运输）

挂车作业法是先将货物装到挂车里，然后将空车拖上或吊到铁路平板车上的装卸作业方法。挂车装卸是利用挂车的可行走机构，连同货载一起拖运到火车车皮上或船上的装卸方式，属于水平装卸，是“滚上滚下”的装卸方式。通常将此作业完成后形成的运输组织方式称为背负式运输或驮背式运输，是公铁联运的常用组织方式。

任务测评：

案例分析（一）：

郊区一家液态奶生产企业按协议向市内各连锁经营大卖场以及小超市提供液态奶，由于需要分区供货在市中心设集中配送点，发往各店。

思考：确定一种物流方案，描述装卸搬运的作业过程。

案例分析（二）：

某家商贸公司是一家面向欧洲出口玩具和大家电的公司，出口规模每次均能达到三集装箱以上的批量，且均通过海洋运输进行运送。

思考：

（1）目前海运杂货出口所使用的船舶多为哪种类型的船舶？达不到一整个集装箱的如何托运？

（2）请为该公司设计一套装卸搬运方案，从货物出库搬运装车到港口卸车装船的作业过程，如何通过适当的投入实现装卸搬运作业效率的提升？

任务四　散装货物装卸搬运作业

任务目标：

（1）掌握散装货物作业法的含义及特点；
（2）能正确区分不同散装作业法适用的情况；
（3）能正确选择恰当的散装作业方法完成散装货物的装卸搬运作业。

任务学习：

这些年来，在世界货物海运量中，散装货物年运输量约占世界年总海运运输量的14%左右，是仅次于石油运输量、居世界货物海运量第二位的货类。因此，如何设计散货的装卸搬运流程，优化散货物流系统也变得至关重要。例如，某粮库每年需储存大量的原粮，储存方式均为散粮，秋季时收购季节会有大量玉米、水稻、大豆等农产品需要入库作业，那么如何为粮库设计入库货物的装卸搬运方法、作业流程及所需的必要设备？

任务分析：

该任务需要了解企业所从事的货物类型特点，能够说出散装货物的种类及散装作业方法的含义和特点，能根据企业自身的需要，综合考虑各方面的因素，根据散装货物的作业方法进行合理规划和设计，选择恰当的设备，并描述装卸搬运作业流程。

任务操作：

1. 掌握散装货物及散装作业法

1）散装货物的含义

在运输、装卸和搬运中的散装货物是指呈松散颗粒或者粉末状态的货物。散装货物往往属于原材料货物，一次装卸搬运的数量较大，属于大宗货物。

2）散装作业法的含义

散装作业法是指对诸如煤炭、矿石、建材等大宗货物通常采用的散装、散卸方法，以及近来随着粮食、食糖、水泥、化肥、化工原料等的作业量增大，为提高装卸效率、降低成本而趋向采用散装、卸散的方法。

视 频

散装货物装卸搬运作业

任务单：粮食从收到进入粮库的装卸搬运

<table>
<tr><td colspan="6">任务描述：请看视频后回答下列问题</td></tr>
<tr><td colspan="3">粮食从收割到进入粮仓采用的是什么样的装卸搬运方式</td><td colspan="3"></td></tr>
<tr><td colspan="3">自动收割机的应用为丰收的农民带来了怎样的好处</td><td colspan="3"></td></tr>
<tr><td colspan="3">在疫情之下，粮食作为国计民生的物资，黑龙江端牢“饭碗”的重要意义是什么</td><td colspan="3"></td></tr>
<tr><td>学号</td><td></td><td>姓名</td><td></td><td>时间</td><td>年　月　日</td></tr>
</table>

3）散装作业法的特点

（1）货物的批量大。在整个物流系统中，散货的流量占很大的比重。流量大造成运输的批量也大，这就使散货港站（库场）的装卸搬运量大。港站（库场）的装卸搬运量大有利于采用专业化的作业方式，提高作业效率。

（2）运输工具的大型化。散装货物具有可流动性，所以人们经常利用货物的自重，使用泵、铲、传送带等机械进行装卸搬运作业。为了进一步方便销售和运输，有时必须确定在物流系统的某一个环节将散装物资装入较小的容器内。有时也会出现同一批货物中有一部分进行袋装，而另一部分进行散装的情况。

（3）港站的专业化、高效化与间接换装。大批量的散货运输促进了运输工具的大型化。对于船舶而言，已经使一次装载量达到十多万吨，甚至更大；同时，散货列车也趋向于重载化运输。船舶的大型化和列车重载化对港站（库场）作业方式和作业设备造成比较大的影响，通过设备的高效化和尺寸的大型化来不断满足运输工具大型化发展的需求。

现代化的大型散货港站（库场）主要采用连续作业方式，生产效率很高，带式输送机将各个作业环节连成一个整体，并且实现作业的全程自动控制。

由于进出散货的流量非常大，在专用的散货港站设置大储存量的堆场变得非常必要。为了满足散货大进大出，在堆场用高效、大型的堆场取料设备是非常必要的。

货物在港站从一种运输工具转移到另一种运输工具的作业活动称为换装作业；在运输工具之间进行的直接转移是直接换装，而货物在运输工具之间通过库场后再进行转移则为间接换装。随着散货专用港站货物流量的增加，有效衔接各种运输工具之间的换装作业变得越来越困难，间接换装成为主要的作业方式。

2．掌握散装作业法的分类

散装散卸可连续进行，也可间断式进行，但是都需机械化设施、设备。在特定情况下，且批量不大时，也可采用人力装卸。散装散卸方法基本上可分为倾翻法、重力法、气力输送法、机械法等四种。

1）倾翻法

倾翻法是将运载工具的载货部分倾翻，使货物卸出的方法。倾翻法主要用于铁路敞车和自卸汽车的卸货，敞车被送入翻车机，夹紧固定后，敞车和翻车机一起翻转，货物倒入翻车机下面的受料槽（见图 3-27）。带有可旋转车钩的敞车和一次翻两节车的大型翻车机配合作业，可以实现列车不解体卸车，卸车效率可达 5 000 t/h。汽车一般依靠液压油缸顶起货厢实现卸载（见图 3-28）。

2）重力法

重力法是利用货物的势能来完成装卸作业的方法。首先将散货提升到一定高度，具有一定势能之后，才能利用本身重力进行下一步装卸。

重力法主要适用于铁路运输业，汽车也可用这种方法装载。重力法装车设备有筒仓（见图 3-29）、溜槽、隧洞等三类。筒仓、溜槽装铁路车辆时效率可达 5 000~6 000 t/h。以直径

6.5 m 左右的钢管埋入矿石堆或煤堆，制成装车隧洞，洞顶有风动闸门，列车徐行通过隧洞，风动闸门开启，货物流入车内，每小时可装 1 万吨 ~1.2 万吨。一次可装 5~7 辆车的长隧洞斗车效率高达 1.5 万吨 /h。重力卸车主要指底开门车或漏斗车在高轴线或卸车坑道上自动开启车门，煤或矿石依靠重力自行流出的卸车方法（见图 3-30）。列车边走边卸，整列的卸车效率可达 1 万吨 /h。

图 3-27　火车倾翻法卸车

图 3-28　汽车倾翻法卸车

图 3-29　筒仓

图 3-30　重力法卸煤

3）气力输送法

气力输送法是利用风机在管道内形成气流，依靠气体的动能或压差来输送货物的方法。

主要设备是管道及气力输送设备，以气流运动裹携粉状、粒状物沿管道运动，实现在水平和垂直方向上移动的输送。这种方法的装置结构紧凑、设备简单、劳动条件好、密封性好、货物损耗少，装卸能力高，容易实现机械化、自动化，但消耗功率较大，噪声较大。近年发展起来的依靠压差的推送式气力输送，正在克服上述缺点。气力输送法主要用于装卸粮谷和水泥等（见图 3-31、图 3-32）。

4）机械法

机械法是采用各种机械，使其工作机械直接作用于货物，通过舀、抓、铲等作业方式（见图 3-33），从而达到装卸目的的方法。

图 3-31　气力输送系统

图 3-32　粉体气力输送设备

常用的机械有胶带输送机、堆取料机（见图 3-34）、装船机、链斗装车机、单斗和多斗装载机、挖掘机、斗式、带式和螺旋卸船机和卸车机、各种抓斗等。

机械装卸利用能承载粉粒货物的各种机械进行装卸，主要有两种方式：

（1）用吊车、叉车改换不同机具或用专用装载机，进行抓、铲、舀形式作业，完成装卸及一定的搬运作业。

（2）用传送带、刮板等各种输送设备，进行一定距离的搬运卸货作业，并与其他设备配合实现装货。

图 3-33　港口煤炭装卸机

图 3-34　堆取料机

任务测评：

案例分析：

2007 年 8 月，国家发改委在《粮食现代物料发展规划》中提出粮食的“四散”化变革，即散装、散卸、散储、散运。粮食的大量运输，广泛采用专用船舶的散装运输形式。其优点在于有效降低物流成本；增加装货量；便于实现粮食装卸的专业化、机械化；减少工人数量，降低劳动强度，缩短作业时间，提高效率。

2020 年某企业通过散货船舶进口 20 万吨大豆，从大连港通关，卸船后存入筒仓，然后再通过公路运输运至某豆油加工厂卸车入库。

请说明：设计港口和豆油加工厂的装卸搬运流程及选用的设备。

案例分析：

这些年来，在世界货物海运量中，散物年运输量约占世界年总海运运输量的 14% 左右，是仅次于石油运输量、居世界货物海运量第二位的货类。在散货运输量中，煤炭和矿石的运量又约占了 90%。设计煤炭在以下几个环节的系统流程作业：火车→堆场；堆场→船；船→堆场；堆场 →火车。

案例分析：

无锡一家农场供应稻米给上海某大米加工厂做原料，无锡起运点选择较近的码头，经水路运到上海奉贤黄浦江码头，然后用货车运到大米加工厂的仓库卸货。请指出其适合的物流系统，并简述装卸搬运机械。

项目四　物流运输作业

知识结构图：

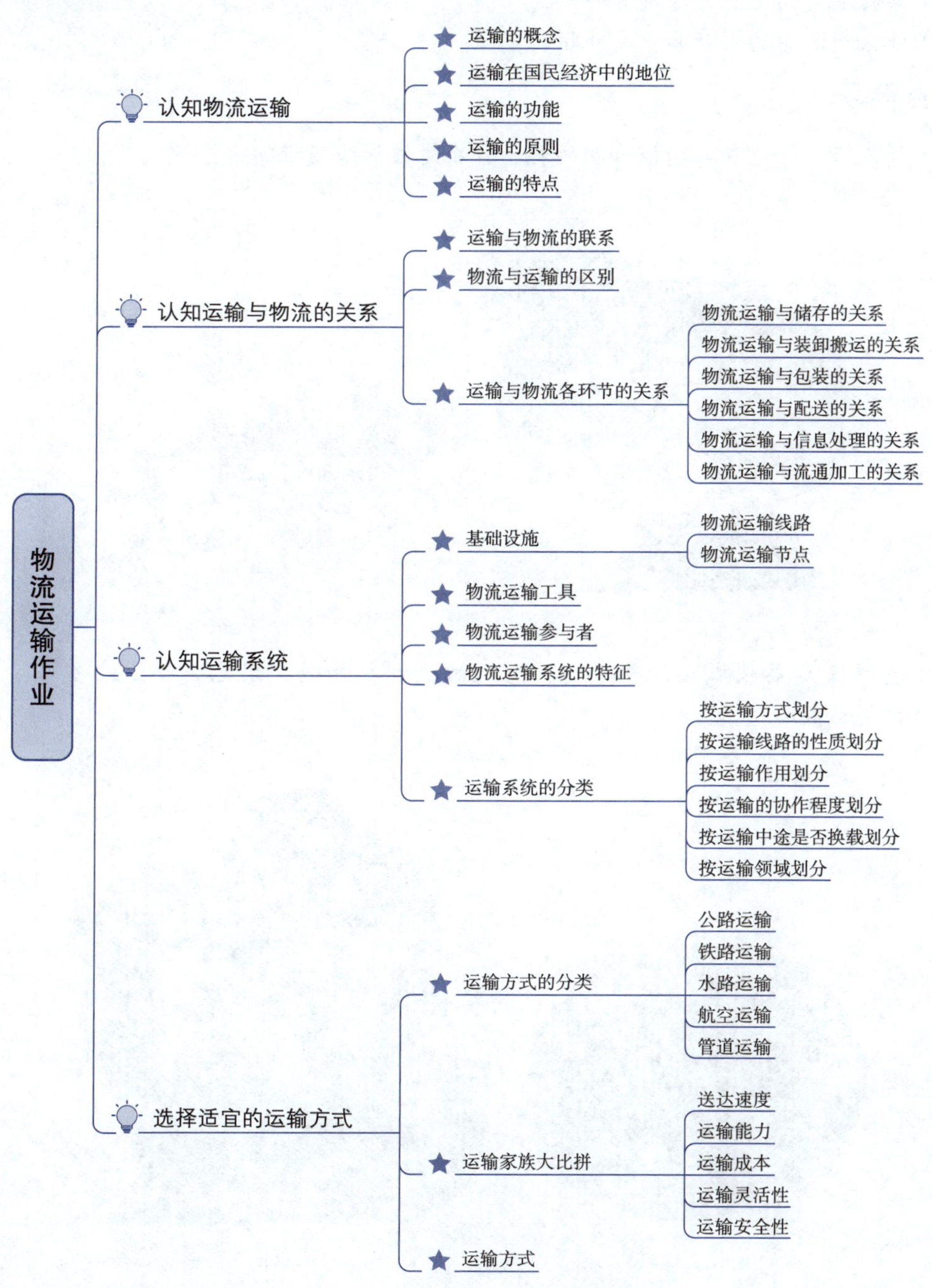

任务一 认知物流运输

任务目标：

（1）掌握运输的概念、定位；

（2）掌握运输的功能、原则和特点；

（3）能分析运输的内涵和重要地位。

任务学习：

（1）情人节了，他在异国他乡买的礼物什么时候能给我带回来？

（2）转眼又是荔枝成熟的季节了。想及时收到礼物吗？想吃到异国他乡当季的水果吗？怎样才能达成心愿？

任务分析：

该任务主要理解什么是运输，熟知运输是人们生产、生活中经常发生的事情。熟记运输的功能、原则和特点，能分析运输的内涵和重要地位。

任务操作：

1. 掌握运输的概念

运输是指人或者物借助于运力创造时间和空间效应的活动。

这里的活动是指：____

我国国家标准《物流术语》(GB/T 18354—2021) 将运输定义为：利用载运工具、设施设备及人力等运力资源，使货物在较大空间上产生位置移动的活动。

日常生活中，一般意义的运输是指人和物的载运及输送，即包括客运与货运。但物流学界中，运输的研究对象不包括“人”，而是专指“物”，因此，物流学中的运输专指生产或流通领域当中物品的载运及输送。它是在不同地域范围内（如两个城市、两个工厂之间，或一个大企业内相距较远的两车间之间），以改变“物”的空间位置为目的的活动，对“物”进行空间位移。

在商业社会中，因为市场的广阔性，商品的生产和消费不可能在同一个地方进行，一般来说商品都是集中生产，分散消费的。为了实现商品的价值和使用价值，使商品的交易过程能够顺利完成，需要经过运输这一道环节，把商品从生产地运到消费地，以满足社会消费的需要和进行商品的再生产。如果将原材料供应商、工厂、仓库以及客户看作物流系统中的固定节点，那么，商品的运输过程正是连接这些节点的纽带。因此，可以将运输比喻为物流系统中的“动脉”。有必要指出的是，在现代物流概念出现之前，甚至在物流业已经颇具发展规模的今天，不少人都简单地将物流等同于运输，也许是因为他们看到物流活动中相当一部分任务都是运输承担的。

任务单：疫情物流保卫战，寻找物流最美逆行者

<table>
<tr><td colspan="6">任务描述：阅读材料，感知“物流人”的国家使命感和责任担当</td></tr>
<tr><td colspan="2">全力以赴，提升运能</td><td colspan="4">作为物流行业的老大哥，顺丰有着节假日无休的传统，顺丰在驰援上同样发挥了巨大作用，持续运送救援物资至疫情防控一线。顺丰方面此前发布的数据显示，2020 年 1 月 27 日至 2 月 3 日，顺丰航空已运输救援物资超过 816 吨，全网超 2415 万个包裹。
为了和疫情抢时间，自 2020 年 1 月 24 日起，顺丰航空临时增开“深圳—武汉”“杭州—武汉”“北京—武汉”三个流向的货运航班，着力保障包括防护服、护目镜、体温计、医用口罩、手套、抗病毒药品等在内的防疫物资的运输，期间将飞机运力由载量较小的 B757-200 替换为 B767-300，航线运能随即提升 1 倍。
依托顺丰多年来积累的全球供应链资源，从 2020 年 1 月 22 日至 2 月 2 日，顺丰速运国际承运海外来自日本、新加坡、韩国、马来西亚、泰国、印尼、美国、越南等国家，各类医疗防疫物资累计达 52 吨，全力搭建医疗防疫物资运输的生命桥梁。</td></tr>
<tr><td colspan="2">通过材料阅读，你有何感受</td><td colspan="4"></td></tr>
<tr><td colspan="2">体现了“物流人”怎样的精神</td><td colspan="4"></td></tr>
<tr><td>学号</td><td></td><td>姓名</td><td></td><td>时间</td><td>年　月　日</td></tr>
</table>

任务单：进一步深入理解运输

任务描述：请根据 2021 版国家标准《物流术语》对运输的定义，试分析运输是什么						
姓名						
对象						
产品						
条件						
目的						
意义						
学号		姓名		时间	年　月　日	

2. 分析运输在国民经济中的地位

在整个国民经济中，专门从事货物和旅客运营的运输业是一个独立的经济部门。运输在整个国民经济中的地位表现在以下几方面：

1）运输是生产过程在流通领域内的继续

交通运输是国民经济的基础设施，是社会再生产得以顺利进行的必要条件。为了完成货物运输，就要投入人类的劳动，包括活劳动和物化劳动。例如，运输工具、运输用能源，以及道路、港口、码头、机场、输送管道的建设等，还有活劳动的消耗。这就是说，为了促使物质产品使用价值的最终实现，必须要有运输这种追加劳动，它表现为一种生产性的劳动，是生产过程在流通领域内的继续。

2）运输是连接产销、沟通城乡的纽带

国民经济是由农业、工业、建筑业、交通运输业、商业等部门组成的，各部门之间既是相互独立的，又是相互联系、相互促进和相互制约的。交通运输在整个国民经济中是一个极为重要的部门，是国民经济的大动脉，是社会发展的一个重要条件，起着连接生产、分配、交换、消费各环节和沟通城乡、各地区和各部门的纽带和桥梁作用。社会再生产过程的循环，是通过交通运输这条纽带把各环节构成为一个统一的整体，才使整个社会经济活动得以正常地运动和顺利地进行。

3）运输是加速社会再生产和促进社会再生产连续不断进行的前提条件

交通运输业的生产目的是保证最大限度地满足国民经济发展对运输的需要。因此，交通运输作为一个独立的经济部门，在社会再生产过程中处于“先行”的战略地位。只有通过运输业的活动，才能使社会经济活动得以顺利进行。把交通运输作为国民经济发展的“先行部门”就是这个道理。

4）运输是保证市场供应、满足生产建设、实现社会主义生产目的的基本条件

运输业作为国民经济的物质生产部门来讲，是不同于工业、农业、建筑业等其他物质生产部门的，它不增加物质产品的使用价值，却增加物质产品的价值。但是，随着市场经济的发展、市场活动日趋频繁、物质产品使用价值的最终实现，只有通过运输才能完成这个目的。所以，运输成为满足生产建设、实现生产目的的一个基本条件。

请用4个关键词总结运输的地位：________________________

3. 掌握运输的功能

1）运输可以创造出商品的空间效用和时间效用

在物流管理中，运输主要提供两大功能：物品移动和短时储存，如图4-1所示。运输通过改变商品的地点或者位置所创造出的价值，称为商品的空间效用；运输使得商品以运输工具（车辆、船舶、飞机等）为临时储存设施，并在适当的时间到达消费者的手中，就产生了商品的时间效用。这两种效用的产生，才能够真正地满足消费者的需要。如果运输系统瘫痪，商品不能在指定的时间送到指定的地点，则消费者消费商品的需要就得不到满足，整个交易过程就不能得到实现。

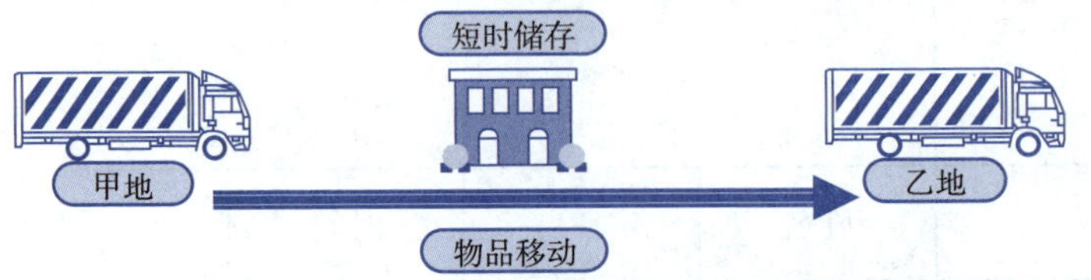

图4-1 运输的主要功能示意图

任务单：回顾物流的空间和时间价值

任务描述：请根据以前所学知识，描述出物流空间和时间价值有哪些							
物流创造空间价值有哪些种具体形式							
物流获得的时间效用有哪些种形式							
物流除了时间和空间价值名还能有哪些价值							
学号		姓名		时间	年　月　日		

2）运输可以扩大商品的市场范围

在古老的市场交易过程中，商品只在本地进行销售，每个企业所面对的市场都是有限的。随着各种运输工具的发明，企业通过运输可以到很远的地方去进行销售，企业的市场范围可以大大扩展，企业的发展机会也大大增加。随着各种先进的交易形式的发展，企业的市场范围随着网络的出现而产生了无限扩大的可能，任何有可能加入因特网的地方，都有可能成为企业的市场。为了真正地将这种可能变成现实，必须使企业的商品能够顺利地送达这个市场中，这就必须借助于运输过程。因此，运输可以帮助企业扩大其市场范围，并给企业带来无限发展的机会。

3）运输可以保证商品价格的稳定性

各个地区因为地理条件的不同，拥有的资源也各不相同。如果没有一个顺畅的运输体系，其他地区的商品就不能到达本地市场，那么，本地市场所需要的商品也就只能由本地来供应。正是因为这种资源的地域不平衡性，造成了商品供给的不平衡性。因此，在一年中，商品的价格可能会出现很大的波动。但是，如果拥有一个顺畅的运输体系，当本地市场商品的供给不足时，外地的商品就能够通过这个运输体系进入本地市场，本地的过剩产品也能够通过这个体系运送到其他市场，从而保持供求的动态平衡和价格的稳定。

4）运输能够促进社会分工的发展

随着社会的发展，为了实现真正意义的社会的高效率，必须推动社会分工的发展，而对于商品的生产和销售来说，也有必要进行分工，以达到最高的效率。但是，当商品的生产和销售两大功能分开之后，如果没有一个高效的运输体系，这两大功能就不能够实现。运输是商品生产和商品销售之间不可缺少的联系纽带，只有有了它，才能真正地实现生产和销售的分离，促进社会分工的发展。

4．运输的原则

商业部门的商品运输工作，要遵循“及时、准确、安全、经济”的原则，做到加速商品流通，降低商品流通费用，提高货运质量，高效地完成商品运输任务。

1）及时

及时就是要求按照客户需要的时间把商品运往消费地，不失时机地满足市场和消费者的需要。缩短流通时间的手段是改善交通，实现运输现代化。但对于商业部门来说，关键在于车和货物的衔接工作，及时发运商品。同时做好商业部门之间的委托中转工作，及时把商品转运出去。

2）准确

准确就是要防止商品发生差错事故，保证在整个运输过程中，把商品准确无误地送到消费者手中。商业经营的特点是商品品种繁多，规格不一。一件商品从工厂交货到达消费者手中，中间要经过不少环节，稍有疏忽，就容易发生差错。发运商品不仅要件数准确，规格也不能出错。因此，准确无误地发运和接运商品，降低差错事故率，是商业运输工作需要认真注意的一个方面。

3）安全

安全就是在运输过程中要确保商品的使用价值。商品的使用价值就是能满足消费者的需要。如果商品因运输或装卸不当而失去使用价值，就成为无用之物。商品在运输中的安全，一是要注意运输、装卸过程中的震动和冲击等外力的作用，防止商品的破损；二是要防止商品由物理、化学或生物学变化等自然原因所引起的商品减量和商品变质。尤其对石油、化学危险品、鲜活、易腐商品、易碎流质等商品，加强安全运输十分重要。

4）经济

经济就是以最经济合理的方法调运商品，降低运输成本。降低运输成本的主要方法是节约运输费用。节约费用的主要途径则是开展合理运输，即选择最经济合理的运输线路和运输方式，尽可能减少运输环节，缩短运输里程，力求花最少的费用，把商品运到消费地。此外，还应提高商业部门运输设备和运输工具的利用率，加强对运输设备和运输工具的保养，提高劳动生产率，从而取得更大的经济效益。

任务单：进一步理解物流运输“八字诀”原则

<table>
<tr><td colspan="6">任务描述：物流运输“八字诀”原则——及时、准确、安全、经济，对每一原则分别进行解释，限 20 字 / 条</td></tr>
<tr><td colspan="2">及时</td><td colspan="4"></td></tr>
<tr><td colspan="2">准确</td><td colspan="4"></td></tr>
<tr><td colspan="2">安全</td><td colspan="4"></td></tr>
<tr><td colspan="2">经济</td><td colspan="4"></td></tr>
<tr><td>学号</td><td></td><td>姓名</td><td></td><td>时间</td><td>年　月　日</td></tr>
</table>

5. 运输的特点

1）运输具有生产的本质属性

运输是借助运输者的劳动和运输工具设备与燃料消耗的结合来实现的，是在不改变劳动对象原有属性或形态的要求下，实现劳动对象的空间位移。

2）运输服务的公共性

运输服务的公共性保证为社会物质在生产和流通过程中提供运输服务。

运输服务的公共性保证为人们在生产和生活过程中的出行需要提供运输服务。

3）运输产品是无形产品

运输生产是为社会提供效用而不生产实物形态的产品，属于服务性生产。其产品可称为无形产品，具体表现为货物或人在空间位置上的变化，而其本身没有产生实质性变化。

4）运输生产和运输消费同时进行

运输产品的生产过程与消费过程是不可分割的，在时间和空间上是结合在一起的。如果运输需求不足，则运输供给就应相应减少，否则就会造成浪费。

5）运输产品具有非储存性

运输产品不可能被储存用来满足其他时间和空间发生的运输需求。运输业没有产品过剩问题，只存在运输能力不足或过剩的问题。因此，运输产品既不能储存也不能调拨，只能在运输能力上做一些储备。

6）运输产品的同一性

各种运输方式生产的是同一产品，即运输对象的位移。因此，各种运输方式之间可以相互补充、协调与替代，形成一个有效的综合运输体系。

任务测评：

1. 运输的对象是：
2. 运力是指：
3. 全社会中一定时期内可享用的运力多少是由哪个要素决定的？
4. 储存应该是仓库所需要完成的功能，但为什么说运输工具可以承担短时储存功能？
5. 判断对运输的理解：
（1）先有运输生产而后产生运输消费。（　　） （2）当运输产品供给过剩时，运输产品可以被储存用来满足其他时间和空间发生的运输需求。（　　） （3）运输不能给产品创造新的价值。（　　） （4）运输不能改变劳动对象的性质和形状。（　　） （5）运输产品可加以储存、分拨。（　　）

任务二　认知运输与物流的关系

任务目标：

（1）掌握运输与物流的关联关系；
（2）掌握运输与物流各环节的关系。

任务学习：

两个新报道的物流管理专业新生在寝室探讨自己的专业。
甲：我认为，物流就是送快递的。
乙：我认为，物流就是货物运输。
你认为他们说的对吗？运输与物流的关系是什么？

任务分析：

该任务主要通过认知物流与运输的概念，明晰运输与物流的关联关系，并能够简单陈述运输与物流各环节的关系。

任务操作：

1．掌握运输与物流的联系

回顾：什么是物流？

____
____
____
____
____
____

回顾：什么是运输？

____
____
____
____
____
____

运输和物流在本质上既有区别又有联系，列出两者的区别：

比较项目	运　输	物　流
劳动对象		
工作范围		

（1）运输是物流系统的基础功能之一。物流系统是通过运输来完成对客户所需的原材料、半成品和制成品的地理定位的。

（2）运输合理化是物流系统合理化的关键。运输费用在物流费用中占有很大的比重。组织合理运输，以最小的费用、较快的时间，及时、准确、安全地将货物从其产地运到销地，是降低物流费用和提高经济效益的途径之一。

（3）运输影响着物流的其他构成因素。例如，选择的运输方式决定着装运货物的包装要求；使用不同类型的运输工具决定其配置使用的装卸搬运设备以及接收和发运站台的设计，企业库存储备的大小，直接受运输状况的影响，发达的运输系统能比较适量、快速和可靠地补充库存，以降低必要的储备水平。

2. 掌握物流与运输的区别

（1）物流是超出运输范畴的系统化管理。

（2）物流不同于运输只注重实物的流动，它还同时关注着信息流和增值流的同步联动。

信息流不仅通过电子或纸质媒介反映产品的运送、收取，更重要的是反映市场做出的物流质量的评价。增值流是指物流所创造的形态效用（通过生产、制造或组装过程实现商品的增值）、地点效用（原材料、半成品或成品从供方到需方的位置转移）和时间效用（商品或服务在客户需要的时间准确地送到）。

（3）物流的出发点是以生产和流通企业的利益为中心，运输只是物流管理控制的必要环节，处于从属地位。有物流必然有运输，而再完善的运输也远不是物流。

（4）物流的管理观念比运输更先进。现代物流对用户追求高质量无极限的服务，即在服务过程中，凡是用户不满意的地方都进行改进完善；凡是用户嫌麻烦的事情都尽量去做，以满足用户的需要为服务目标；主动开展物流市场调查、市场预测，并积极做好推销、宣传工作，而且在不断改进服务质量的附加工作中，寻求与发现新的服务项目或服务产品，为企业带来更多的商机和更高的回报。因此，从服务理念上来说，物流也突破了运输的服务理念，再高质量的运输也不可能具备服务的延伸性，因而获取的附加值也远大于运输的回报。

（5）物流比运输更重视先进技术的应用。因为现代物流追求的是服务质量的不断提高，物流系统综合功能的不断完善，总成本的不断降低和服务的网络化、规模化，因此，建立GPS(全球卫星定位系统）对物流的全过程进行适时监控、适时货物跟踪和适时调度是很有必要的。为了与用户特别是与长期合作的主要用户保持密切联系，建立EDI(电子数据交换）联系系统也是现代物流向专业化方向发展的必备条件；而自动装卸机械、自动化立体仓库、自动堆垛机和先进适用的信息系统更是现代物流朝着专业化、一体化、规模化、网络化发展的必然趋势，这些是无论怎样完善的运输都无法相比的。

任务单：探讨运输与物流的关系

<table>
<tr><td colspan="6">任务描述：物流业是融合运输、仓储、货代、信息等产业的复合型服务业，是支撑国民经济发展的基础性、战略性产业。目前，我国物流业整体发展仍需要改进，如物流企业“小、散、弱”的格局并未彻底改变，规模化、集约化水平不高；高效、顺畅、便捷的综合交通运输网络等物流基础设施尚不够健全。
结合材料，运用整体与部分关系的知识，回答问题：</td></tr>
<tr><td colspan="2">探讨运输与物流的关系</td><td colspan="4"></td></tr>
<tr><td colspan="2">谈谈你对发展物流业的认识</td><td colspan="4"></td></tr>
<tr><td>学号</td><td></td><td>姓名</td><td></td><td>时间</td><td>年　月　日</td></tr>
</table>

3. 掌握运输与物流各环节的关系

1）物流运输与储存的关系

物流运输与储存具有“背反效应”。货物的储存量虽直接决定需要量（使用量），但货物的运输对储存也会带来重大影响。当仓库中储存一定数量的货物而消费领域又对其急需时，运输就成了关键。如果运输活动组织不善或运输工具不得力，就会延长货物在仓库中的储存时间，这会无端增大货物储存量，而且还会造成货物损耗增大。因此，运输能力强、规划合理则可以减少库存，相反将有可能使库存费用增加。

根据物流运输与仓储的关系，请思考：

_____ 是 _____ 的调节手段。

A. 运输　　　　B. 仓储

2）物流运输与装卸搬运的关系

物流运输活动必然伴随装卸搬运活动。一般来说，运输发生一次，往往伴随两次装卸搬运活动，即运输前、后的装卸搬运作业。货物在运输前的装车、装船等活动是完成运输的先决条件，此时，装卸搬运质量的好坏将对运输产生巨大的影响。装卸搬运工作组织得力、装卸搬运活动开展顺利，都可以使运输工作顺利进行。

根据物流运输与装卸搬运的关系，请思考：

___________ 是实现各种运输方式衔接的重要环节。

3）物流运输与包装的关系

货物包装的材料、规格、方法等都不同程度地影响着运输。包装材料的使用要以强化输送、保护产品为目的；作为包装的外廓尺寸应该充分与运输车辆的内廓尺寸相吻合，这对于提高货物的装载率有着重要意义，对提高物流水平有巨大影响。运输包装的重要特点，是在满足物流要求的基础上使包装费用越低越好。为此，必须在包装费用和物流运输时的损失两者之间寻找最优的效果。

根据物流运输与包装的关系，请思考：

__________ 是以包装的有关事项（如包装尺寸、包装设备、包装材料、包装工艺及其他相关活动等）为对象，通过制定和实施标准，以保障物品在储藏、运输和销售中的安全便利和节约，从而提高社会综合经济效益的工作过程。

4）物流运输与配送的关系

在物流活动中，运输是将货物大批量、长距离地从生产工厂直接送达客户或配送中心。从配送中心将货物就近发送到地区内各客户手中称为配送。虽然两者都是运送货物，但有一定区别。

根据物流运输与配送的关系，请思考：

运输是两设施点间 _________ 货物的移动过程，是物流活动中的一个环节。

A. 一对一　　B. 一对多　　C. 多对一　　D. 多对多

配送是 ________ 的综合性的物流过程。

A. 一对一　　B. 一对多　　C. 多对一　　D. 多对多

5）物流运输与信息处理的关系

信息技术是促进现代物流运输快速发展的重要因素，信息技术在运输中的应用，不仅能够提高物流运输的运行效率和管理水平，而且能促进企业间的信息共享与合作。运输信息化是现代物流运输发展的必然趋势。

常见的信息技术：____

____

____

____

____

____

____

____

6）物流运输与流通加工的关系

物流的流通加工功能不仅能实现商品销售的“延迟策略”，促进销售，而且能方便运输，降低运输成本，从而提高物流系统的总体效益。

任务单：亲情辨认——运输与物流的关系

<table>
<tr><td colspan="6">任务描述：通过认知物流与运输的概念，明晰运输与物流的关联关系，陈述运输与物流各环节的关系</td></tr>
<tr><td colspan="2">运输＝物流吗</td><td colspan="4"></td></tr>
<tr><td colspan="2">为提高货物实载率，应如何处理货物包装与车辆货箱的关系</td><td colspan="4"></td></tr>
<tr><td colspan="2">装卸搬运是否会影响到运输活动的质量和速度</td><td colspan="4"></td></tr>
<tr><td colspan="2">运输对库存控制有着怎样的影响</td><td colspan="4"></td></tr>
<tr><td colspan="2">干线运输与配送运输所应达到的标准是否相同</td><td colspan="4"></td></tr>
<tr><td>学号</td><td></td><td>姓名</td><td></td><td>时间</td><td>年　月　日</td></tr>
</table>

任务测评：

运输和配送虽然都是线路活动，但它们有区别。运输与配送的区别主要表现在哪些方面？

比 较 点	运　输	配　送
活动范围		
运输性质		
运输距离		
功能方面		
货物方面		
运输工具		
附属功能		

任务三　认知运输系统

任务目标：

（1）掌握物流运输系统的概念；
（2）掌握运输系统的构成部分；
（3）掌握运输系统的分类与特征。

任务学习：

全班同学分成若干组，每组选组长 1 人，负责全部组员分工合作。了解本地的运输系统具体构成情况，找出本地若干个较大的运输节点，识别本地常见的运输工具类型，归纳本地的运输线路构成。将小组收集的信息进行整理，制作汇报 PPT。

任务分析：

该任务主要掌握运输系统的概念与构成，了解运输系统的三个组成要素。通过网络、杂志等信息媒介了解本地运输系统状况，对相关信息进行收集、整理，撰写调查报告。

任务操作：

物流运输系统就是在一定的时间和空间内，由运输过程所需的基础设施、运输工具和运输参与者等若干动态要素相互作用、相互依赖和相互制约所构成的具有特定运输功能的有机整体。构成运输系统的要素主要有基础设施、运输工具和运输参与者。

1. 基础设施应用

基础设施所提供的公共服务是所有商品与服务的生产所必不可少的，如公路、铁路线路和车站等，若缺少这些公共服务，其他商品与服务（主要指直接生产经营活动）便难以生产或提供。基础设施又分为物流运输线路与物流运输节点两个要素。

1）物流运输线路

物流运输线路是构成物流运输系统最重要的要素，是提供运输工具定向移动的通道，也是运输赖以运行的基础设施之一。在现代运输系统中，主要的运输线路有公路、铁路、航线和管道。其中，铁路和公路为陆上运输线路，除了引导运输工具定向行驶外，还需要承受运输工具、货物或人的重量；航线有水运航线和空运航线，主要起引导运输工具定位定向行驶的作用，运输工具、货物或人的重量由水或空气的浮力支撑；管道是一种相对特殊的运输线路，由于其严密的封闭性，所以既充当了运输工具，又起到了引导货物流动的作用。

陆上运输线路主要包括铁路和公路。铁路线路由路基、轨道和桥隧三部分组成；公路线路与铁路线路相似，由路基、路面和桥隧三部分组成。

水运航线由航道、航灯和灯塔构成。航道是以水上运输为目的所规定或设置（包括建设）的船舶航行通道。以通航木排为主的叫木排航道；以通航内河运输船舶为主的叫内河航道，主要有天然河流、渠化河流及通航渠道和运河；以通航海轮为主的称为海轮航道。民航航线是地球表面的两个点间的连线相对应的空中航行线路，是对民航飞机规定的线路，也称航空交通线。它规定了飞机飞行的具体方向、起讫与经停地点及所使用的航路。航路是一条特别规划的飞行通道，即以空中走廊形式划定的飞行管制区，它有一定的宽度和飞行高度层，设有无线电导航设备。

管道主要指长距离输送管道（简称长输管道），有干管、沿线阀室，通过河流、铁路公路、峡谷等的穿（跨）越结构物，管道防腐用的阴极保护设施等。

哪种运输线路既充当了运输工具，又起到了引导货物流动的作用？ ______________

____

____

任务单：交通运输线的建设成就和在经济发展中所发挥的作用

<table>
<tr><td colspan="6">观看视频：青藏铁路
听歌曲：花儿与少年</td></tr>
<tr><td colspan="2">青藏铁路沿线都经过哪些地方</td><td colspan="4"></td></tr>
<tr><td colspan="2">这段音乐属于在这一带广为流传的什么歌调</td><td colspan="4"></td></tr>
<tr><td colspan="2">如今，中国人在“世界屋脊”——青藏高原上修起了世界最高的铁路，这说明了什么</td><td colspan="4"></td></tr>
<tr><td>学号</td><td></td><td>姓名</td><td></td><td>时间</td><td>年　月　日</td></tr>
</table>

2）物流运输节点

物流运输节点是指以连接不同运输方式为主要职能，处于运输线路上的承担货物集散、运输业务办理、运输工具保养和维修的基地与场所。运输节点是物流节点中的一种类型，属于转运形节点。公路运输线路上的停车场（库）、货运站，铁道运输线路上的中间站、编组站、区段站、货运站，水运线路上的港口、码头，空运线路上的空港，管道运输线路上的管道站等都属于运输节点范畴。一般而言，由于运输节点处于运输线路上，又以转运为主，所以货物在运输节点上停滞的时间较短。

2. 物流运输工具应用

运输工具是指在运输线路上用于载重货物并使其发生位移的各种设备和装置，它们是使运输能够进行的基础设备，也是运输得以完成的主要手段。运输工具根据从事运送工作的独立程度可以分为三类。

（1）既提供动力，又具有装载货物容器的独立运输工具。

例如：＿＿＿＿＿＿＿＿＿＿＿＿＿＿＿＿＿＿＿＿＿＿＿＿＿＿＿＿＿＿＿＿＿＿

管道运输是一种相对独特的运输方式，它的动力设备与载货容器的组合较为特殊，货容器为干管，动力装置设备为泵（热）站，因此设备总是固定在特定的空间内，不像其他运输工具那样可以凭借自身的移动带动货物移动，故可将泵（热）站视为运输工具，甚至可以连同干管都视为运输工具。

长距离输油管道由输油站和管线两大部分组成。在输油管道的首站集油，经计量后加压向下一站输送，故首站的设备除输油机泵外，一般有较多的油罐。输油管道沿途设有中间站对所输送的原油加压、升温。中间站的主要设备有输油泵、加热炉、阀门等。输油管道末站接收输油管道送来的全部油品，供给用户。输油管道的线路（管线）包括管道沿线阀室、穿越江河、山谷等的设施和管道阴极防腐保护设施等。为保证长距离输油管的正常运营，还有供电和通信设施。

（2）仅提供动力，不具有装载货物容器的运输工具。

例如：＿＿＿＿＿＿＿＿＿＿＿＿＿＿＿＿＿＿＿＿＿＿＿＿＿＿＿＿＿＿＿＿＿＿

（3）没有动力，但具有装载货物容器的从动运输工具。

例如：＿＿＿＿＿＿＿＿＿＿＿＿＿＿＿＿＿＿＿＿＿＿＿＿＿＿＿＿＿＿＿＿＿＿

3. 了解物流运输参与者

运输活动的主体是运输参与者（承运人、货运代理人、运输经纪人），运输活动作用的对象（运输活动的客体）是货物。货物的所有者是物主或货主，运输必须由物主和运输参与者共同参与才能进行。

1）物主

物主包括托运人（或称委托人）和收货人，有时托运人与收货人是同一主体，有时不是同一主体。不管托运人托运货物，还是收货人收到货物，他们均希望在规定的时间内以最低的成本、最小的损耗和最方便的业务操作，将货物从起始地转移到指定的地点。

2）承运人

承运人是运输活动的承担者，受托运人或收货人的委托，按委托人的意愿以最低的成本完成委托人委托的运输任务，同时获得运输收入。

承运人可能是：

____

____

____

他们根据委托人的要求或在不影响委托人要求的前提下合理地组织运输和配送，包括选择运输方式、确定运输线路、进行货物配载等。

3）货运代理人

货运代理人是根据用户的指示，为获得代理费用而招揽货物、组织运输的人员，其本人不是承运人。他们负责把来自各用户的小批量货物合理组织起来，以大批量装载，然后交由承运人进行运输。待货物到达目的地后，货运代理人再把该大批量装载拆分成原先较小的装运量，送往收货人。货运代理人的主要优势在于大批量装载可以实现较低的费率，并从中获取利润。

4）运输经纪人

运输经纪人是替托运人、收货人和承运人协调运输安排的中间商，其协调的内容包括装运装载、费率谈判、结账和货物跟踪管理等。经纪人也属于非作业中间商。

5）政府

由于运输也是一种经济行业，所以政府要维持交易中的高效率水平。政府期望形成稳定而有效率的运输环境，促使经济持续增长，使产品有效地转移到全国各地市场，并以合理的成本获得产品。为此，许多政府部门比一般企业要更多地干预承运人的活动，这种干预往往采取规章制度、政策促进、拥有承运人等形式。政府通过限制承运人所能服务的市场或确定他们所能收取的价格来规范他们的行为；通过支持研究开发或提供诸如公路或航空交通控制系统之类的通行权来促进承运人发展。

6）公众

公众关注物流运输的可达性、费用和效果以及环境方面和安全方面的标准。公众按合理价格产生对商品的需求并最终确定运输需求。尽管最大限度地降低成本对于消费者来说是重要的，但与环境和安全标准有关的交易代价也需要加以考虑。虽然目前在降低污染和消费安全方面已有了重大进展，但空气污染等产生的影响仍是运输面临的一个重大问题。

显然，各方的参与使物流运输关系变得很复杂、运输决策变得很复杂。这种复杂性要求物流运输管理综合考虑多方面的因素，顾及各个参与者的利益。

请将运输参与者分别填入相应位置：

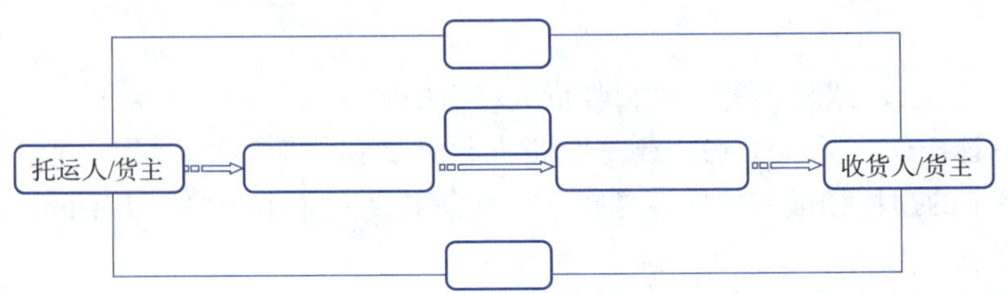

4．掌握物流运输系统的特征

物流运输系统不仅具有一般系统所共有的特征，即整体性、目的性、相关性、层次性、动态性和环境适应性，而且同时具有其自身显著的特征。

1）运输服务可以通过多种运输方式实现

各种运输方式对应于各自的技术特性，有不同的运输单位、运输时间和运输成本，因而形成了各运输方式不同的服务质量。也就是说，运输服务的利用者可以根据货物的性质、大小、所要求的运输时间、所能负担的运输成本等条件来选择相适应的运输方式，或者合理运用多种运输方式实行联合运输。

一批书本从哈尔滨运往北京可选的运输方式有哪些？

____

____

____

____

____

2）运输服务可分成自用型和营业型两种形态

自用型运输多限于货已运输，部分水路运输中也有这种情况，但数量很少。而航空、铁路这种需要巨大投资的运输方式，自用型运输难以开展。营业型运输在公路、铁路、水路、航空等运输业者中广泛开展。对于一般企业来讲，可以在自用型和营业型运输中进行选择。最新的趋势是逐渐从自用型向营业型运输方式转化。

3）运输存在实际运输和利用运输两种形式

实际运输是实际利用运输手段进行运输，完成商品在空间上的移动。

运输业中的利用运输是指（　　）。

A．实际利用运输手段进行输送，完成商品在空间的移动

B．自己不直接从事商品运输，而是把运输服务再委托给运输商进行

C．自己拥有运输工具，并且自己承担运输责任，从事货物的输送

D．以输送服务作为经营对象，为他人提供运输服务

这种利用运输的代表就是代理型运输业者。

4）运输服务业竞争激烈

运输服务业者不仅在各自的行业内开展相互的竞争，而且还与运输方式相异的其他运输企业开展竞争。虽然各运输方式都存在着一些与其特性相适应的不同的运输对象，但是，也存在着多种运输方式都适合承运的货物，这类货物的运输就形成了不同运输手段不同运输业者之间的相互竞争关系。

5）运输系统的现代化趋势

所谓运输系统的现代化，就是采用当代先进适用的科学技术和运输设备，运用现代管理科学，协调运输系统各构成要素之间的关系，达到充分发挥运输功能的目的。运输系统的现代化也促使运输系统结构发生根本性的改变，主要表现在：一是由单一的运输系统结

构转向多种方式联合运输的系统结构，如汽车—船舶—汽车、汽车—火车—汽车、船舶（港口）—火车（站场）—汽车（集散场）等不同的联合运输系统；二是建立了适用于矿石、石油、肥料、煤炭等大宗货物的专用运输系统；三是集包装、装卸、运输一体化，使运输系统向托盘化与集装箱化方向发展；四是顺应全球经济发展的需要，一些发达国家陆续开发了一些新的运输系统，如铁路传送带运输机械、筒状容器管道系统、城市中无人操纵收发货物系统等。

5. 掌握运输系统的分类

（1）按运输方式划分，物流运输系统可分为公路运输、铁路运输、水路运输、航空运输和管道运输等形式。

（2）按运输线路的性质划分，物流运输系统可分为干线运输、支线运输、二次运输和厂内运输等形式。

① 干线运输：指利用铁路与公路的骨干线路、大型船舶的固定航线以及枢纽机场的定期航线进行的长距离、大批量的运输。干线运输是运输的主体，是使货物进行远距离空间位移的重要运输方式，其运输速度较同种工具的其他运输要快，成本也相对低一些。

② 支线运输：指与干线相接的分支线路上的运输。支线运输是干线运输与收、发货地点之间的补充性运输方式，一般路程较短，运输量相对较小。因为支线的建设水平往往低于干线，运输工具也往往落后于干线，所以运输速度也慢于干线。

③ 二次运输：指干线、支线运输到目的站后，目的站与用户仓库或指定地点之间的运输。由于这是一种补充性的、以满足个体单位需要的运输方式，所以运输量相对更小。

④ 厂内运输：指在工业、企业的内部，直接为生产过程服务的运输方式。厂内运输一般在车间与车间之间、车间与仓库之间进行，而小企业内部及大企业的车间内部、仓库内部的这种运输一般称为“搬运”。厂内运输一般使用载货汽车，搬运则使用叉车、输送机等。

（3）按运输作用划分，物流运输系统可分为集货运输和配送运输等形式。

① 集货运输：指将分散的货物集聚起来以便进行集中运输的一种运输方式。因为货物集中后才能利用干线进行大批量、长距离的运输，所以，集货运输是干线大规模运输的一种补充性运输，多是短距离、小批量的运输。

② 配送运输：指将节点中已按用户要求配装好的货物分送到各个用户处的运输方式。这种运输一般发生在干线运输之后，是干线运输的补充和完善，而且由于发生在末端，所以多是短距离、小批量的运输。

（4）按运输的协作程度划分，物流运输系统可分为一般运输、联合运输和多式联运等形式。

① 一般运输：指孤立地采用不同运输工具或同类运输工具而没有形成有机的协作关系的运输方式，如单纯的汽车运输、火车运输等。

② 联合运输：指使用同一运输凭证，由不同的运输方式或不同的运输企业进行有机的

衔接来接运货物，利用每种运输手段的优势，发挥不同运输工具的效率的一种运输方式。联合运输的方式有铁海联运、公铁联运、公海联运等。进行联合运输，不仅可以简化托运手续，加快运输速度，而且可以节约运费。

③ 多式联运：指根据实际要求，将不同的运输方式组合成综合性的一体化运输，通过一次托运、一次计费、一张单证、一次保险，由各运输区段的承运人共同完成货物的全过程运输，即将全过程运输作为一个完整的单一运输过程来安排的一种运输方式。多式联运是联合运输的一种现代形式，通常在国内大范围物流和国际物流的领域中广泛使用。

视 频

多式联运

（5）按运输中途是否换载划分，物流运输系统可分为直达运输和中转运输等形式。

① 直达运输：指利用一种运输工具从起运站、港一直到终点站、港，中途不经过换载、不入库存储的运输方式。直达运输不仅可避免中途换载所出现的运输速度减缓、货损增多、费用增高等一系列弊端，而且能缩短运输时间、加快车船周转、降低运输费用。

② 中转运输：指货物在运往目的地的过程中，在途中的车站、港口、仓库进行转运换装的一种运输方式。中转运输可以有效地衔接干线运输和支线运输，可以化整为零或集零为整，从而方便用户，提高运输效率。

（6）按运输领域划分，物流运输系统可分为生产领域的运输和流通领域的运输两种形式。

① 生产领域的运输：一般是在生产企业内部进行，因而称为厂内运输。它作为生产过程中的一个组成部分，是直接为物质产品的生产服务的，包括原材料、在制品、半成品和成品的运输，这种厂内运输又称为物料搬运。

② 流通领域的运输：作为流通领域里的一个环节，是生产过程在流通领域的继续，主要是对物质产品的运输，是完成物品从生产领域向消费领域在空间位置上的物理性的转移过程。它既包括物品从生产所在地直接向消费（用户）所在地的移动，又包括物品从配送中心向中间商的移动。

除此之外，还可以按运输主体划分，将物流运输系统分为自有运输、营业运输和公共运输；按产权性质划分，可将物流运输系统分为国有运输和民营运输；按运输的空间范围划分，可将物流运输系统分为市内运输、城际运输、乡村运输，或者分为国内运输、国际运输等。

任务单：本地运输系统构成

<table>
<tr><td colspan="6">任务描述：了解本地的运输系统具体构成情况，找出本地若干个较大的运输节点，识别本地常见的运输工具类型，归纳本地的运输线路构成</td></tr>
<tr><td colspan="2">运输系统组成要素</td><td colspan="4"></td></tr>
<tr><td colspan="2">本地运输系统状况信息获取途径</td><td colspan="4"></td></tr>
<tr><td colspan="2">本地若干个较大的运输节点</td><td colspan="4"></td></tr>
<tr><td colspan="2">本地常见的运输工具类型</td><td colspan="4"></td></tr>
<tr><td colspan="2">本地的运输线路构成</td><td colspan="4"></td></tr>
<tr><td>学号</td><td></td><td>姓名</td><td></td><td>时间</td><td>年　月　日</td></tr>
</table>

任务测评：

阅读材料，进行运输系统特征分析。

竞争可以促进运输业的发展。运输市场的竞争表现为两大类：一是不同运输方式之间的竞争；二是运输方式内部的竞争。 不同的运输方式，包括铁路、公路、航空、水路及管道运输各有不同的运输特点。各种运输方式要在竞争中取胜，就必须扬长避短、发展自己、战胜对手。 请分析下列问题：
1. 管道运输具有（　　）的优点。
A. 投资省 B. 占地少 C. 成本低 D. 运输品种多样
2. 公路运输特别适用于（　　）的客、货运输。
A. 快速 B. 短途 C. 量少 D. 长途
3. 航空运输与其他运输方式相比，有其独特的性质。它的优点是（　　）。
A. 手续简单 B. 速度高 C. 运输距离长 D. 运输时间短
4. 同一运输方式的市场竞争，主要表现在不同运输组织和（　　）之间。
A. 不同运输价格 B. 不同行业的运输 C. 不同经济性质的运输企业 D. 不同种类的运输
5. 在运输市场中，用来竞争、提高市场占有率的主要手段是运价的竞争和（　　）的竞争。
A. 运输能力 B. 运输业务 C. 运输技术 D. 运输范围

任务四　选择适宜的运输方式

任务目标：

（1）掌握各种运输方式的技术经济特征；

（2）能正确选择运输方式。

任务学习：

运输公司执行运输任务时通常可以采用哪些运输方式，大家知道吗？

从兰州运一批 20 t 的钢材到郑州（兰州到郑州的里程 1 233 km），应采用什么运输方式？如公路、铁路、水运、航空、走路。

任务分析：

该任务主要了解基本的运输方式种类，能够说出每一种运输方式所能提供的服务内容、服务质量和服务成本存在哪些不同，能根据自身的需要，综合考虑各方面的因素，选择合适的运输方式。

任务操作：

1. 掌握运输方式的分类

按运输工具的不同分类，运输方式可以分为公路运输、铁路运输、水路运输、航空运输和管道运输五种类型。

1）公路运输

公路运输是指主要使用汽车或其他运输工具（如拖拉机、人力车等）在公路上载运货物的一种运输方式。公路运输是构成陆上运输的两个基本运输方式之一，主要承担近距离、小批量的货运，也承担铁路运输难以到达地区的长途、大批量货运，以及铁路、水运的优势难以发挥的短途运输。公路不仅可以直接运进或运出货物，而且也是车站、港口和机场集散货物的重要手段。

公路运输显著的特点是机动灵活，主要表现在以下几方面。第一是空间上的灵活性，可以实现“门到门”的运输。第二是时间上的灵活性，公路货运通常可实现即时运输，即根据货运的需求随时启运。第三是批量上的灵活性，公路运输的启运批量小。第四是运行条件的灵活性，由于普通货物的装卸对场地、设施没有专门的要求，因此公路货运站点设置灵活，有的只设置一个停靠点即可；此外，公路运输的服务范围不仅在等级公路上，还可以延伸到等级外的公路，深入到农村、工矿企业以至山区。第五是服务上的灵活性，公路运输能够根据货主的具体要求提供有针对性的服务，最大限度地满足不同性质的货物运送要求。

公路运输的主要缺点是运输能力较小，能耗和单位运输成本较高。此外，由于汽车体积小，无法运送大件物资。

因此，公路运输比较适宜在内陆地区承担短距离且运量不大的货运任务；可以为铁路、水路、航空等运输方式集散或疏运货物；在缺乏铁路和水运干线的地区，从事干线运输的任务。

任务单：探究港珠澳货栈（洪湾站）公路运输业务

<table>
<tr><td colspan="6">

阅读材料：

材料一：

港珠澳大桥被英国《卫报》誉为“新世界七大奇迹”之一，对于这座目前世世界上综合难度最大的跨海大桥而言，每项荣誉的背后，都是一组组沉甸甸数据的支撑，全长 55 km，世界总体跨度最长的跨海大桥；海底隧道长 5.6 km，世界上最长的海底公路沉管隧道；海底隧道最深处距海平面 46 m，世界上埋进海床最深的沉管隧道；对接海底隧道的每个沉管重约 8 万吨，世界最重的沉管；世界首创深插式钢圆筒快速成岛技术，截至通车前夕，港珠澳大桥共完成项目创新工法 31 项、创新软件 13 项、创新装备 31 项，创新产品 3 项，申请专利 454 项，7 项创世界之最，整体设计和关键技术全部自主研发。在这一大国重器的背后，不仅有千千万万建设者的汗水，更有不少为其提供强有力科技支撑的团队。如今，如今，中国的桥梁和高铁一样，已经成为中国走向世界的一张名片。

（摘自王忠耀等《港珠澳大桥背后的科技支撑》，《光明日报》2018 年 10 月 24 日）

材料二：

港珠澳大桥岛隧工程智能建造以信息化为基础，运用大数据、云计算及物联网等先进技术，创造具有感知储存能力、学习判断能力的智能设备、智能控制系统等，扩展、延伸工程建设者的感知能力、预测能力、控制能力及作业能力，将机器智能与人类智慧紧密结合，形成人机一体化智能建造系统，使工程建设更为安全。智能建造平台由感知层、网络层、数据层、应用支撑层及应用层组成。感知层是基础，借助卫星等多种技术手段，采集各类数据信息，类似人的眼睛等感官；网络层利用光纤通信网等技术，将感知层采集的各类数据信息传输至数据层，类似人体神经系统；数据层中存储着大量的数据信息资源，借助数据库、云存储等智能存储手段，实现信息资源的有效存储和共享；应用支撑层是运算中心，类似于大脑，实现数据融合，最终在应用层形成各种智能控制系统，辅助工程建设者进行决策。

（摘编自林鸣等《港珠澳大桥岛隧工程智能建造探索与实践》）

</td></tr>
<tr><td colspan="2">港珠澳大桥能给我们带来哪些方便</td><td colspan="4"></td></tr>
<tr><td colspan="2">为什么说今天的中国桥梁已经成为体现国人自信心的一张名片？请结合材料简要分析</td><td colspan="4"></td></tr>
<tr><td colspan="2">港珠澳大桥的科技含量有多高</td><td colspan="4"></td></tr>
<tr><td>学号</td><td></td><td>姓名</td><td></td><td>时间</td><td>年　月　日</td></tr>
</table>

任务单：公路运输自我介绍

<table>
<tr><td colspan="6">任务描述：根据公路运输相关知识，为公路运输做自我介绍</td></tr>
<tr><td colspan="2">姓名</td><td colspan="4"></td></tr>
<tr><td colspan="2">家族成员</td><td colspan="4"></td></tr>
<tr><td colspan="2">优势</td><td colspan="4"></td></tr>
<tr><td colspan="2">缺点</td><td colspan="4"></td></tr>
<tr><td colspan="2">适用领域</td><td colspan="4"></td></tr>
<tr><td colspan="2">运输经济半径</td><td colspan="4"></td></tr>
<tr><td>学号</td><td></td><td>姓名</td><td></td><td>时间</td><td>年　月　日</td></tr>
</table>

2）铁路运输

铁路运输是指在铁路上把车辆编组成列车载运货物的另一种陆上运输方式，它是现代最重要的货物运输方式之一。铁路运输主要承担长距离、大批量的长途货运，在没有水运条件的地区，几乎所有大批量的货物运输都是依靠铁路进行运输的。在我国，每年有50%左右的货物运输由铁路运输完成。铁路运输是干线运输中起主力作用的重要运输方式。

铁路运输作为陆上的运输方式，从技术性能上看，其优点是运送速度快、货物运输能力强、运输连续性强，一般受自然条件限制较少，保证全年运行，几乎可以运输各种货物。从主要经济技术指标上看，运输成本较低。我国铁路运输成本比沿海航运和长江干线高一些，但比汽车运输和航空运输低得多。铁路运输成本为汽车运输成本的1/17~1/10，为航空运输成本的1/267~1/97。铁路能耗也较低，我国铁路运输每千吨・千米耗标准燃煤5.61 kg，稍高于水运，但只有汽车能耗的1/5~1/3。因此，铁路运输最适宜承担中、长距离，且运输量大的货运任务。

铁路运输的缺点是投资多、耗用金属量大。我国修建单线铁路千米造价为100万元~300万元，复线造价更高；每千米耗钢轨和零件为150~200 t；建设周期长，一条干线要建设5~8年。铁路运输由于受车站位置的限制，不能实现“门到门”运输，这使铁路运输的灵活性小于公路运输。

我国幅员辽阔，资源地区分布不均衡，能源、钢铁、化工等资源集中在华北、西南、东北和西北地区，而加工工业多集中在沿海和东北地区，大量的大宗长距离货物运输要由铁路承担。无疑，铁路运输在我国物流运输中占有重要地位。

任务单：铁路运输自我介绍

<table>
<tr><td colspan="6">任务描述：根据铁路运输相关知识，为铁路运输做自我介绍</td></tr>
<tr><td colspan="2">姓名</td><td colspan="4"></td></tr>
<tr><td colspan="2">家族成员</td><td colspan="4"></td></tr>
<tr><td colspan="2">优势</td><td colspan="4"></td></tr>
<tr><td colspan="2">缺点</td><td colspan="4"></td></tr>
<tr><td colspan="2">适用领域</td><td colspan="4"></td></tr>
<tr><td colspan="2">运输经济半径</td><td colspan="4"></td></tr>
<tr><td>学号</td><td></td><td>姓名</td><td></td><td>时间</td><td>年　月　日</td></tr>
</table>

3）水路运输

水路运输由船舶、航道和港口所组成，它是一种历史悠久的运输方式，也称为船舶运输。水路运输主要用于长距离、低价值、高密度，便于用机械设备装卸、搬运的货物运输。

水路运输的主要优点：水路运输的运能较大，运距较远，单位商品的运费也相对较低，最大的优点就是成本低廉。当运输散装原材料的时候，可以运用专用的船只来进行，因而运输效率比较高。因为水路运输的运载量比较大，所以它的劳动生产率也比较高。

水路运输的主要缺点：水路运输的运输速度比较慢，它在所有的运输方式中速度是最慢的，一般来说，水路运输要比铁路运输慢 50% ~ 70%；行船和装卸作业受天气的制约，运输计划很容易被打乱；水路运输所运输的货品必须在码头依靠装卸，相当费时、费成本，而且无法完成“门到门”的服务。

任务单：水路运输自我介绍

<table>
<tr><td colspan="6">任务描述：根据水路运输相关知识，为水路运输做自我介绍</td></tr>
<tr><td colspan="2">姓名</td><td colspan="4"></td></tr>
<tr><td colspan="2">家族成员</td><td colspan="4"></td></tr>
<tr><td colspan="2">优势</td><td colspan="4"></td></tr>
<tr><td colspan="2">缺点</td><td colspan="4"></td></tr>
<tr><td colspan="2">适用领域</td><td colspan="4"></td></tr>
<tr><td colspan="2">运输经济半径</td><td colspan="4"></td></tr>
<tr><td>学号</td><td></td><td>姓名</td><td></td><td>时间</td><td>年　月　日</td></tr>
</table>

4）航空运输

对于国际货物的运输，航空运输已经成为一种常用的运输方式。

航空运输最大的优点是运输的速度非常快，因此，当被运输的货物属于客户急需的物质或者易腐烂、易变质的货物时，都可以考虑采用航空运输。用飞机运输货物时，在运输途中对于货物的振动和冲击比较少，所以，被运输的货物只需要简单的包装即可，可以节省包装的费用。

航空运输的适用范围也有局限性。首先，航空运输的费用非常高，在美国，按平均每吨货物每英里（1 英里 =1.069 千米）的运价计算，航空运输的运费是铁路运输的 12~15 倍，是公路运输的 2~3 倍。其次，航空运输除了靠近机场的城市以外，对于其他地区也不太适用，必须要结合公路运输来弥补这部分的不足。而且，恶劣的天气情况可能也会对航空运输造成极大的影响，影响航空运输及时性的实现。

任务单：航空运输自我介绍

<table>
<tr><td colspan="6">任务描述：根据航空运输相关知识，为航空运输做自我介绍</td></tr>
<tr><td>姓名</td><td colspan="5"></td></tr>
<tr><td>家族成员</td><td colspan="5"></td></tr>
<tr><td>优势</td><td colspan="5"></td></tr>
<tr><td>缺点</td><td colspan="5"></td></tr>
<tr><td>适用领域</td><td colspan="5"></td></tr>
<tr><td>运输经济半径</td><td colspan="5"></td></tr>
<tr><td>学号</td><td></td><td>姓名</td><td></td><td>时间</td><td>年　月　日</td></tr>
</table>

5）管道运输

利用管道运输的物品都是一些流体的能源物质，如原油、天然气及成品油等。管道运输的一大优势就是成本低廉，而且管道运输受天气情况的影响非常小，可长期稳定地使用，安全性较高。但管道运输存在很多局限性，这种运输方式不灵活，只有接近管道的用户才能够使用；管道运输只能够用来运输液态或气态的产品，不能够用来运输固态的产品，使其运输的适用性受到一定的影响。另外，管道运输的速度也比较慢。

任务单：管道运输自我介绍

<table>
<tr><td colspan="6">任务描述：根据管道运输相关知识，为管道运输做自我介绍</td></tr>
<tr><td colspan="2">姓名</td><td colspan="4"></td></tr>
<tr><td colspan="2">家族成员</td><td colspan="4"></td></tr>
<tr><td colspan="2">优势</td><td colspan="4"></td></tr>
<tr><td colspan="2">缺点</td><td colspan="4"></td></tr>
<tr><td colspan="2">适用领域</td><td colspan="4"></td></tr>
<tr><td colspan="2">运输经济半径</td><td colspan="4"></td></tr>
<tr><td>学号</td><td></td><td>姓名</td><td></td><td>时间</td><td>年　月　日</td></tr>
</table>

2. 运输家族大比拼

1）送达速度

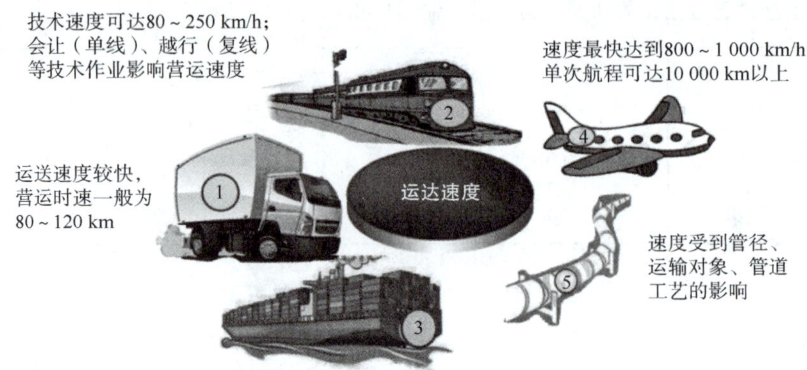

按照速度快慢对运输方式排序：________________________

2）运输能力

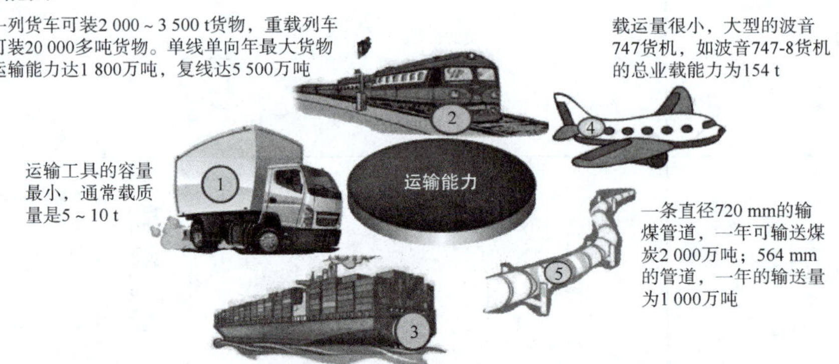

按照运输能力大小对运输方式排序：________________________

3）运输成本

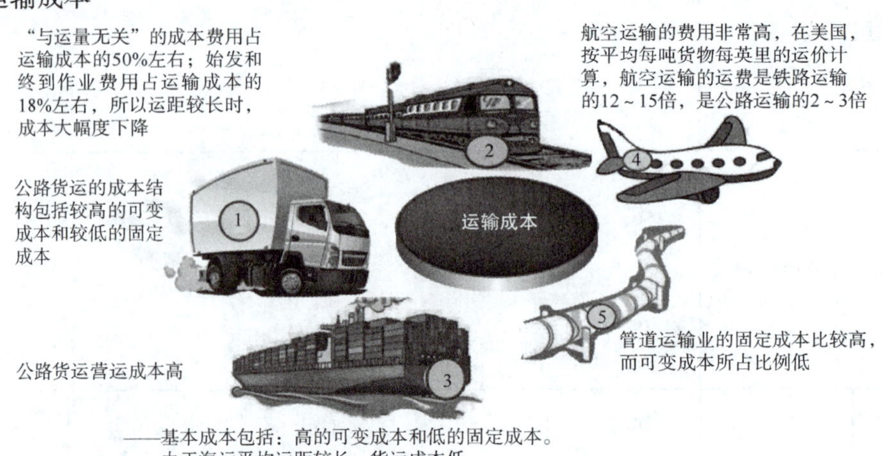

按照运输成本高低对运输方式排序运输方式排序：________________

4）运输灵活性

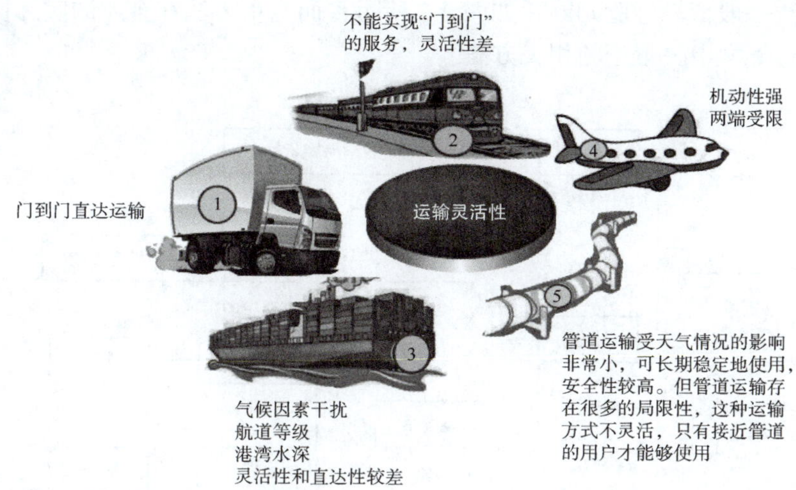

按照运输灵活性对运输方式排序：________________

5）运输安全性

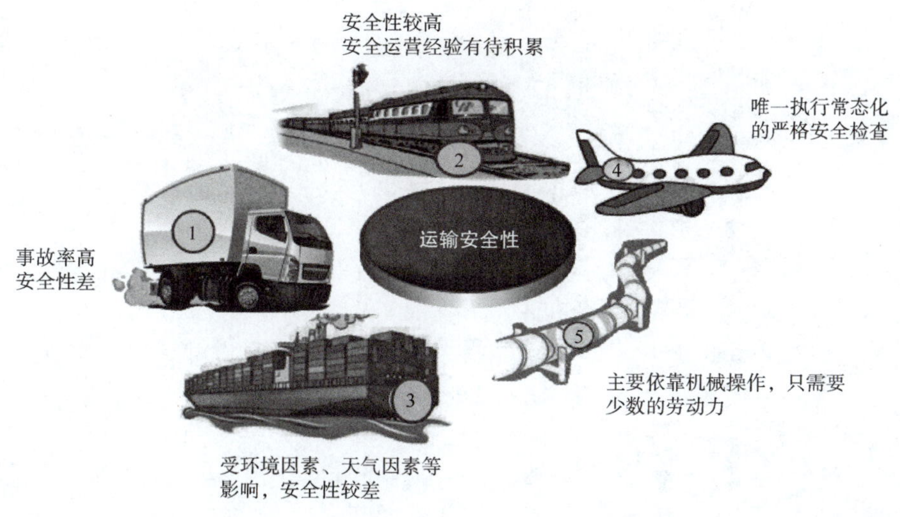

按照运输安全性高低对运输方式排序：________________

3. 选择运输方式

运输方式的选择包括单一运输方式和联运运输方式，通常应满足运输的基本要求，即经济性、迅速性、安全性和便利性。

实际运用当中，公路、铁路、水路、航空和管道运输五种基本运输方式各有优缺点，影响运输方式选择的因素包括货物特性、运输批量、运输距离、运输时间和运输成本等，所以企业在选择运输方式时，可以根据运输环境、运输服务的目标以及其他多方面的要求，运用定性与定量相结合的方法进行综合比较和分析，选择最为合理的运输方式或运输方式组合。定性方法一般依靠经验判断，如图 4-2 所示；而定量方法在企业的实际操作中并不多用，可以采用运筹学中决策论的相关方法。

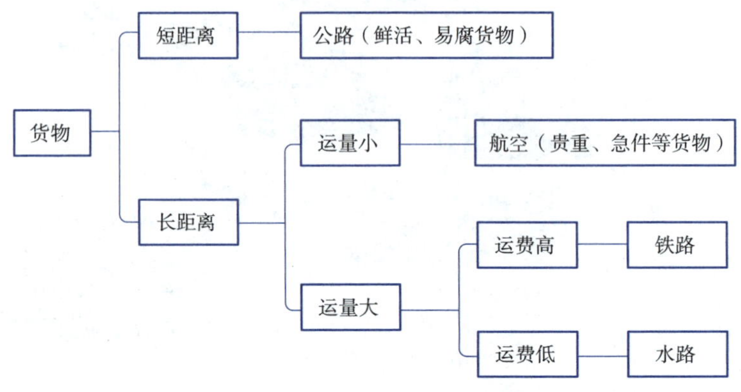

图 4-2　选择运输方式的定性分析

任务测评：

假如你是物流公司的运输管理员，要从客户利益出发，考虑不同运输方式的优缺点和适用范围，为客户选择合理的运输方式和运输路线，并说明理由。

1. 运输方式对比：不难看出五种运输方式各自的一些优缺点，请用定性描述的语言对五种运输方式进行对比分析。

运输方式	速度	运量	运价	适合货物的特点	优点	缺点
航空运输						
水路运输						
公路运输						
铁路运输						
管道运输						

2. 泰国香米 3 000 t，从深圳运到哈尔滨。

3. 珍珠 1 000 粒，从上海运到北京。

4. 从运输重庆 5 万吨机器配件到上海。

5. 从黑龙江林区运输木材 10 万方到广州。

6. 0.4 t 新鲜荔枝（易腐烂）从深圳运到长春。

项目五　物流仓配作业

知识结构图：

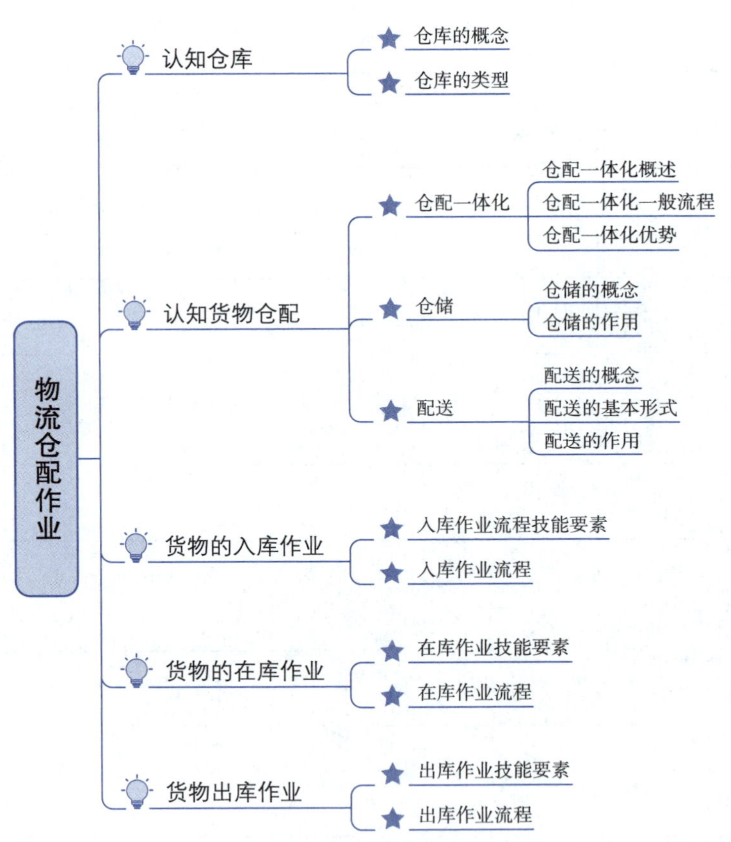

任务一　认知仓库

任务目标：

（1）了解仓库的概念；
（2）掌握仓库的分类。

任务学习：

在物流系统的合理化中，仓储占有极其重要地位。仓储费用占物流总费用的较大一部分。因此，仓储合理化是物流系统合理化的关键，仓储行为到底发生在什么场所，这些场所又起到什么关键作用？如何选择恰当的场所是仓储合理化的关键。

任务分析：

该任务主要通过了解仓库的基本概念及分类，能够在掌握仓库分类的基础上，选择恰当的仓库来从事相应的仓储活动，以降低物流成本。

任务操作：

1．了解仓库的概念

在国家标准《物流术语》（GB/T 18354—2021）中，对仓库的定义是：用于储存、保管物品的建筑物和场所的总称。仓库的概念可以理解为用来存放货物，包括商品、生产资料、工具和其他财产，及对其数量和价值进行保管的场所或建筑物等设施，还包括用于防止减少或损伤货物而进行作业的土地或水面。从社会经济活动看，无论生产领域，还是流通领域都离不开仓库。

仓库一般指以库房、货场及其他设施、装置为劳动手段的，对商品、货物、物资进行收进、整理、保管和分发等工作场所，在工业中则是指储存各种生产需要的原材料、零部件、设备、机具和半成品、产品的场所。

2．仓库的类型

仓库从不同的角度可以有不同的分类。例如，可以按仓库的功能进行分类、按仓库的用途进行分类、按保管货物的特性进行分类、按仓库的隶属关系进行分类、按仓库的构造进行分类等。

任务单：了解仓库的相关概述

<table>
<tr><td colspan="7">任务描述：通过对课程任务的了解与分析，了解仓库的分类与作用，明确仓库的合理应用。通过对本任务的学习完成下列问题</td></tr>
<tr><td colspan="7">1. 按照不同的标准，仓库可以分为哪些种类，每种仓库有什么用途？</td></tr>
<tr><td colspan="2">标　准</td><td colspan="3">种　类</td><td colspan="2">用　途</td></tr>
<tr><td colspan="2"></td><td colspan="3"></td><td colspan="2"></td></tr>
<tr><td colspan="2"></td><td colspan="3"></td><td colspan="2"></td></tr>
<tr><td colspan="2"></td><td colspan="3"></td><td colspan="2"></td></tr>
<tr><td colspan="2"></td><td colspan="3"></td><td colspan="2"></td></tr>
<tr><td colspan="2"></td><td colspan="3"></td><td colspan="2"></td></tr>
<tr><td colspan="2"></td><td colspan="3"></td><td colspan="2"></td></tr>
<tr><td colspan="7">2. 利用咨询的方式分析仓库合理应用的原则是什么。</td></tr>
<tr><td colspan="7"></td></tr>
<tr><td>学号</td><td></td><td>姓名</td><td></td><td>时间</td><td colspan="2">年　月　日</td></tr>
</table>

1）按照仓库的功能分类

（1）周转仓库。周转仓库（见图 5-1）的主要功能是物资周转，主要用于暂时存放待加工、待销售、带运输的物资，包括生产仓库、中转仓库、加工仓库等。这种仓库储存货物时间短，主要追求周转效益，为生产、流通或运输服务。

图 5-1　周转仓库

（2）储备仓库。储备仓库（见图 5-2）主要指专门长期存放各种储备物资，以保证完成各项储备任务的仓库，如战略物资储备、季节物资储备、流通调节储备等。其功能是较长时间储存保管。

图 5-2　储备仓库

2）按照仓库的隶属关系分类

（1）自营仓库（见图 5-3）。在国家标准《物流术语》（GB/T 18354—2021）中对自营仓库的定义是：由企业或各类组织自主经营和自行管理，为自身的物品提供储存和保管的仓库。

图 5-3　自用仓库

（2）营业性仓库。营业性仓库（见图 5-4）是按照相关管理条例的许可和企业经营需要，向其他一般企业提供保管加工服务的仓库。它是面向社会、以经营为手段、以营利为目的的仓库。与自由仓库相比，营业仓库的使用效率较高。第三方物流企业所建的仓库属于营业仓库。

图 5-4 营业性仓库

（3）公共仓库（见图 5-5）。在国家标准《物流术语》（GB/T 18324—2021）中，对公共仓库的定义是：面向社会提供物品储存服务，并收取费用的仓库。国家和公共团体为了公共利益而建设的仓库。这是一种专业从事仓储经营管理的、面向社会的、独立于与其他企业的仓库。

图 5-5 公共仓库

3）按照保管条件分类

（1）普通仓库。普通仓库（见图 5-6）一般是指具有常温保管、自然通风、无特殊功能的仓库，可用于存放一般性无特殊保管要求的物品。

图 5-6　普通仓库

（2）恒温仓库。恒温仓库（见图 5-7）是指具有保持一定温度和湿度功能的仓库，主要用于存储对储藏温度和湿度有要求的物品。

图 5-7　恒温仓库

（3）冷藏仓库。冷藏仓库（见图 5-8）指具有制冷设备，并有良好的保温隔热性能以保持较低温度的仓库，是专门用于储存需要进行冷藏物品的仓库，一般多用于对特殊药品、农副产品等对温度有特殊要求的物品。

图 5-8　冷藏仓库

（4）危险品仓库。危险品仓库（见图 5-9）主要是指存放具有易燃易爆、腐蚀性、有毒性和放射性等对人体或建筑物有一定危险的物资的仓库。

图 5-9 危险品仓库

4）按照仓库的构造进行分类

（1）单层仓库。单层仓库是最常见的，也是使用最为广泛的一种仓库建筑类型，这种仓库只有一层，这种仓库不需要设置楼梯。

（2）多层仓库。多层仓库一般占地面积较小，他一般建在人口稠密、土地价格较高的地区。由于是多层结构，因此它一般使用垂直输送设备来搬运货物。使用多层仓库的维护费用较大，商品的存放成本一般较高。

（3）立体仓库（见图 5-10）。在国家标准《物流术语》（GB/T 18354—2021）中，对立体仓库的定义是：采用高层货架，可借助机械化或自动化等手段立体储存物品的仓库。它是由高层货架、巷道堆垛起重机、入出库输送机系统、自动化控制系统、计算机仓储管理系统及周边设备组成，可对集装单元物品实现机械化自动存取和控制作业的仓库。

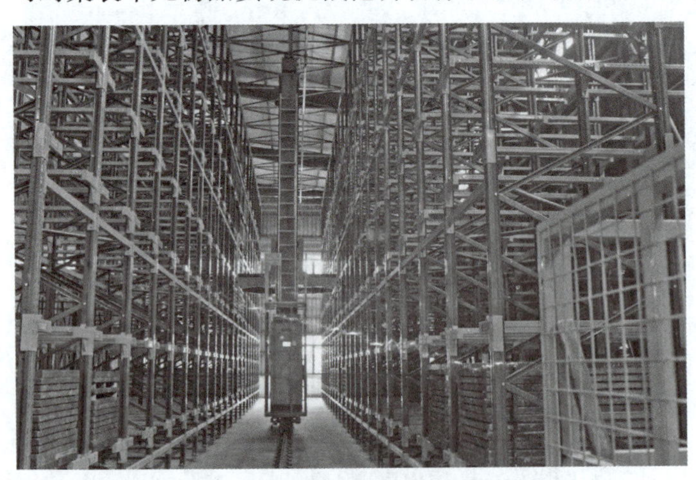

图 5-10 立体仓库

（4）筒仓。筒仓（见图 5-11）是用于存放散装的小颗粒或粉末状货物的封闭式仓库，经常用于存储粮食、水泥等。

图 5-11　筒仓

（5）露天堆场。露天堆场（见图 5-12）是用于在露天堆放货物的场所，一般堆放大宗原材料，或不怕受潮的货物。

图 5-12　露天堆场

任务测评：

1. 战略物资储备、季节物资储备、流通调节储备三者之间的区别是什么？
2. 对果蔬进行储存时，应该如何选择库房？

任务二　认知货物仓配

任务目标：

（1）了解仓储与配送的概念、特点；
（2）掌握仓配一体化服务的优势；
（3）掌握仓储合理化的方法以及配送的形式和作用。

任务学习：

2014 年，鞋服类电商的仓配面临巨大的转型升级挑战。打造快速响应的物流供应链体系成为鞋服类品牌的管理中心。行业数据显示，2013 年鞋服类线上销售额占到了电商销售总额的 35% 左右。在 2014 年有必要对鞋服类物流供应链升级进行研究分析。以知名品牌 A 鞋业为例，2013 年双十一，A 自有仓配 3 天完成了两万订单。2014 年 6 月 26 日，A 鞋业采用的第三方精益仓配 3 小时完成了 6 万订单的处理。它是如何实现半年时间将订单处理能力提升 72 倍的？

1. A 鞋业 2013 年双十一仓配模式：3 天处理两万订单

A 鞋业采用的是传统的配送模式：客户下单、订单处理、传统仓储系统指导作业、快递配送。看似快速反应，实则出现很多问题。

（1）因大量订单给企业员工带来巨大的工作压力，聘用了大量的临时工影响配送中心作业效率。

（2）大量临时工的加入，订单预处理操作问题频现，预包装出现问题，整体拣货速度下降、准确率降低，库存准确率降低。

（3）快递企业经过揽件—汇集—汇集—分拨等操作，多次分拨派送增加货损概率，影响客户体验，货物大量积压，派送延缓。

2. A 鞋业采用第三方仓配模式：3 小时 6 万订单

A 鞋业为更好地应对 2014 年的线上销售发展情况，选择国内首家全自动电商仓配中心联网仓为合作伙伴，订单系统与其订单处理中心连接，直接发货到快递分拣中心，分拣中心完成货物的直接分拨，较高效率地完成配送。其原因如下：

（1）第三方仓配的专业性；
（2）傻瓜式经营理念；
（3）差异性服务；
（4）规模化又是降低成本。

任务分析：

该任务需要了解仓配的相关概念、作用，掌握仓配一体化服务的优势，并能够结合实际情况准确判断出不合理的仓储活动，能够根据实际情况做出合理的仓储管理方式，同时掌握配送的方式与仓配作用。

任务操作：

1．仓配一体化

1）仓配一体化概述

仓储配送一体化顾名思义就是“仓储＋配送”的整合，就是指能为客户提供仓储、运输、配送、包装；为商贸流通企业、生产企业等提供一体化的供应链解决方案和整体物流服务，帮助企业、客户降低物流成本，解除后顾之忧的一种新的配送模式，区别于单纯的仓储、运输、配送。

由于仓储需要大面积场地与专业化操作，配送又需要全面地网络覆盖与大量运输工具，造成仓储与配送的成本居高不下。通过仓配一体化可以简化商品流通过程中的物流环节，缩短配送周期，提高物流效率，存进整个业务流程无缝对接，实现货物的实时追踪与定位，以降低仓储及运输成本、减少销售机会的流失、提升客户购买体验为目的，通过整合、优化仓储及配送，与合作伙伴强强联合，共同完善电子商务供应链。

任务单：货物仓配的了解

<table>
<tr><td colspan="6">任务描述：通过阅读案例，试分析仓配管理在企业发展过程中发挥了怎样的作用，回答下述问题</td></tr>
<tr><td colspan="6">1. ** 鞋业在企业发展过程中，做出了什么样的决策促进了企业的快速发展？</td></tr>
<tr><td colspan="6"></td></tr>
<tr><td colspan="6">2. 物流仓配在 ** 鞋业发展过程中是如何推动企业发展的？</td></tr>
<tr><td colspan="6"></td></tr>
<tr><td colspan="6">3. 试分析物流仓配的作用是什么。</td></tr>
<tr><td colspan="6"></td></tr>
<tr><td>学号</td><td></td><td>姓名</td><td></td><td>时间</td><td>年　月　日</td></tr>
</table>

2）仓配一体化一般流程

（1）仓储端：订单采购，入库通知，收货暂存，质检装箱，移库或上架。

（2）生产端：生产订单，备货调度，拣货，二次分拣，拆包复核，贴标称重，出库装车。

（3）配送端：干线运输，配货分拨中心，二次运输，二次配货分拨中心，运输配送站点，配送签收。

这是标准仓储配送一体化流程，当然还有一些其他流程，比如逆反物流，二次生产等。

3）仓配一体化的优势

（1）全供应链管理，多渠道仓配，库存共享。

（2）软硬件设施采购优化迭代维护，安全稳定持续订单生产。

（3）规模化效应摊薄并降低生产成本，专业运营管理提高仓储物流效率。

（4）仓库布局规划；出入库、货品摆放、仓库管理的规制；仓储 / 配送 / 人员的绩效考评；拣货分货、货流线路优化等。

（5）统仓统配结合众多品牌商或经销商基于商品分类、高频低频组合、订单数量、配送网点密度、业务管理流程等功能实现统一管理模式。

（6）仓配一体服务可以为顾客提供更多、更周到的服务，加强企业的市场感召力。

2. 仓储

1）仓储的概念

在国家标准《物流术语》（GB/T 18354—2021）中，对仓储的定义是：利用仓库及相关设施设备进行物品的入库、储存、出库的活动。仓储物流活动中两大基本活动之一，在物流管理活动中具有相当重要的地位。在仓储管理活动中，可以将“仓”和“储”有机地结合起来形成强大的功能，为物流管理活动起到支撑作用。“仓”也称为仓库（Warehouse)，为存放保管、储存货物的建筑物和场地的总称，具有存放和保护货物的功能；“储”也称为储存（Storing)，表示将储存对象收存以备使用，具有收存、保护、管理、储藏货物并交付使用的作用。“仓储”则为利用仓库存放、储存和管理未即时使用的货物的行为。仓储的对象可以是生产资料，也可以是生活资料，但必须是实物动产（见图 5-13）。

图 5-13　仓储组图

仓储具有静态和动态两种：当产品不能被及时消耗掉，需要专门场所存放时，产生了静态的仓储，此时把它形象地比喻为蓄水池或水库，目前长期储备型仓库（如粮库）主要还是发挥着蓄水池的作用；而将货物存入仓库并进行保管、控制以及提供使用等管理活动时，就成了动态的仓储，可形象地把它比喻为“河流”。现代意义的流通型仓库不再只具备仓储的保管职能，库存的“流速”已成为评价仓库职能的重要指标，仓库是“河流”而不再是“水库”或“蓄水池”。

2）仓储的作用

随着现代物流学的发展，商品储存作为物流系统的重要组成部分，越来越被众多的学者与物流业者所重视，它在物流的整个过程中发挥着越来越重要的作用。仓储从传统的物质存储、流通中心，发展成为物流的节点，作为物流管理的核心环节而存在并发挥着整体物流协调的作用，有效发挥作用会使整个物流系统获得更大的效益，但如果没有对仓储有效地管理和利用将会起到副作用。因此，仓储具有“两面性”，其作用也包括积极作用和消极作用。

（1）积极作用，包括以下几点：

① 创造时间效用。仓储是保持物资原有使用价值的重要手段，即仓储具有产品价值保存的作用。仓储最基本的功能是储存和保管，通过对物品进行合理的储存和保管，保持物品的原有使用价值，创造了物流的时间效用。

② 整合与分拨（见图 5-14）。仓储的整合作用体现在仓库将来自不同制造工厂指定送往某一特定顾客的材料或产品，整合成一个单元，进行一票装运；由于运输的费用率随着运量的增大而减少，因此尽可能大批量地运输是节省运费的有效手段。将连续不断产出的产品集中成大批量提交运输，或者将众多供货商所提供的产品整合成单一的一票运输的运输整合，这就需要通过仓储来进行。通过整合不仅可实现大批量提交运输，还可以通过比重组合、轻重搭配，实现运输工具空间的充分利用。分拨作用则是根据订单的需求将某一个或多个供应商的货品为满足多个客户要求从仓库中进行分拨拣选分别送货的过程，以提高物流的作业效率。

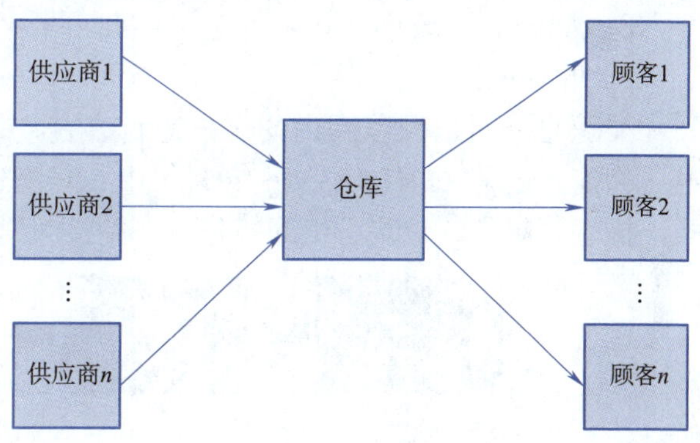

图5-14　整合与分拨

③ 平衡生产。平衡生产也就是平衡供需关系，是指通过仓储的时间调整来满足生产与销售的平衡需要，简单地说就是消除生产和消费的时间差别。原材料供应延迟及偶发事件都会影响制成品的生产及物流配送，仓储则可以有效地防止货物短缺或供应中断。而且众多的产品具有季节性销售的特性，在销售高峰前才组织大批生产显然不仅不经济而且不可能。例如，冬天需要的羽绒服，只有通过一定时间持续地经营生产，将产品通过仓储的方式储存，在销售旺季集中向市场供货，并通过仓储点的合理分布，才能实现及时向所有市场供货。同样，也有部分集中生产而常年销售的产品，也需要通过仓储的方式稳定持续地向市场供货。例如，秋天收获的粮食经过储存来维持全年市场消费的均衡需要。对于一般商品、生产原材料，适量地进行安全储备是保证生产稳定进行和促进销售的重要手段，也是对抗偶发事件（如交通堵塞、发生不可抗力、意外事故等）对物流产生破坏的重要应急手段。

④ 存货控制。存货控制就是对仓储中的商品存量按市场规律进行控制，仓储物数量的变化可以反映出市场对该物品的需求情况。仓储量减少，周转量加大，表明社会需求旺盛；反之则为需求不足。厂家存货增加，表明其产品需求减少或者竞争力降低，或者生产规模不合适。仓储存货控制包括存量控制、仓储点的安排、补充控制、出货安排等工作。

（2）消极作用。包括以下几点：

① 增加费用的支出。可以说除了在现场装配的大型设备、建筑外，绝大多数通用产品的现代生产很难做到完全无存货，有存货就意味着资金的占用和运转停滞、造成资金成本增加、保管费用增加，因为存在仓储，企业就要在仓库建设、管理、仓库工作人员工资及福利等方面支出大量费用。商品储存的各项费用支出是降低企业效益的因素之一。

② 产生机会损失。储存的物资并非流动物资，所以涉及资金的占用。如果这些资金及利息被用于其他方面或许有更高的收益。所以，导致机会损失可能性很大。据有关资料统计，在企业运营中，储存占用的费用达到 40%~70% 的高比例。在非常时期，有的企业库存竟然占用了全部流动资金，使企业无法正常运行，有些经济学家和企业家将储存看成是“洪水猛兽”。

③ 不当的储存会产生陈旧损坏与跌价损失。货物在库存期间可能发生各种物理、化学、生物、机械等损失，严重者会失去全部价值，随着储存时间的增加，存货逐渐陈旧变质，一旦错过有利的销售期，又不可避免的会引起货物贬值或跌价损失。例如，最典型的就属电子产品，由于更新换代特别快，过多的库存就会因新产品的出现导致原有库存急速贬值。

3．配送

1）配送概述

配送是指对局域范围内的客户进行多客户、多品种、按时联合送货的活动。在国家标准《物流术语》（GB/T 18354—2021）中，对配送的定义是：“根据客户要求，对物品进行分类、拣选、集货、包装、组配等作业，并按时送达指定地点的物流活动。”，如图 5-15 所示。

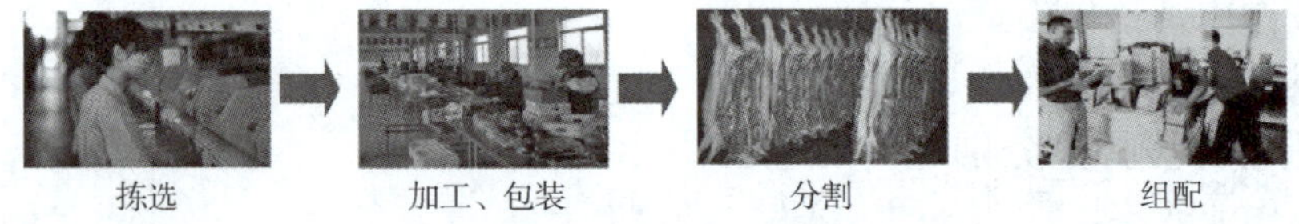

图 5-15　配送作业过程

配送的实质是从物流节点到用户的一种特殊送货形式，他区别于一般的送货，配送是一种有确定组织、确定渠道，有一套装备和管理力量、技术力量，有一套制度的体制形式，是“配”与“送”的有机结合，通过“合理的配”实现物流管理中“低成本、快速度”地“送”。

配送包含了某一段的装卸、包装、流通加工、保管、运输等活动，但又不是这些活动的全部或全过程。因此，配送不能简单地等同于运输或者其他物流功能的全部，它应是运输与其他活动共同构成的结合体。配送的本质一定是根据客户的要求，在物流据点内，如仓库、配送中心等，进行分拣、加工、配货等工作，并将配好的货物适时地送交收货人的过程。

2）配送的基本形式

从物流服务提供者的角度来看，物流公司可以管理整个流通过程，也可以选择几项活动，如库存管理、配送服务、加工服务等多种物流服务项目。物流公司与生产企业或者商业企业之间是动态的联盟、长期稳定的合作关系，它可以根据客户要求提供个性化的物流服务。从物流公司对外提供物流服务的运作方式来讲其配送的基本形式如图 5-16 所示。

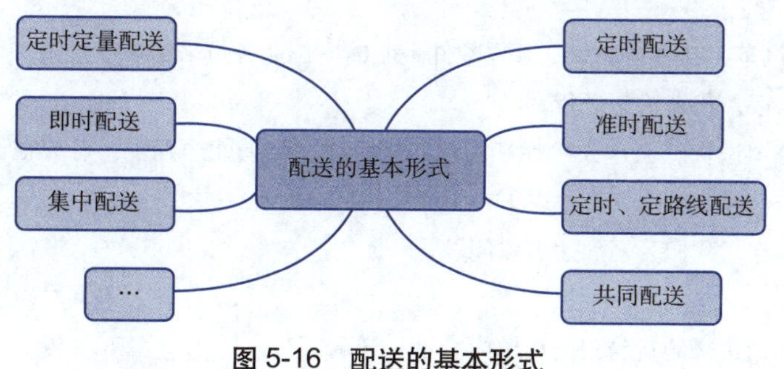

图 5-16　配送的基本形式

3）配送的作用

（1）推行配送有利于物流运动实现合理化。配送不仅能促进物流的专业化、社会化发展，还能以其特有的运动形态和优势调整流通结构，促使物流活动向“规模经济”发展。从组织形态上看，它是以集中完善的送货取代分散的、单一的取货。在资源配置上看，则是以专业组织的集中库存代替社会上的零散库存，衔接了产需关系，打破了流通分割和封锁的格局，很好地满足社会化大生产的发展需要，有利于实现物流社会化和合理化。

（2）完善了运输和整个物流系统。配送环节处于支线运输，灵活性、适应性、服务性都比较强，能将支线运输与小规模搬运统一起来，使运输过程得以优化和完善。

（3）提高了末端物流的效益。采取配送方式是通过增大经济批量来达到经济的进货。它采取将各种商品配齐集中起来向用户发货和将多个用户小批量商品集中在一起进行发货等方式，以提高末端物流的经济效益。

（4）通过集中库存使企业实现低库存或零库存。实现了高水平配送之后，尤其是采取准时制配送方式之后，生产企业可以完全依靠配送中心的准时制配送而不需要保持自己的库存。或者生产企业只需保持少量保险储备而不必留有经常储备，这就可以实现生产企业多年追求的“零库存”，将企业从库存的压力中解脱出来，同时解放出大量储备资金，从而改善企业的财务状况。实行集中库存，集中库存总量远低于不实行集中库存时各企业分散库存之总量；同时，加了调节能力，也提高了社会经济效益。此外，采用集中库存可利用规模经济的优势，使单位存货成本下降。

（5）简化事务，方便用户。采用配送方式，用户只需要从配送中心一处订购就能达到向多处采购的目的，需要组织对一个配送单位的接货便可替代现有的高频率接货，从而大大减轻了用户工作量和负担，也节省了订货、接货等的一系列费用开支。

（6）提高供应保证程度。生产企业自己保持库存、维持生产，供应保证程度很难提高。采取配送方式，配送中心可以比任何企业的储备量更大，因而对每个企业而言中断供应、影响生产的风险便相对缩小，使企业免去短缺之忧。

（7）配送为电子商务的发展提供了基础和支持。电子商务的发展近几年非常迅猛，但是电子商务的交易完成必须要有高质量、快捷的配送作业相配合，才能够完成实物交易。如果没有配送作业，尤其是现代快递业务，电子商务不可能发挥其方便快捷的优势。

任务测评：

1. 案例分析（一）

在一家街头的汽车美容零售店里，某零配件企业的一位业务员来给店里送货。

业务员："张老板，我来给您送货。"

店主："你们公司送货怎么这么慢呢？我订的货应该在昨天就送到了！可现在你才来，你看，我的客户都跑掉了！"

业务员："对不起，我们公司那边有点问题。"

店主清点货物。

店主："怎么你们送来的货与我的订单内容不一样啊？"

业务员："是吗？"

店主："这个产品不对，我要的是新凯越的雨刷，你送的是君威的，这个产品的数量也不对，我要 30 副，你们只拿来了 20 副！真是乱七八糟的！像你们这样送货，客户全都得跑光了。产品不对！时间不对！我要退货，真是受不了你们，我不会再和你们打交道了！"

试分析一下店主为何抱怨。你认为如何做才能让店主满意？

____

____

____

____

2. 案例分析（二）

台塑创始人王永庆卖米的故事。

王永庆 15 岁小学毕业后，到一家小米店做学徒。第二年，他用父亲借来的 200 元钱做本金自己开了一家小米店。为了和隔壁那家日本米店竞争，王永庆颇费了一番心思。

当时大米加工技术比较落后，出售的大米里混杂着米糠、沙粒、小石头等，买卖双方都是见怪不怪。王永庆则多了一个心眼，每次卖米前都把米中的杂物拣干净，这一额外的服务深受顾客欢迎。

王永庆卖米多是送米上门，他在一个本子上详细记录了顾客家有多少人、一个月吃多少米、何时发薪等。算算顾客的米该吃完了，就送米上门；等到顾客发薪的日子，再上门收取米款。

他给顾客送米时，并非送到就算。他先帮人家将米倒进米缸里。如果米缸里还有米，他就将旧米倒出来，将米缸刷干净，然后将新米倒进去，将旧米放在上层。这样，米就不至于因陈放过久而变质。他这个小小的举动令不少顾客深受感动，铁了心专买他的米。

就这样，他的生意越来越好。从这家小米店起步，王永庆最终成为今日台湾工业界的"龙头老大"。后来，他谈到开米店的经历时，不无感慨地说："虽然当时谈不上什么管理知识，但是为了服务顾客做好生意，就认为有必要掌握顾客需要"。

试分析王永庆能将生意做到这种境界，他能够成功的关键是什么？

____

____

____

____

任务三　货物的入库作业

任务目标：

（1）掌握商品入库的流程。

（2）了解入库验收的基本要求，明确一批货物的处理方法。

任务学习：

2021年1月15日，B物流公司客服部收到了A食品有限公司采购部张经理发来的传真，称A食品有限公司将有一批货物需要入库，请贵公司做好入库准备，传真内容如表5-1所示。

表5-1　入库通知单

某物流公司：

我公司现有一批食品委托C运输公司运送至贵公司进行储存，请安排接收，具体产品如下：

编　号	货　号	商品名称	单　位	入库（箱）	包装材料	备　注
1	6904743919224	薯片	箱	96	纸箱	
2	6904743919231	薯条	箱	27	纸箱	
3	6904743919242	爆米花	箱	27	纸箱	
4	6904743919263	威化	箱	40	纸箱	

在进行商品入库时，将按照入库流程完成货物的入库操作。假如你是B物流公司仓库主管，当此批货物到达仓库时，该如何办理入库业务？

任务分析：

通过对该任务的分析，了解入库作业的流程，能够在入库前做好入库准备工作、入库中做好货品的入库操作，并能够根据实际情况完成入库作业工作。同时，掌握入库前对货品的验收，遇到异常问题能够进行合理的处理。

任务操作：

1．了解入库作业流程技能要素

入库作业处理流程技能要素如图5-17所示。

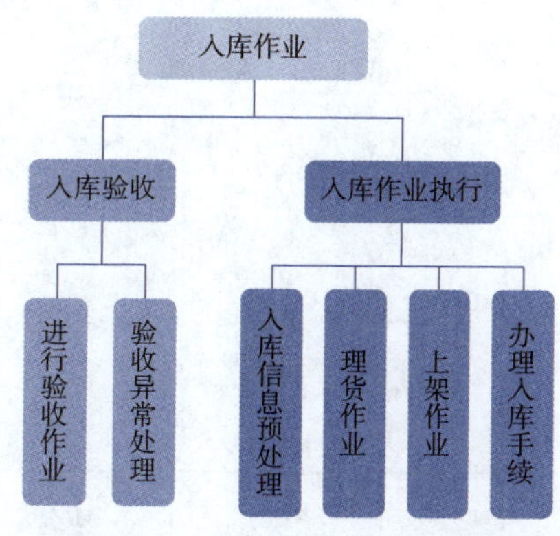

图5-17　入库作业流程技能要素

任务单：货物的入库作业

<table>
<tr><td colspan="6">任务描述：根据案例提供内容，如果你是负责仓库管理人员，按照相关要求你想如何完成相应工作？试回答下述问题</td></tr>
<tr><td colspan="6">问题 1：结合案例，试分析如何办理入库业务？具体的流程是什么？</td></tr>
<tr><td colspan="6"></td></tr>
<tr><td colspan="6">问题 2：在完成具体操作过程中应该注意哪些问题？养成哪些习惯？</td></tr>
<tr><td colspan="6"></td></tr>
<tr><td colspan="6">问题 3：在完成相应作业任务时，应遵守哪些规范？</td></tr>
<tr><td colspan="6"></td></tr>
<tr><td>学号</td><td></td><td>姓名</td><td></td><td>时间</td><td>年　月　日</td></tr>
</table>

2．掌握入库作业流程

1）入库验收

验收作业是指仓库内部负责接收货物并检验到货的数量与质量的作业环节。所有到库商品，必须在入库前进行验收，只有验收合格后才能正式入库。

入库验收一般包括验收准备、核对单据、检查货物、清点货物数量和签收单据等作业环节，入库验收操作流程如图5-18所示。

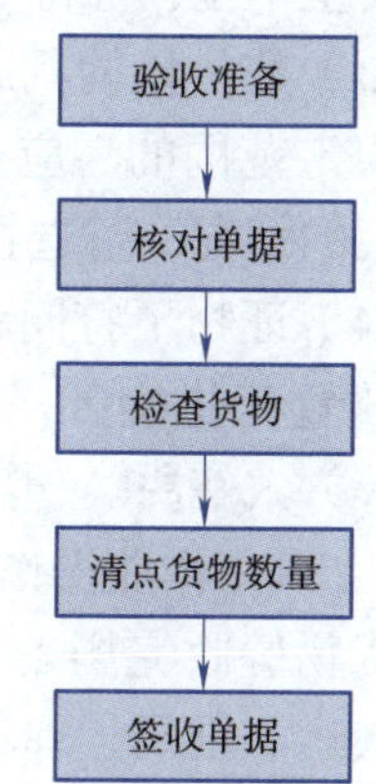

图5-18　入库验收操作流程

入库验收应遵循以下原则：

（1）及时：到库商品必须在规定的期限内完成验收工作。

（2）准确：验收的各项数据或检验报告必须准确无误。

（3）严格：仓库有关各方都要严肃认真地对待商品验收工作。

（4）经济：商品在验收时要求合理组织调配人员与设备，以节省作业费用。

步骤一：验收准备。

为保证验收工作及时、准确地完成，提高验收效率，减少劳动消耗，仓管员在接到入库通知单后，根据到货商品特性，做好验收前的准备工作。

准备工作：调集人员、器皿和设备，打印凭证，确定诸位等。

步骤二：核对单据。

在货物送到后，仓管员核对货运公司提交的送货单和A公司发来的入库通知单，确认货物名称、规格、数量和包装等内容是否准确一致。

步骤三：检查货物。

单据核对无误后，作为验收员进行货物验收。检查货物的外包装是否破损、无损等，封箱标志是否完整等；有特殊检验要求的货物，如“倾斜”等标志，必须认真检验标志是否发生变化；有特殊表明检验要求的，必须按照规定进行检验，如手机等电子产品需要开箱检验，即开箱检验。

步骤四：清点货物数量。

清点货物的证件数量，除合同有明确规定，一般不需要开箱检查清点箱内数量（注：一般不同性质的商品，验收的作业过程基本相同，只是侧重点有所区别而已）。

步骤五：签收单据。

在对到库商品根据有关单据和信息，清点到货数量，确保入库商品数量准确，检查商品质量和包装情况无误后，做出详细验收记录，对查出的问题及时处理，然后填写相关单据，并在相关单据上进行签收确认。

2）验收异常处理

仓库到货商品来源复杂，涉及商品生产、采购和运输等多个作业环节，不可避免地会出现诸如证件不齐、包装破损、数量短缺和发错货等异常情况。因此，要求在进货验收过程中，要认真细致，区别不同的情况，及时处理。

（1）验收凭证问题的处理。验收凭证问题主要是指验收需要的证件未到或证件不齐全。

验收过程中出现此类问题时，要及时向货主单位索取，到库货物应作为待检验品堆放在待验区，待证件到齐后再进行验收。

（2）包装检验问题的处理。货物外包装出现严重破损、变形和水渍等情况时，要及时通报货主单位，等待处理意见，得到处理意见前，不可入库或退回。

（3）数量检验问题的处理。货物数量短缺或溢余在规定范围内的，可按原数入账。凡超过规定范围的，应查对核实，做成验收记录和磅码单与货主单位进行交涉。对于数量短缺较大的情况，可选择按实数签收并及时通知货主单位的方式进行解决。

（4）证物不符问题的处理。验收过程中发现验收单证与实物不符的情况时，应把到库商品放置于待检区，并及时与货主单位进行交涉，可以采取拒绝收货、改单签收或退单、退货等方式解决。

3）入库作业操作

货物验收完毕后，进一步对货物完成入库操作，完成入库预处理并打印相关单据，并进行搬运、堆码、理货、上架办理入库手续等作业。

步骤一：入库信息预处理。

在此流程中，首先根据客户入库通知（案例中的传真）完成订单的录入工作；并由主管对订单进行审核，如无问题生成可执行计划；打印入库单。

步骤二：进行理货作业。

在货物上架前，要对货品进行理货堆码工作，具体操作步骤：准备空托盘（根据包装箱的尺寸和入库货品数量以及储位等信息，计算使用托盘的数量）、选择堆码方法、按照堆码标准进行堆码、审核堆码质量、利用现代化的设备完成理货作业。

步骤三：上架作业。

在上架作业过程中，会伴随着大量装卸搬运作业。而装卸搬运作业将贯穿于仓库作业的各个环节，通过装卸搬运作业来完成货品的上架作业，具体操作步骤有：选择合理的搬运工具、利用搬运工具进行货品搬运、根据储位分配单确定货品上架位置、入库反馈。

步骤四：办理入库手续。

完成货物的验收、搬运、堆码及上架作业后，仓管员应进行入库手续的办理，完成货品登账、立卡、建档和签单等工作，完成入库作业整体工作。

任务测评：

1. 如果在商品入库货品检验中发现异常，作为检验人员应该如何处理？					
2. 在货品入库过程中对货品进行存储位置选择时，你认为确定商品在仓库中具体的存放位置应注意哪些原则？					
3. 在商品入库理货堆码中，你知道堆码方法有哪几种？					
4. 请根据案例中的内容，绘制出商品入库的流程图。					
学号		姓名		时间	年　月　日

任务四　货物的在库作业

任务目标：

（1）了解商品在库管理的具体工作；
（2）掌握商品在库管理的具体流程和方法。

任务学习：

A 食品有限公司接到客户投诉电话，称部分商品受潮，有部分商品出现压碎现象。A 食品有限公司负责人立即致电 B 物流公司询问原因，是由于大雨造成库房排水系统瘫痪，排水不畅反流入库，造成商品受潮；因受潮造成包装箱破损导致货品挤压造成破碎现象。B 物流公司承诺将采取措施对在库商品进行保管，同时做好在库商品的安全保障工作。假如你是 B 物流公司的保管员你将如何开展入库工作？

任务分析：

通过对学习任务的分析，了解仓管人员的工作任务，熟悉货品在库管理的内容，掌握货品在库管理的流程与方法，能够根据货品的属性对货品进行有效的在库管理。

任务操作：

在仓储作业管理活动中，包含入库、在库、出库作业管理，其中在库作业管理包括实施养护与安全作业和库存管理两部分内容。

1. 了解在库作业技能要素

在库作业技能要素如图 5-19 所示。

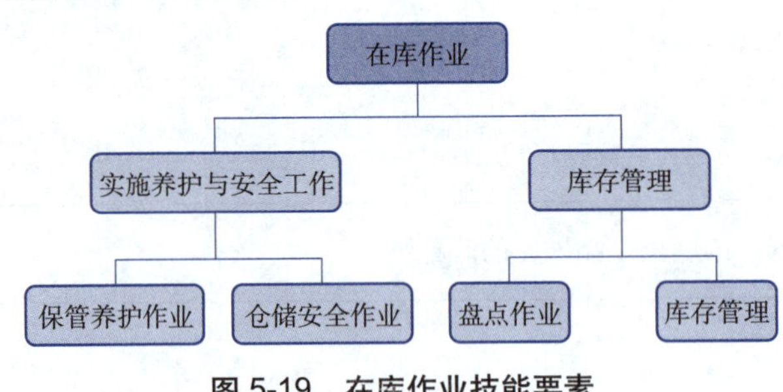

图 5-19　在库作业技能要素

任务单：货物的在库作业

任务描述：根据案例提供内容，如果你是负责仓库作业人员，在进行商品在库保管过程中，该如何办理处理操作？结合实际情况回答下列问题					
问题 1：在进行商品在出库过程中，如何完成相应工作？具体的流程是什么？					
问题 2：在完成货品在库作业过程中，作为保管人员需要注意哪些问题？					
学号		姓名		时间	年　月　日

2. 掌握在库作业流程

1）实施养护与安全作业

商品仓库的保养维护是根据商品本身的理化性质以及所处保管场所的保管条件，采取行之有效的措施来保证商品的质量和数量的仓库技术工作。其目的是保全商品原有的使用价值。商品的保养维护就是要采取有效的、经济的方法来延缓或抑制在库商品的质量和数量的变化，使其在库存管理中不受影响。

仓库的安全作业工作是仓库管理的重要组成部分。仓库安全管理的基本内容包括仓库保卫管理、出库作业安全管理和仓库消防安全管理等工作。

（1）货品养护作业。货品养护是货品在储运过程中所进行的保养和维护。一般来说，货品离开生产领域直至消费领域之前，这个过程中的保养和维护都称为货品养护。具体步骤如图 5-20 所示。

在库货品检验
控制仓库的温湿度
防治货品的霉腐
防治仓库的虫鼠害

图5-20 保管养护作业流程图

步骤一：在库货品检验。

在进行在库货品检查过程中，需要对货品重点检查一下内容：入库时已发现问题的货品；性能不稳定或不够熟悉的货品；已有轻微异状尚未处理的货品；储存时间较长的货品。检查完毕后须填写仓库日常检查记录。

步骤二：控制仓库的温湿度。

仓库内部的温湿度是影响仓储质量变化的最主要的环境因素，因此采用科学的方法控制与调节仓库的温湿度是货品养护的首要问题。温湿度控制与调节主要有以下几种：通风、密封、吸潮等。

步骤三：防止货品的霉腐。

防止货品霉腐的措施一般包括温控法、湿空法、除氧剂除氧法、气调储存、酸碱度控制法、化学方法、物理方法等。救治商品霉腐的措施一般包括晾晒、高温烘烤、药剂熏蒸和紫外线照射等。

步骤四：防止仓库的虫鼠害。

防止仓库虫害的方法有使用驱虫剂驱虫法、灯光诱杀除虫法、高温或低温除虫法、熏蒸除虫法、触杀等。法制仓库鼠害的方法有器械捕鼠法、毒饵诱杀法等。

（2）仓储安全作业（图 5-21）。仓储安全管理工作是仓储管理的重要组成部分。在仓库屋子管理过程中，由于社会治安、意外事故以及某些仓库存储物资具有易燃、易爆以及腐蚀、有毒等不安全因素，使得仓储管理中存在较大的安全隐患。因此，仓库管理的基本任务是发现、分析和消除安全隐患。仓库安全工作主要包括防盗、防火、防水和防电等。

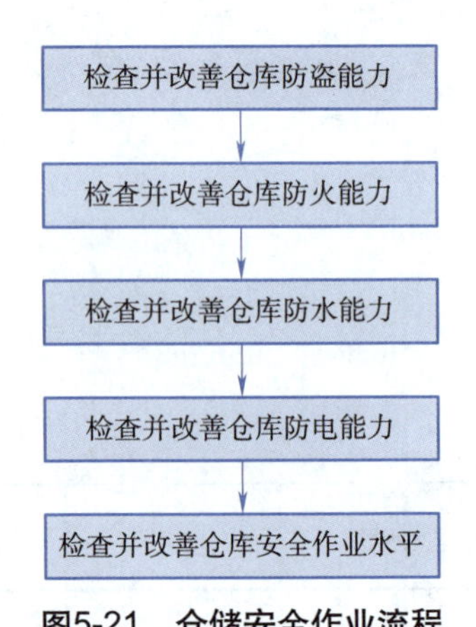

图5-21 仓储安全作业流程

步骤一：检查并改善仓库防盗能力。

在检查并改善仓库防盗能力是确保仓库的安全首要任务，

主要包括仓管员对出入库人员的管理、确认与记录；物资出库时防止作业人员将物资夹带出去造成丢失；严格执行各类物资的入库、领用、借用、核对等制度；严格执行仓库出入库检验制度；每天对仓库的设施设备情况进行检查；每天下班做好门窗的管理工作。

步骤二：检查并改善仓库防火能力。

在检查并改善仓库防火能力是确保仓库的安全的重要任务，对于仓库防火工作主要包括仓管员从电气设备、器械、火源和存储规范等四方面的日常检查，确认是否存在火灾隐患，对易燃物资、电线线路等做重点检查；仓管员发现仓库某处有火灾隐患时，应立即处理，并上报；认真检查仓库的消防设施设备，保证设备完好、数量足够，检查后做好登记，并及时更换损坏或过期的消防设施设备；采取积极的预防措施，防止火灾的方生。

步骤三：检查并改善仓库防水能力。

要做好仓库安全管理作业必须积极做好仓库防水工作，防止货物受潮或受水浸泡。要对地面、墙壁、顶棚进行定期检查，发现问题及时处理，防止发生安全问题。

步骤四：检查并改善仓库防电能力。

仓管员定期进行电器和电路的安全检查工作，做好防电日常安全检查、并做好放电管理的预防工作。

步骤五：检查并改善仓库安全作业水平。

做好仓库的安全管理工作要严格认真检查仓库的安全作业情况，并通过对仓库日常入库、储存、包装、装卸、移位、出库等操作的安全方面进行指引和规定，保证仓库日常工有序、安全地进行。要严格认真地执行安全作业管理、健全各种安全管理制度、加强劳动安全保护、加强对职工的安全培训、执行机械作业安全规定、执行危险品作业安全规定、加强电器设备作业安全等工作。

2）库存管理

库存是指处于储存状态的货物。而库存管理就是对这些货物的计划、组织和控制的过程，从而调节供给和需求，保证商品流通的顺利进行。

（1）盘点作业（见图 5-22）。在国家标准《物流术语》（GB/T 18354—2021）中，对盘点的定义是：对储存物品进行清点和账物核对的活动。由于库存商品的流动性，用以产生库存记录数据与实物数据不符的现象，为了保证库存的准确，必须做好盘点作业。盘点作业是为了准确地掌握库存数量及有效地保证库存的准确性而对仓库中的货物进行数量清点的作业。具体步骤如图 5-22 所示。

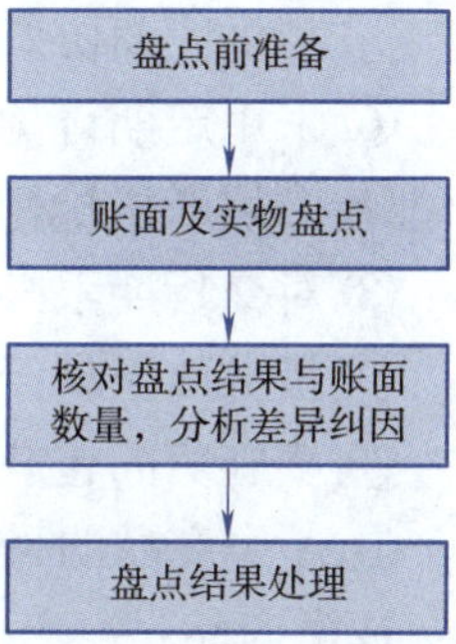

盘点前准备 → 账面及实物盘点 → 核对盘点结果与账面数量，分析差异纠因 → 盘点结果处理

图5-22　盘点作业流程

步骤一：盘点前准备。

告知货主具体盘点时间，提醒货主不要在盘点期间送货或提货、结清各种未办手续、清理该仓库的场地、准备盘点表及盘点盈亏表等。

步骤二：账面及实物盘点。

在进行仓库盘点时，首先要进行盘点任务的下达、冻结盘点货品、进行实物盘点、盘点结果反馈。

步骤三：核对盘点结果与账面数量，分析差异纠因。

核对账面数量与实物数量是否一致，不一致要查找差异原因，并对其进行修正。

步骤四：盘点结果处理。

完成盘点对差异原因进行查明后，根据具体情况进行盘点调整、盘点解冻工作。

（2）库存管理。库存管理是对货物在库存储过程中的有效管理，有效对货物进行管理能够提高仓库的利用效率，获得仓储利润的最大化，因此，要进行有效的库存管理。本书利用库存 ABC 分类管理法又称 ABC 重点管理法或 ABC 分析法，是指将库存货品按照品种和占用资金多少分为三级进行管理的方法（A 类指特别重要的库存，B 类指一般重要的库存，C 类指不重要的库存。库存货品 ABC 分类标准如表 5-2 所示。该方法是根据帕累托曲线所揭示的“关键的少数和次要的多数”的规律在管理中加以应用的。

表5-2　库存货品ABC分类标准

类　别	物资品种占全部物料品种的比重	资金占库存资金的比重
A	5%~10%	70%~80%
B	15%~20%	15%~20%
C	70%~80%	5%~10%

ABC 分类法是一套十分有效的管理工具。在使用 ABC 分类法管理库存时，大致可以采用以下策略。

A 类商品：

① 每件商品皆做编号。

② 尽可能慎重、正确地预测需求量。

③ 少量采购，尽可能在不影响需求下减少库存量。

④ 请供货单位配合，力求出货量平稳化，以降低需求变动，减少库存量。

⑤ 与供应商协调，尽可能缩短前置时间。

⑥ 采用定期订货的方式，对其存货必须做定期检查。

⑦ 必须严格执行盘点，每天或每周盘点一次，以提高库存精确度。

⑧ 对交货期限必须加强控制，在制品及发货也必须从严控制。

⑨ 货品放至易于出入库的位置。

⑩ 实施货品包装外形标准化，增加出入库单位。

⑪ A 类商品的采购需经高层主管审核。

B 类商品：

① 采用定量订货方式，但对前置时间较长或需求量有季节性变动趋势的货品宜采用定期订货方式。

② 每两三周盘点一次。

③ 中量采购。

④ 采购需经中级主管核准。

C 类商品：

① 采用定量订货方式以节省手续。

② 大量采购，以利于在价格上获得优惠。

③ 简化库存管理手段。

④ 安全库存量可以大些，以免发生库存短缺。

⑤ 可交现场保管使用。

⑥ 每月盘点一次。

⑦ 采购仅需要基层主管核准。

在库存管理过程中通过 ABC 分类法进行库存管理过程中，主要按照图 5-23 所示步骤进行。

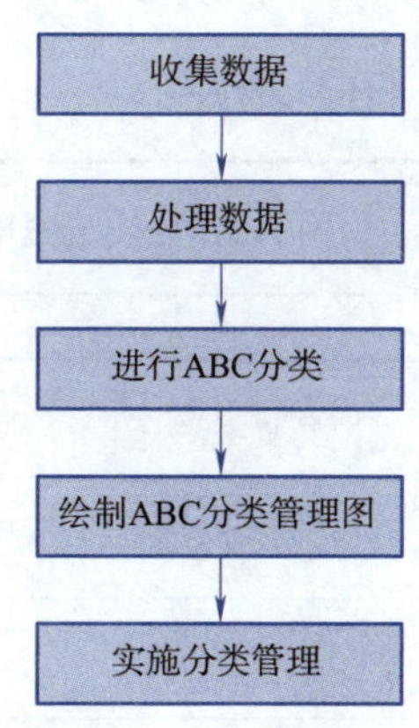

图5-23　库存管理流程

任务测评：

利用 ABC 分类法完成货物在库管理的分配任务（每种物品根据可库存现金额进行分类）

序　号	商品名称	库存数量	库存金额（万元）
1	计算机	48	1264
2	电视机	100	841.9
3	冰箱	25	72.52
4	洗衣机	52	71.26
5	空调	56	53.25
6	影碟机	14	48.69
7	录像机	17	47.92
8	数码照相机	10	46.6
9	微波炉	103	31.52
10	电饭煲	63	25.02
11	手机	8	11.17
12	音响	30	9.47
13	移动硬盘	62	9.24
14	收音机	84	8.45
15	MP3	48	5.26
合计		720	2 546.28

学号		姓名		时间	年　月　日

任务五　货物的出库作业

任务目标：

（1）了解货品出库作业的技能要素；

（2）掌握货品出库作业的流程，并能够完成出库作业。

任务学习：

B 物流公司收到 A 食品有限公司的出库订单，要求提取一批货物，根据公司的库存系统提示，这些货物可以正常提货。当货运驾驶员拿着提货单到达仓库时，假如你是 B 物流公司的仓库管理人员，应该如何办理出库业务？

任务分析：

主要通过对学习任务的分析，了解仓库管理人员在出库作业环节的工作任务，熟悉货品出库管理过程中的作业流程，牢记货品出库管理的方法，并能够对出库作业过程中出现的异常现象进行及时的处理。

任务操作：

1. 了解出库作业技能要素

在仓储管理活动中主要包括入库作业、在库作业和出库作业，其中出库作业作为仓储管理活动中的重要环节，其主要有出库操作、退货处理、转库调拨处理三项工作。具体技能要素如图 5-24 所示。

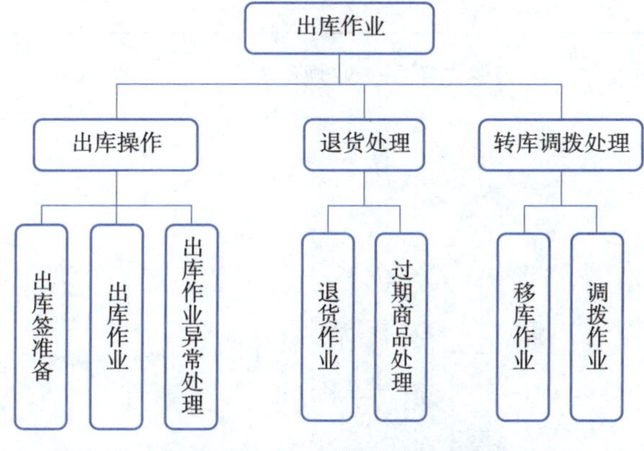

图 5-24　出库作业技能要素

任务单：货物的出库作业

<table>
<tr><td colspan="6">任务描述：根据案例提供内容，如果你是负责仓库作业人员，在进行商品在出库过程中，该如何办理处理操作？请结合情况回答下述问题</td></tr>
<tr><td colspan="6">问题 1：在进行商品在出库过程中，如何办理处理操作？具体的流程是什么？</td></tr>
<tr><td colspan="6"></td></tr>
<tr><td colspan="6">问题 2：在完成出库作业时，作为出库作业人员需要注意哪些问题？</td></tr>
<tr><td colspan="6"></td></tr>
<tr><td colspan="6">问题 3：完成出库作业过程中，应该遵循哪些作业规范？</td></tr>
<tr><td colspan="6"></td></tr>
<tr><td>学号</td><td></td><td>姓名</td><td></td><td>时间</td><td>年　月　日</td></tr>
</table>

2. 掌握出库作业流程

1）出库作业

商品出库作业，是指仓库各业务部门根据商品出库凭证所办理的商品出库手续作业全过程。商品出库要及时准确，保质保量完成任务，满足客户的需求。因此，仓管员必须根据提货单或商品调拨通知单等正式单据进行出库。在出库过程中要严格按照流程、规章制度完成具体操作，具体步骤如下：

步骤一：出库前准备。

由于出库作业比较细致复杂，工作量较大，因此事先对出库作业必须进行合理组织，安排好作业人员和机械设备等。在出库前准备环节一般经过出库订单录入—生成出库作业计划—打印出库单。

步骤二：出库作业。

出库作业是商品储存业务的最后一个环节，是仓库根据使用单位或业务部门开出的商品出库凭证，如提货单、领料单、调拨单。按其所列商品名称、规格、数量等项目，组织商品出库，并进行登账、配货、复检、点交清理和送货等一系列工作的总称。出库作业具体步骤包括核对凭证—备货—复核—清点交接—清理现场—登账。

2）出库异常处理

商品在出库的过程中可能会出现一些这样或那样的问题，正确处理问题可以挽回物流企业和客户的损失。针对各种不同的问题应采取不同的方法进行处理。

（1）商品品种混串。商品出库后，客户反馈存在品种规格混串、数量不符等问题。如果确属保管员发货差错，应予以纠正致歉；如果不属保管员差错，应耐心向客户解释清楚，请客户另行查找原因。

（2）商品型号规格开错。凡属客户原因，型号规格开错，制票员同意退票，保管员应按入库验收程序重新验收入库。如果包装损坏或产品损坏，保管员不予退货；待修好后，按入库质量要求重新入库。

（3）商品内在质量问题。凡属商品内在质量问题，客户要求退货和换货，应由国家指定的质检部门出具检查证明或试验记录，经商品主管部门同意，可以退货或换货。

（4）易碎商品发货后，客户要求调换。凡属易碎商品，发货后客户要求调换的，应以礼相待婉言谢绝。如果要求帮助解决易碎配件，要协助联系。

（5）保管员发现账实不符。商品出库后，如果保管员发现账实不符，要派专人及时查找追回，以减少损失，不可久拖不解决。

仓管员利用在实际工作中总结的经验，对商品出库时遇到的问题进行合理恰当的解决，从而减少库存的损失。在实际操作中，只有通过合理的处理，才能保证货品的正常出库。在出库过程中遇到异常具体操作步骤：发现问题—回报部门主管，等待处理—处理结果。

3）退货处理

（1）退货作业。退货作业是指仓库按订单或合同将货物发出后，由于某种原因，客户将商品退回仓库而引发的物流作业活动的总称。退货作业内容本身较为复杂，而作业复核较重，尤其已退货商品的检验、退货数量查核等，十分耗费作业时间和人力。

仓管人员根据退货申请妥善安排退货相关操作，具体流程如图 5-25 所示。

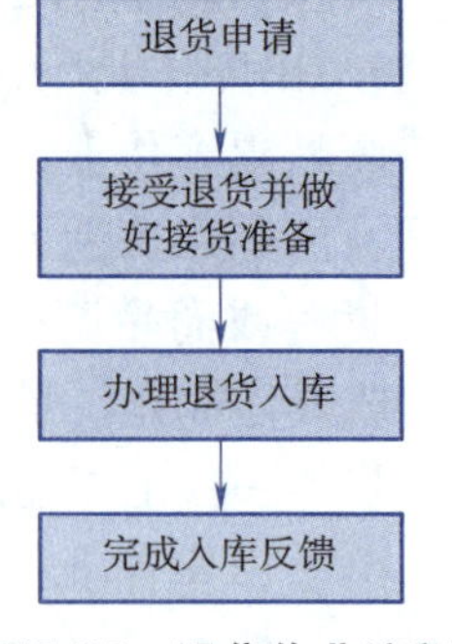

图5-25　退货作业流程

步骤一：退货申请。

客户根据实际情况提出退货，并填写退货申请表。

步骤二：接受退货并做好接货准备。

当公司同意退货申请后，进行接受退货作业，完成退货入库订单录入，生成作业计划并进行确认。

步骤三：办理退货入库。

步骤四：完成入库反馈。

（2）过期商品的处理。在仓储管理过程中仓管员通过定期检查货品在库的实际情况，在库管理过程中发现质量问题后，对不同客户的货品进行过不同的退货申请并妥善安排退货作业。在实际操作中，仓管员要依据过期货品的退货作业流程来进行操作，从而完成整个退货商品的出库。具体操作步骤为退货申请—退货准备（完成退货出库订单录入、生成作业计划）—退货出库作业—完成出库反馈工作。

至此，完成了整个过期产品的退货出库作业过程。

4）转库调拨作业

（1）移库作业。移库作业是库内物流作业的一种，是根据需要调整库存储位的一种手段。货品移库主要有两个目的：一是优化储位；二是提高仓储效率。

仓管员在对仓库存储区域进行合理利用过程中，在实际操作时，根据仓库储位的利用情况，对货品进行移库处理，能够提高仓库储位的利用效率。其具体步骤如下：

步骤一：编制移库作业申请单。

移库作业一般根据盘点结果，确定需要移库作业的货品，编制移库作业申请单。

步骤二：移库作业准备。

根据移库单的内容，在系统中新增移库作业任务，生成作业计划，并进行确认。

步骤三：完成移库作业。

仓库操作人员在接到移库任务后，根据移库单指示，完成移库商品的出库作业、入库作业、移库调度作业。

步骤四：移库反馈。

当商品完成移库作业后，通知仓管员进行移库作业反馈工作，使得账面与实物相符。

（2）调拨作业。商品调拨作业是指企业在运营中涉及的商品从一个仓库转移到另一个仓库的业务，主要有不良品调拨、商品的连锁库等业务。

仓管员对仓库存储区域进行合理利用的同时，在实际操作过程中，会根据仓库储位的货品实际情况，对残次品货物进行调拨处理，从而提高仓库储位的利用效率。仓管员会根据调拨单完成商品的调拨任务，具体操作步骤如下：

步骤一：编制调拨作业申请单。

根据盘点结果，确定需要调拨作业的残次品，编制调拨作业申请单。

步骤二：进行调拨作业准备。

仓管员为调拨做好相关准备工作，准备拌匀工具、人员、目的仓库等。

步骤三：完成调拨作业。

仓库操作员在接到调拨任务后，根据相应的任务要求进行调拨作业。具体调拨作业环节有货品出库作业—出品入库作业。

仓库操作员会根据调拨单要求在货品源库区对货品进行下架出库处理，在目的库区对货品进行上架处理。

任务测评：

<table>
<tr><td colspan="6">物流操作题：
在物流实训中心，利用物流信息系统和相关设备设施对货物完成一次入库、在库、出库作业操作</td></tr>
<tr><td colspan="6"></td></tr>
<tr><td colspan="6">流程排序：
请用下列操作环节（①备货②交接清点③核对凭证④登账⑤清理⑥复核）完成出库作业流程</td></tr>
<tr><td colspan="6"></td></tr>
<tr><td>学号</td><td></td><td>姓名</td><td></td><td>时间</td><td>年　月　日</td></tr>
</table>

项目六　物流流通加工作业

知识结构图：

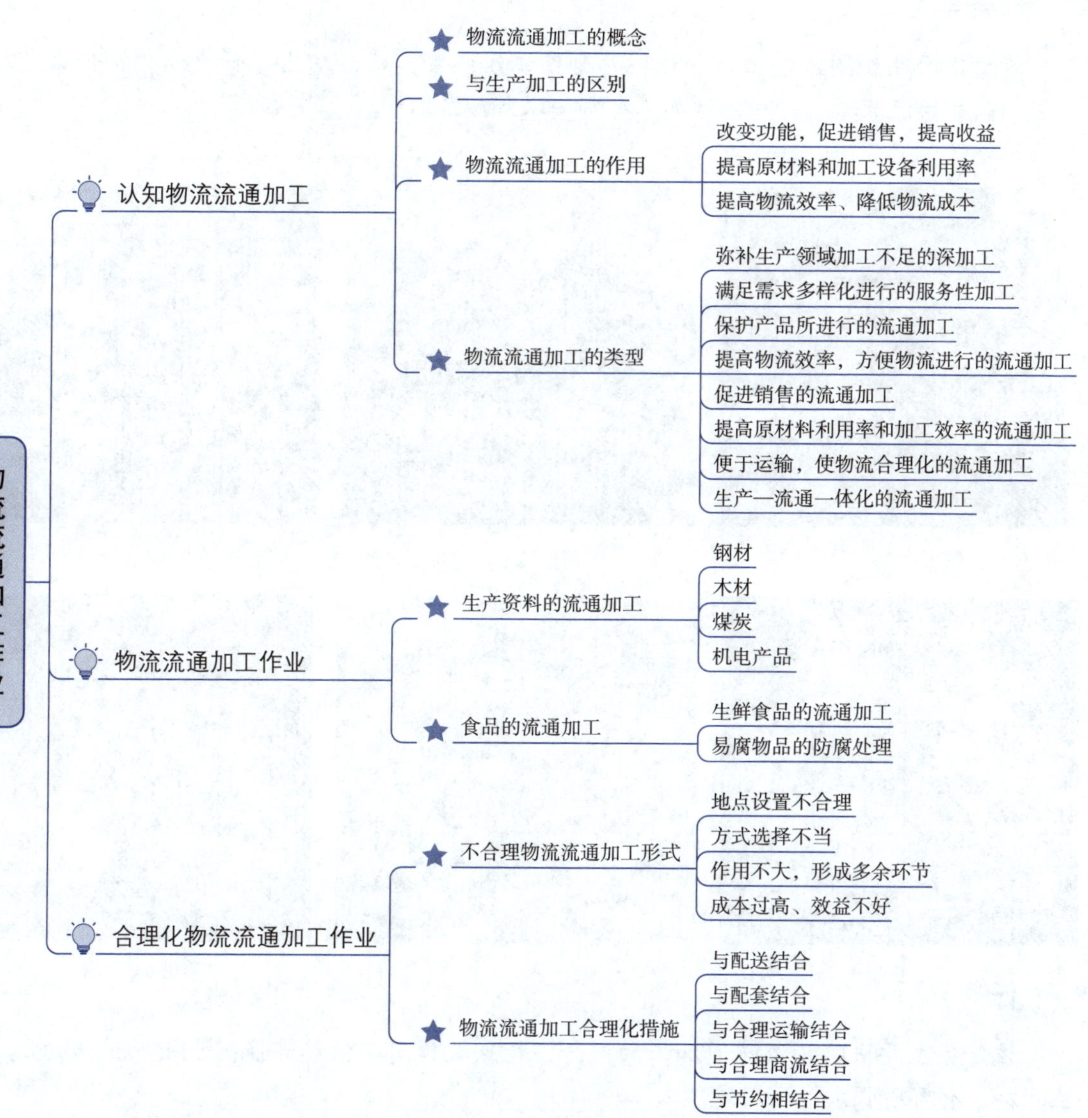

任务一　认知物流流通加工

任务目标：

（1）掌握物流流通加工的概念、特点及作用；

（2）能够分析物流流通加工和生产加工的联系与区别。

任务学习：

请看下面两组图片，由第一组图片到第二组图片，产品发生了什么变化？什么是物流流通加工，物流流通加工和生产加工有哪些联系与区别？

第一组：

第二组：

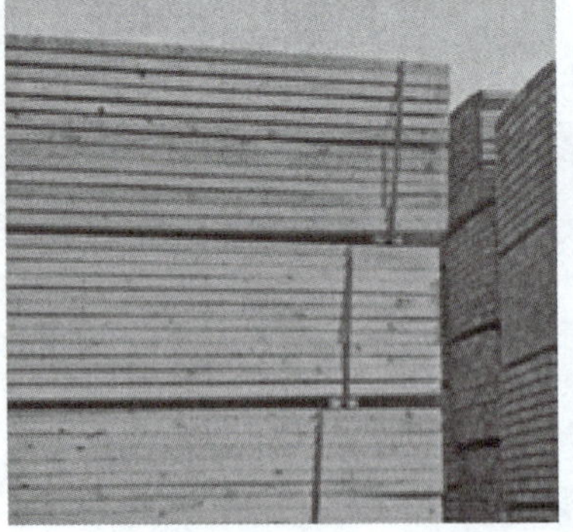

任务分析：

该任务主要讲解物流流通加工的概念、特点及作用，使读者能够说出物流流通加工和生产加工有哪些联系，区别是什么。

任务操作：

1. 掌握物流流通加工的概念

物流流通加工是指物品在生产地到使用地的过程中，根据需要施加包装、切割、计量、分拣、刷标志、拴标签、组装等简单作业的总称。

物流流通加工是为了提高物流速度和物品的利用率，在物品进入流通领域后，按客户的要求进行的加工活动，换言之，物流流通加工是在物品从生产者向消费者流动的过程中，为了促进销售、维护商品质量和提高物流效率、对物品进行一定程度的加工。物流流通加工通过改变或完善物流流通对象的形态，以满足消费者的多样化需求和提高商品的附加值。因此，物流流通加工是物流流通中的一种特殊形式，也是物流过程中一个比较特殊的环节。

什么是物流流通加工？____

____

2. 分析物流流通加工与生产加工的区别

物流流通加工的出现，是物流服务与现代生产发展相结合的产物。它是为了弥补生产过程加工不足，更有效地满足用户或企业的需要，使产需双方更好地衔接，将这些加工活动放在物流过程中完成而成为物流的一个组成部分，它具有一定的生产性质，同时它还将生产与消费联系起来，起到桥梁和纽带的作用，完成商品所有权和实物形态的转移。可以说物流流通加工是生产加工在物流流通领域的延伸，在社会生产向大规模生产、专业化生产转变之后，社会生产越来越复杂，生产的标准化和消费的个性化随之出现，生产过程中的加工制造常常满足不了消费的要求。物流流通加工正好可以促进物流效率的提高和满足消费者多样化的需求，同时也可以给物流流通业带来效益。物流流通加工与一般的生产加工在加工方法、加工组织、生产管理等方面并无显著区别，但在加工对象、加工程度方面差别较大，其主要差别有以下几点：

（1）物流流通加工的对象是进入流通过程的商品，具有商品的属性，而生产加工的对象不是最终产品，而是原材料、零配件和半成品。

（2）物流流通加工程度大多是简单加工，而生产加工的复杂程度和加工深度要远远高于物流流通加工。物流流通加工是对生产加工的一种辅助和补充，当然，随着物流流通加工产业水平的不断进步，流通加工也具有不断向深加工发展的趋势。

（3）物流流通加工的目的是为了更好地满足用户多样化、个性化需求，完善商品的使用价值，并在对原商品不做大的改动的情况下提高其价值，同时提高物流服务质量，降低物流成本。而生产加工的目的是创造价值和使用价值，是以交换、消费为目的的商品生产。

（4）物流流通加工的组织者是从事物流流通工作的商业企业或物流企业，能密切结合流通的需要进行加工活动，而生产加工则由生产业完成。

任务单：进一步深入理解物流流通加工与生产加工的区别

<table>
<tr><td colspan="6">任务描述：请根据自己的理解，举例说明物流流通加工与生产加工在以下方面的区别</td></tr>
<tr><td colspan="2">加工对象</td><td colspan="4"></td></tr>
<tr><td colspan="2">加工程度</td><td colspan="4"></td></tr>
<tr><td colspan="2">加工目的</td><td colspan="4"></td></tr>
<tr><td colspan="2">加工组织者</td><td colspan="4"></td></tr>
<tr><td>学号</td><td></td><td>姓名</td><td></td><td>时间</td><td>年　月　日</td></tr>
</table>

3. 掌握物流流通加工的作用

在物流中，运输和仓储是主要功能要素，而物流流通加工作为具有补充、完善、提高增强作用的功能要素，也是不可或缺的，物流流通加工通过改变装潢使商品档次跃升，在物流过程中增加商品的价值，创造额外利润，是物流企业的重要利润源。同时，物流流通加工作为国民经济中的重要产业形态，对推动国民经济的发展和完善国民经济的产业结构和生产分工有着重要的意义。因此，它在物流中的地位是必不可少的，属于增值服务范围，其主要作用体现在以下几方面：

（1）物流流通加工能改变功能，促进销售，提高收益。通过物流流通加工环节进行一些改变产品某些功能的简单加工，可以使物品更好地满足客户需求和个性化需求，从而起到促进销售，提高收益的作用。

例如，在物流流通过程中对蔬菜、水果进行清洗和包装（见图 6-1），就能够满足更多年轻人对果蔬的个性化需求，这样经过物流流通加工的果蔬，其价格也远远高于普通果蔬、销售收益更高。

图 6-1　蔬菜水果包装

（2）物流流通加工能提高原材料和加工设备利用率。物流流通加工环节是比生产加工更贴近消费者需求的加工作业环，在这一环节中可以将生产厂直接运来的简单规格产品按照消费需求进行集中下料，例如，将钢板进行剪板、切裁，木材加工成各种长度、形状及大小的板材等，对商品或者原材料进行二次加工，使其更好地满足消费需求，做到优选优用、小材大用，提高设备利用率的同时也提高了原材料的可用性。

（3）物流流通加工还能够提高物流效率、降低物流成本。物流流通加工环节一般设置在消费地，在物流流通过程中，生产地的大批量、高效率、长距离的输送和消费地的多品种少批量、多用户短距离的输送之间存在着很大的供需矛盾，而通过物流流通加工就可以较为有效地解决这个矛盾。以物流流通加工为分界点，从生产地到物流流通加工点可以利用火车、船舶形成大量的、高效率的定点输送。而从物流流通加工点到消费者则可以利用汽车和其他小型车辆形成多品种、多用户的灵活输送，这样可以充分发挥各种输送手段的最高效率，加快输送速度，节省运力运费，降低物流成本。

物流流通加工在物流中的作用：____

____

____

____

____

4. 掌握物流流通加工的类型

物流流通加工在物流和供应链中有着举足轻重的作用，那么物流流通加工具体有哪些类型，每种类型的物流流通加工又各自有着怎样的特点和作业内容？

按照常见的分类方法，流通加工主要有以下类型：

（1）为弥补生产领域加工不足的深加工。由于现实生产受到各种因素的限制，很多产品在生产领域只能加工到一定程度，而不能完全实现终极加工。而生产加工中没能做到的部分可以通过物流流通加工进行弥补和加强，这种物流流通加工实际上是生产的延续，是生产加工的深化。

比如，木材在运输过程中可以按照装车需要和消费者需求进行切割作业（见图 6-2），以使产品有较强的通用性，使生产能有较高的效率和效益。

（2）为满足需求多样化进行的服务性加工。生产部门为了实现高效率、大批量的生产，其产品往往不能完全满足用户的要求。这样，为了满足用户对产品多样化的需要，同时又要保证高效率的大生产，可将生产出来的单一化、标准化的产品进行多样化的改制加工。

例如，在物流流通过程中，按照客户需求对玻璃进行切割作业，如图 6-3 所示。

图 6-2　切割木材

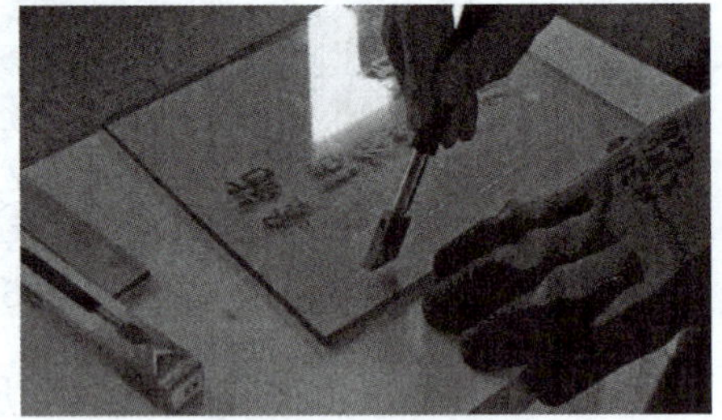

图 6-3　切割玻璃

（3）为保护产品所进行的物流流通加工。在物流过程中，为了保护商品的使用价值，延长商品在生产和使用期间的寿命，防止商品在运输、储存、装卸搬运、包装等过程中遭受损失，可以采取稳固、改装、保鲜、冷冻、涂油等方式完成。这种物流流通加工并不改变产品的外形和性质，加工的深度与水平与被加工对象的性质密切相关。

例如，水产品、蔬菜水果 [见图 6-4（a）]、肉类、鱼类 [见图 6-4（b）] 的冷冻冷藏加工、防腐加工等；丝、麻、棉织品的防虫、防霉加工；木材的防腐、防干裂加工 [见图 6-4（c）]；金属材料的喷漆、涂油 [见图 6-4（d）]；煤炭的防高温自燃加工；水泥的防潮、防湿加工等。

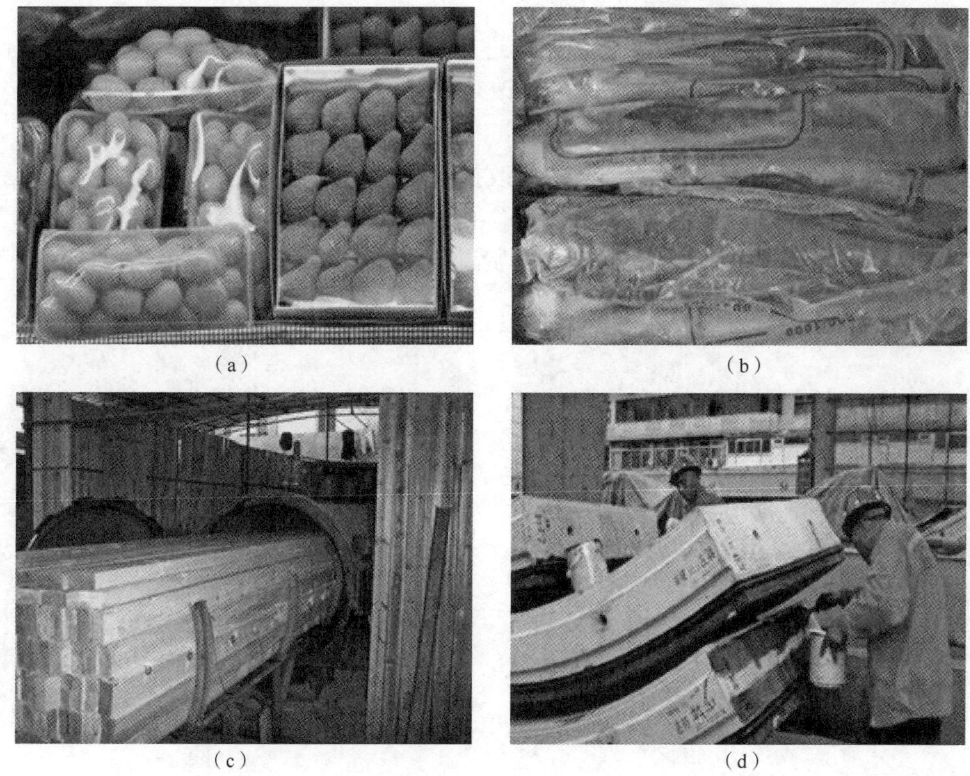

图 6-4　产品加工

（4）为提高物流效率，方便物流进行的物流流通加工。有一些产品本身的形态使之难以进行物流操作。进行物流流通加工，可以使物流各环节易于操作，提高物流效率，这种物流流通加工往往改变物品的物理状态以方便物流作业，但并不改变物品的化学特性，而且最终仍能恢复原物理状态。

例如，鲜鱼的装卸、储存操作困难；大设备搬运、装卸困难 [见图 6-5（a）]；气体运输、装卸困难 [见图 6-5（b）] 等。

（a）

（b）

图 6-5　物流操作

（5）为促进销售的物流流通加工。在促进产品的市场销售方面，物流流通加工也起着不可替代的作用。这种物流流通加工一般不改变物品本身的性质，只进行简单的改装加工，也有许多是组装、分块等深加工。

例如，将原以保护产品为主的运输包装改换成以促进销售为主的装潢性包装 [见图 6-6（a）]，起到吸引消费者、指导消费的作用；将零配件组装以便于直接销售；将蔬菜、水果 [见图 6-6（b）] 肉类洗净切块起到吸引、刺激消费者的作用。

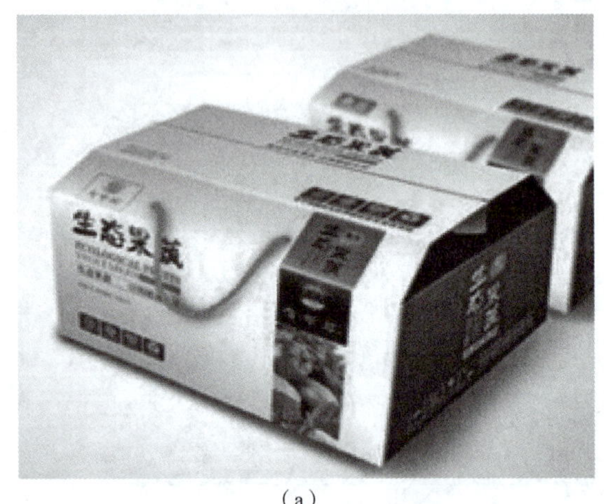

（a）

（b）

图 6-6　促进销售的物流流通加工

（6）为提高原材料利用率和加工效率的流通加工。物流流通加工（见图 6-7）具有综合性强、用户多的特点，可以实行合理套裁、集中下料的办法，提高原材料利用率，从而减少浪费，一些生产企业的初级加工由于数量有限或加工效率不高，也难以投入先进科学技术。物流流通加工以集中加工形式，以一家物流流通加工企业代替了若干生产企业的初级加工工序，解决了单个企业加工效率不高的问题。

图 6-7　提高加工效率的物流流通加工

（7）便于运输，使物流合理化的流物流通加工。现代生产相对集中，而消费相对分散，在干线运输及支线运输的节点，设置物流流通加工环节，可以有效解决大批量、低成本、长距离干线运输多品种、少批量、多批次末端运输和集货运输之间的衔接问题。在物流流通加工点与生产企业间形成大批量、定点运输的渠道，再以物流流通加工中心为分界点，从生产部门至物流流通加工点可以形成大量的、高效率的定点输送。从物流流通加工点至客户则可形成多品种、大批量、对多用户的配送，也可在物流流通加工点将运输包装转换为销售包装，能有效衔接不同目的的运输方式。

例如，散装水泥的中转仓库承担着将大规模散装水泥转化为小规模袋装水泥的物流流通加工任务，如图 6-8 所示。

图 6-8　使物流合理化的物流流通加工

（8）生产—流通一体化的物流流通加工形式。依靠生产企业与物流流通企业的联合，或者生产企业向物流流通领域延伸，或者物流流通企业向生产领域延伸；形成对生产与物流流通加工进行合理分工、合理规划、合理组织、统筹进行。生产—流通一体化的物流流通加工形式作为目前物流流通加工领域的新形式，可以促成产业结构的调整，充分发挥企业的经济优势及先进的技术优势。

任务单：进一步深入分析物流流通加工的类型

<table>
<tr><td colspan="6">任务描述：通过前面的学习，相信同学们已经知道物流流通加工具体有哪些类型，那么每种类型的物流流通加工又各自有着怎样的特点和作业内容？请检验一下自己的学习效果</td></tr>
<tr><td colspan="2">为弥补生产领域加工不足的深加工</td><td colspan="4"></td></tr>
<tr><td colspan="2">为满足需求多样化进行的服务性加工</td><td colspan="4"></td></tr>
<tr><td colspan="2">为保护产品所进行的物流流通加工</td><td colspan="4"></td></tr>
<tr><td colspan="2">为提高物流效率，方便物流进行的物流流通加工</td><td colspan="4"></td></tr>
<tr><td colspan="2">为促进销售的物流流通加工</td><td colspan="4"></td></tr>
<tr><td colspan="2">为提高原材料利用率和加工效率的物流流通加工</td><td colspan="4"></td></tr>
<tr><td colspan="2">便于运输，使物流合理化的物流流通加工</td><td colspan="4"></td></tr>
<tr><td colspan="2">生产—流通一体化的物流流通加工形式</td><td colspan="4"></td></tr>
<tr><td>学号</td><td></td><td>姓名</td><td></td><td>时间</td><td>年　月　日</td></tr>
</table>

任务单：认识工匠精神在物流流通加工领域的重要性

<table>
<tr><td colspan="6">任务描述：感知工匠精神在物流流通加工领域的真实存在</td></tr>
<tr><td colspan="6">物流流通加工领域的工匠精神代表着物流流通加工环节的高超技艺与精湛技能，意味着物流流通加工服务需要具备更为严谨、专注、负责的工作态度，决定了从事物流流通加工的工作人员需要秉承爱岗敬业、追求卓越的使命感、责任感、荣誉感。请以小组为单位，到物流企业参观，录制物流流通加工岗位上员工细致入微、精益求精的工作流程，带回课堂制作微视频，与班级同学分享，让大家真正体会到工匠精神的真实存在，帮助大家理解物流流通加工领域对于工匠精神的整体共识，写出心得体会。</td></tr>
<tr><td colspan="6"></td></tr>
<tr><td>学号</td><td></td><td>姓名</td><td></td><td>时间</td><td>年　月　日</td></tr>
</table>

任务测评：

1. 请用定性描述的语言对物流流通加工与生产加工进行对比分析。

项　　目	物流流通加工	生 产 加 工
加工对象		
加工程度		
加工目的		
加工组织者		

2. 物流流通加工是对生产加工的替代，与生产加工是相互竞争的，这个观点正确吗？请说明观点。

3. 分组选择一个肉制品厂进行参观，每组成员不超过 8 人，设组长 1 名，由组长安排小组的进度，并负责总体协调工作，通过参观，使学生对肉制品加工有整体的感性认识，然后小组讨论提出肉制品厂是如何通过物流流通加工使肉制品增值的。

任务二　物流流通加工作业

任务目标：

（1）掌握生产资料的流通加工作业；

（2）能针对不同商品采取与之相适应的物流流通加工方法；

（3）设计普通产品的基本物流流通加工流程。

任务学习：

根据牛奶消费的特点，分析用户喜欢什么样的牛奶，牛奶企业应该如何进行物流流通加工。

任务分析：

该任务首先要了解生鲜食品的特点，并能够根据生鲜食品的特点合理地安排物流流通加工作业。

任务操作：

1. 掌握生产资料的流通加工

生产资料是人们在生产过程中所使用的劳动资料和劳动对象的总称，是企业进行生产和扩大再生产的物质要素。生产资料的范围很广，品种规格十分复杂，具有代表性的生产资料的流通加工主要包括钢材的流通加工、木材的流通加工、煤炭的流通加工以及机电产品的流通加工，如图 6-9 所示。

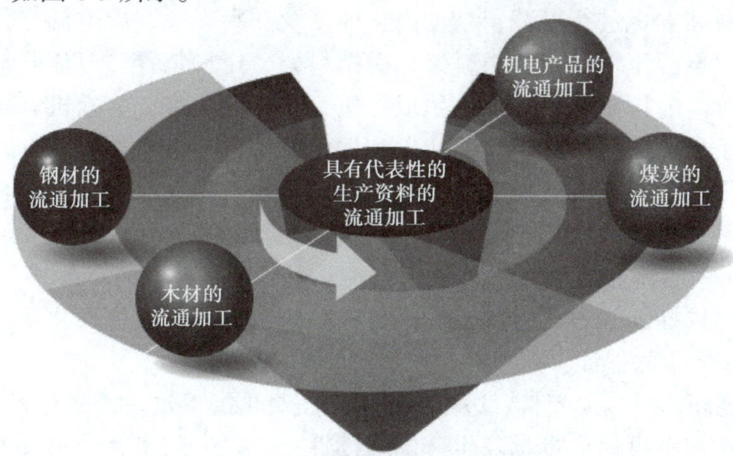

图 6-9　生产资料的流通加工

1）钢材的流通加工

钢材的流通加工（见图 6-10）是具有代表性的生产资料加工，钢铁生产企业一般是规模生产，以使产品具有较强的通用性，使生产效率提高，如若自己单独剪切，难以解决因用料高峰和低谷的差异引起的设备忙闲不均和人员浪费问题，如热轧厚钢板等板材最大交货长度可达 12 m，有的是成卷交货，这种钢材（如钢板、型钢、线材等）的长度、规格有时不能适用于有特殊需求的客户，不能实现用户需求的终极加工，对使用钢板的用户来说，使用时必须进行剪板等再加工。一般规模的生产企业、物流流通企业通过物流流通加工可以对长度、规格不完全适用于用户的金属材料进行切割、折弯、使用矫直机将薄板卷材展平等，这种加工以适应顾客需求的变化，服务顾客为目的，颇受中小企业的欢迎。

图 6-10　钢材的流通加工

在物流流通领域可以用专业剪切设备剪板机按照用户设计的规格尺寸和形状进行套裁加工，如对平板材和卷板进行剪裁，精度高、速度快、废料少、成本低。普通剪板机由机身、传动装置、刀架、压料器、前挡料架、后挡料架、托料装置、刀片调整装置、灯光对线装置、润滑装置、电控制装置等部件组成。按工艺用途分类，剪板机有摆动剪板机、多用途剪板机、多条板材滚剪机、圆盘剪切机和振动剪切机等，按其传动方式可分为机械传动式剪板机和液压式剪板机。剪板工用剪板机或切割设备将大规格钢板按客户要求进行切割，或切裁成毛坯。这种剪板机作业能够剪切各种厚度的钢板，高效节能又低噪。

钢板剪板及下料的流通加工优点如下：

（1）由于可以选择加工方式，加工后钢材的品相组织较少发生变化，可保证原来的交货状态，有利于高质量的保证。

（2）加工精度高，可减少废料、边角料，既可提高再加工效率，又有利于减少消耗。

（3）由于集中加工可保证批量及生产的连续性，可以专门研究此项技术外采用先进设备，从而大幅度提高效率和降低成本。

（4）使用户能简化生产环节，提高生产水平。

2）木材的流通加工

木材的流通加工（见图 6-11）是指对木材进行磨制、压缩和锯裁以方便装车、捆扎、运输。

图 6-11　木材的流通加工

木材的流通加工一般有两种情况：木材生产地物流流通加工和木材消费地物流流通加工。第一种是树木在生长地被伐倒后，消费不在当地，不可能连枝带杈地运输到外地，先在原处去掉树杈和树枝，再将原木运走，剩下来的树杈、树枝、碎木、碎屑掺入其他材料，在当地木材加工厂进行物流流通加工，做成复合木板。

也有将树木在产地磨成木屑（见图 6-12），采取压缩方法加大容量后运往外地造纸厂造纸。由于木材的密度小，在运输时占用体积较大，装车、捆扎也比较困难，磨制木屑，然后采取压缩的方法，使之成为密度较大、容易装运的形状，然后进行输送，是可以提高运输效益的加工方法。采取这种方法可以提高木材流通效率，比直接运送原木节省近一半的运费。

另一种情况是在消费地建木材加工厂，将原木加工成板材（见图 6-13），或按用户需要加工成各种形状的材料，供给家具厂、木器厂。木材进行集中物流流通加工、综合利用，原木利用率达到 95%, 出材率可提高到 72%，不但方便用户，经济效益也相当可观。

图 6-12　木屑

图 6-13　板材

下面看一段现代化的木材加工全过程。

木工加工机械主要有木工锯机和抛光器具等，木工加工机是由齿锯片、锯条或带锯链条组成的切割木材的设备。

3）煤炭的流通加工

煤炭的流通加工有多种形式，如除矸石加工、煤浆加工、配煤加工等。

（1）煤炭的除矸加工。除矸加工是以提高煤炭纯度为目的的加工形式。企业为了提高运力，降低成本，通常采用除矸的流通加工形式排除矸石，如图 6-14 所示。

图 6-14　煤炭的除矸加工

（2）煤浆加工。煤炭在流通的起始环节将煤炭磨成细粉，本身便有了一定的流动性，再用水调和成浆状，这样煤炭就可以像其他液体一样进行管道输送，如图 6-15 所示。

图 6-15　煤浆加工

以上两种加工方式都是在运力紧张的情况下，以提高纯度来提高运输效率的流通加工方式。

（3）配煤加工。配煤加工是通过设置集中加工点，将各种煤炭以及其他的一些发热物质，按照不同配方进行掺配加工，生产出各种不同发热量的燃料，如图 6-16 所示。这样可以防止热能浪费，防止大材小用，解决了从煤矿运出的煤炭品种单一的问题，满足了用户多样性的需求。工业用煤经过配煤加工还可以起到便于计量控制、稳定生产过程的作用，在经济及技术上都有价值。

图 6-16　配煤加工

4）机电产品的流通加工

机电产品的流通加工主要是针对一些组装技术要求不高的产品，如自行车及中小型电机之类的产品，在流通中进行组装加工的加工方式。

机电产品不易进行包装，储运困难较大。不仅是机电产品，一些大型贵重物品的储运一直都是一个很棘手的问题。家居也是这样的商品，如进行防护包装，包装成本过大，并且运输装载困难，装载效率低，流通损失严重。

但是这些货物有一个共同的特点，即装配比较简单，装配技术要求不高，主要功能已在生产中形成，装配后不需要进行复杂的检测及调试。所以，为了解决储运问题，降低储运费用，可以采用半成品大容量包装出厂，在消费地拆箱组装的方式。组装一般由流通部门在所设置的流通加工点进行，组装之后随即进行销售。这种流通加工方式近年来在我国已被广泛采用。

以上四种生产资料的流通加工都在某种程度上满足了客户的需求，或提高了运输效率，总之都对物流起到了促进作用。

任务单：进一步深入分析生产资料的流通加工

<table>
<tr><td colspan="6">任务描述：通过前面的学习，相信同学们已经了解了生产资料的流通加工，那么不同类型的生产资料的流通加工又包括哪些方法，都具有什么特点？请检验一下自己的学习效果</td></tr>
<tr><td colspan="2">钢材的流通加工</td><td colspan="4"></td></tr>
<tr><td colspan="2">木材的流通加工</td><td colspan="4"></td></tr>
<tr><td colspan="2">煤炭的流通加工</td><td colspan="4"></td></tr>
<tr><td colspan="2">机电产品的流通加工</td><td colspan="4"></td></tr>
<tr><td>学号</td><td></td><td>姓名</td><td></td><td>时间</td><td>年　月　日</td></tr>
</table>

2. 掌握食品的流通加工方法

视频

食品的流通加工

食品具有与其他商品不同的特殊属性：保鲜和加工。食品的流通加工可以起到保鲜、便于保存，提高流通效率的作用，是流通加工中的重要组成部分，包括生鲜食品的流通加工和易腐物品的防腐处理。

1）生鲜食品的流通加工

（1）冷冻加工。生鲜食品的冷冻加工（见图 6-17），是为了解决鲜肉、鲜鱼在流通中保鲜及装卸搬运的问题，采取低温冻结方式的加工。这种方式也用于液体商品的流通。

图 6-17　生鲜食品的冷冻加工

（2）分选加工。为了获得一定规格的产品，采取人工或机械分选的方式加工称为分选加工，如图 6-18 所示。这种方式广泛用于果类、瓜类、谷物、棉毛原料等的流通过程。

图 6-18 分选加工

（3）农副产品的精制加工。农、牧、副、渔等产品的精制加工（见图 6-19）是在产地或销售地设置加工点去除无用部分，甚至可以进行切分、洗净、分装等加工，可以分类销售。这种加工不但大大方便了购买者，而且还可以对加工过程中的淘汰物进行综合利用。

图 6-19 农副产品的精制加工

（4）分装加工（见图 6-20）。许多生鲜食品零售起点较小，而企业为了保证高效输送出厂，产品包装一般比较大，也有一些产品是采用集装运输方式运达销售地区。为了便于销售，在销售地区按所要求的零售起点进行新的包装，即大包装改小包装、散装改小包装、运输包装改销售包装，以满足消费者对不同包装规格的需求，从而达到促销的目的。

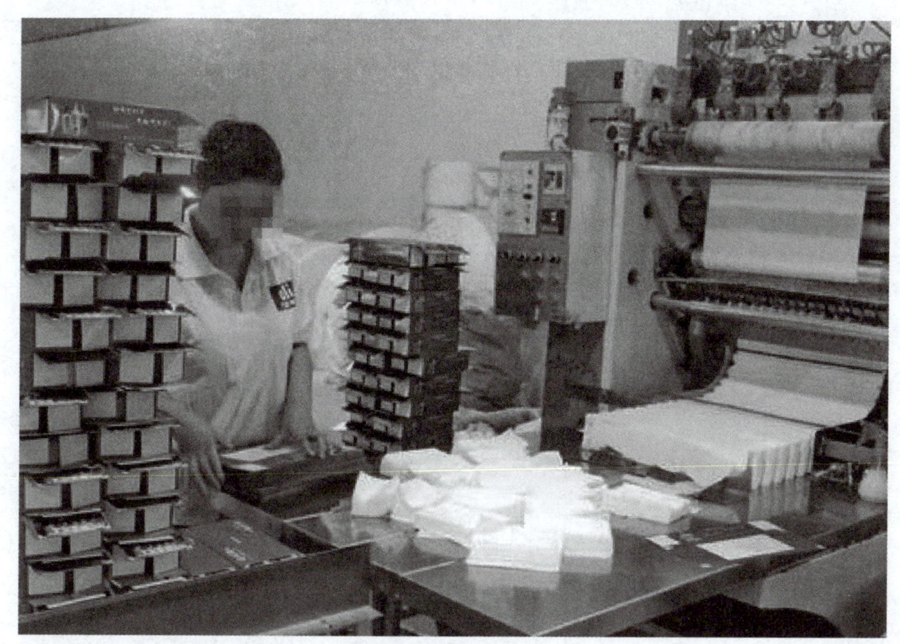

图 6-20　分装加工

2）易腐物品的防腐处理

所谓易腐物品，主要指肉、鱼、蛋、水果、蔬菜、鲜活植物等物品。这些物品在流通过程中容易腐烂变质，要进行一些加工处理以保持原有的使用价值。

冷冻加工和低温冷藏是对易腐物品进行防腐的两种主要方法。动物性食品腐坏的主要原因是微生物的作用，即细菌、酶等在食品中大量繁殖，消耗了食品中的养分，又分泌出有毒物质及难闻的气味，而造成食品腐烂变质。而对于植物性食品来说，腐烂的原因是呼吸作用，水果、蔬菜等从外界环境中获取氧，在酶的参与下，将自身累积的碳水化合物等氧化分解为维持生命所需的物质和能量，使抗病性能减退到一定程度，细菌乘虚而入，加速各种成分的分解，使之腐烂。

湿度与微生物的生成、繁殖和呼吸作用有密切关系。大多数细菌在 25℃以下时繁殖速度逐渐减慢，-12℃至 -8℃时基本停止繁殖。所以对肉、鱼类食品可采用冷冻加工，使微生物的繁殖速度减缓或停止，避免腐烂变质。

温度对水果、蔬菜呼吸强度的影响也极为显著，温度降低，呼吸作用也随之减弱。但温度过低也会使水果蔬菜中的水分冻结而停止其呼吸作用，失去对细菌的抵抗能力而腐坏。因此，对于水果蔬菜不能冷冻处理，适宜采用低温冷藏方法。

生鲜食品的流通加工方式：____

____

____

____

任务单：了解生鲜食品流通加工在物流中的具体运用

<table>
<tr><td colspan="6">任务描述：举例说明生鲜食品流通加工的方法在物流流通加工中的具体运用</td></tr>
<tr><td colspan="2">冷冻加工</td><td colspan="4"></td></tr>
<tr><td colspan="2">分选加工</td><td colspan="4"></td></tr>
<tr><td colspan="2">农副产品的精致加工</td><td colspan="4"></td></tr>
<tr><td colspan="2">分装加工</td><td colspan="4"></td></tr>
<tr><td>学号</td><td></td><td>姓名</td><td></td><td>时间</td><td>年　月　日</td></tr>
</table>

任务测评：

1. 请为下列货物选择合适的物流流通加工方式：
（1）平板玻璃：________________________________ （2）生鲜食品：________________________________ （3）煤炭：________________________________ （4）木材：________________________________ （5）冷冻食品：________________________________
2. 案例分析 DA 食品公司打算在墨西哥市场投放牛奶制品和冷冻蔬菜。对于这家有 23 亿美元资产、总部设在芝加哥、仅在美国从事销售活动的公司来说，这是一项重大的举措。由于北美自由贸易协定允许开放墨西哥市场，DA 食品公司正在利用机会将其产品介绍给 9 千万新的消费者。牛奶是一种特别吸引人的产品，因为墨西哥新鲜牛奶短缺，而人口中有一半年龄在 18 岁以下（主要的喝牛奶者）。并且，因为政府的限价，还没有什么动力驱使批发商和零售商推销该产品。在投入这项冒险事业之前，DA 公司指派了两名经理去研究墨西哥市场营销和物流需求。 DA 还寻求专业厂商 Tetra Pak 公司的合作，这是他的包装供应商之一，经营着一家大型的墨西哥公司。DA 首先通过建立一家合资企业把目标对准墨西哥奶制品市场。该合资企业期望配送商有经验处理 DA 的牛奶和奶制品，将其装运到边界城镇。墨西哥现在消费 DA 的 EI Paso 奶制品公司的 1/3 的产品。DA 食品的合资企业仍然需要解决几个问题。第一个问题是冷藏问题，因为绝大部分的产品是在小型的“夫妻“店里出售的，这类店里几乎没有什么冷藏设备。因为产品的堆放空间缩小了，在货架上的保存期也缩短了，DA 就把加仑壶包装改成小纸箱包装。第二个问题与超市有关。这些超市常常通宵停电，造成冰淇淋产品反复地融化和冻结，以至于损害了产品的质量。DA 正在考虑的一个解决办法就是自己购买冰箱并对店里 24 小时维持供电进行补贴。第三个问题是墨西哥缺少奶牛场。这一短缺正在迫使 DA 考虑发展与原奶生产商的关系，而不是实际经营这些奶牛场。 思考：根据案例，分析牛奶在物流配送中有什么特殊要求。
3. 举例说出几种农副产品的精制加工方法。

任务三　合理化物流流通加工作业

任务目标：

（1）掌握物流流通加工合理化措施，解决、避免不合理物流流通加工问题；
（2）能根据具体企业情况设计合理化流通方案。

任务学习：

某配送中心接到了来自木材厂和饼干厂的订单，要求配送中心按用户要求加工后配送。货物信息及要求如下：

货品一：从木材厂进货时得到的是1.8 m × 2.5 m的大块板材，但客户要求是0.5 m × 1.0 m的板材50块，要求下料后原材料最节省。

货品二：从饼干厂进货时得到的是已装完，但未贴标签的罐装饼干，要求贴上标签。

请根据客户要求，完成加工作业设计。注意设计方案要以所用时间和准确度为标准。

任务分析：

该任务首先要了解物流流通加工合理化措施，回避不合理物流流通加工的表现，能够按照订单要求进行合理化物流流通加工方案设计，设计方案要以所用时间和准确度为标准。

任务操作：

1. 了解不合理的物流流通加工形式

物流流通加工作为流通领域中对生产的辅助性加工，不仅是生产过程的延续，也是生产本身在流通领域的延续。这个延续能有效地起到补充完善的作用，但是如果设计不当，又可能对整个生产流通加工过程产生负效应。所以，尽量避免不合理的物流流通加工是非常有必要的。目前存在的不合理的物流流通加工形式有以下几种：

（1）物流流通加工地点设置不合理。物流流通加工地点设置即布局状况是整个流通加工是否有效的重要因素。一般而言，为衔接单品种大批量生产与多样化需求的物流流通加工，加工地设置在需求地区，才能实现大批量的干线运输与多品种末端配送的物流优势。若将物流流通加工地设置在生产地区，则多样化需求要求的产品多品种、小批量由生产地向需求地的长距离运输会出现不合理性。另外，在生产地增加了一个加工环节，使得近距离运输、装卸、储存等一系列物流活动也随之增加。

（2）物流流通加工方式选择不当。物流流通加工方式包括物流流通加工对象、物流流通加工工艺、物流流通加工技术、物流流通加工程度等。分工不合理，如本来应由生产加工完成的，却错误地由物流流通加工完成，或本来应由物流流通加工完成的，却错误地由生产加工完成，都是不科学、不合理的，都会造成物流流通加工与生产环节争夺利益的不合理局面。一般而言，工艺复杂的、技术装备要求高的，或加工可以由生产过程轻易完成的作业不宜在物流流通加工中进行，尤其不应与生产过程争夺技术要求较高的最终生产环节，更不应使生产者变成初级加工者或前期加工者。物流流通加工是对生产加工的一种补充和完善，不是生产加工的替代。

（3）物流流通加工作用不大，形成多余环节。有的物流流通加工过于简单，或对生产者及消费者作用都不大，有些过度的物流流通加工不仅没有解决品种、规格、质量、包装等问题，还增加了不必要的环节，降低了物流效率，这样的物流流通加工是不合理的。

（4）物流流通加工成本过高、效益不好。物流流通加工之所以目前发展较快，首要原因就是产出投入比较大，从而有效地起到补充完善的作用。若物流流通加工成本过高，就不能实现以较低投入实现较高使用价值的目的。所以，除必须进行的、政策要求进行的物流流通加工之外，成本过高的、效益不好的物流流通加工都应看成是不合理的。

不合理的物流流通加工形式主要有：____

____

____

____

____

____

____

____

2. 掌握物流流通加工合理化措施

物流流通加工合理化的含义是实现物流流通加工的最优配置，不仅要做到避免各种不合理问题，使物流流通加工有存在的价值，而且要选择最优方案，以达到最佳的物流流通加工效益。为避免各种不合理现象，在是否设置流通加工环节、地点，以及物流流通加工方式与技术装备的选择等方面，都需要做出正确的抉择。根据目前国内进行合理化物流流通加工方面积累的经验，实现物流流通加工合理化有了一定的应用措施：

（1）加工与配送结合。这是将物流流通加工设置在配送点中，一方面按配送的需要进行加工，另一方面加工又是配送业务流程中分货、拣货、配货作业的一环，加工后的产品直接投入配货作业。这就无须单独设置一个加工的中间环节，使物流流通加工有别于独立的生产，使物流流通加工与中转流通巧妙地结合在一起。同时，由于配送之前有加工，可使配送服务水平大大提高。这是当前物流流通加工合理化的重要形式，在煤炭、水泥等产品的流通中已表现出较大的优势。

（2）加工与配套结合。在对配套要求较高的物流流通中，配套的主体来自各个生产单位，但是完全配套有时无法全部依靠现有的生产单位。进行适当的物流流通加工，可以有效促成配套，大大提升物流流通作为桥梁与纽带的功能。

（3）加工与合理运输结合。利用物流流通加工，支线运输转干线运输或干线运输转支线运输，本来就是必须停顿的环节，不进行一般的支转干或干转支，而是按干线或支线运输合理的要求进行适当加工，从而促进两种运输形式的合理化，大大提高运输水平及运输转载水平。

（4）加工与合理商流结合。通过加工有效促进销售，使商流合理化，也是物流流通加工合理化的考虑方向之一。加工和配送的结合提高了配送水平，强化了销售；通过改变包装的加工，刺激了消费；通过组装加工帮助用户消除了使用前进行组装、调试的麻烦，这些都是加工与合理商流相结合的成功例证。

（5）加工与节约结合。节约能源、节约设备、节约人力、节约耗费是物流流通加工合理化重要的考虑因素，也是目前我国设置物流流通加工，考虑其合理化的较普遍的形式。

如何判断物流流通加工的合理性：____

____

____

____

____

____

____

____

____

任务单：认识绿色物流流通加工

<table>
<tr><td colspan="6">任务描述：绿色物流流通加工作为绿色物流的一个子范畴，属于对环境保护可以有大作为的领域，请举例绿色物流流通加工有哪些途径</td></tr>
<tr><td colspan="6">绿色物流流通加工是一种基于减少资源损耗、尽可能以低成本实现物流流通加工管理的新概念，在继续对流通中商品进行生产性加工的过程中，既能够使其成为更加适合消费者需求的最终产品，又能够符合国家一直强调的节能减排、绿色环保等生态保护理念及文明社会发展理念。物流流通加工具有较强的生产性，也是物流流通部门对环境保护可以有大作为的领域。请以小组为单位，对物流企业进行采访，分析归纳出绿色物流流通加工有哪些途径。</td></tr>
<tr><td colspan="6"></td></tr>
<tr><td>学号</td><td></td><td>姓名</td><td></td><td>时间</td><td>年　月　日</td></tr>
</table>

任务测评：

1. 请用定性描述的语言对不合理物流流通加工形式与改进措施进行分析。

不合理物流流通加工形式	改进措施

2. 思锐食品有限公司流通加工大批量多种食品，其设立的加工中心如图 6-21 所示，请分析其加工中心的位置选择合理与否。

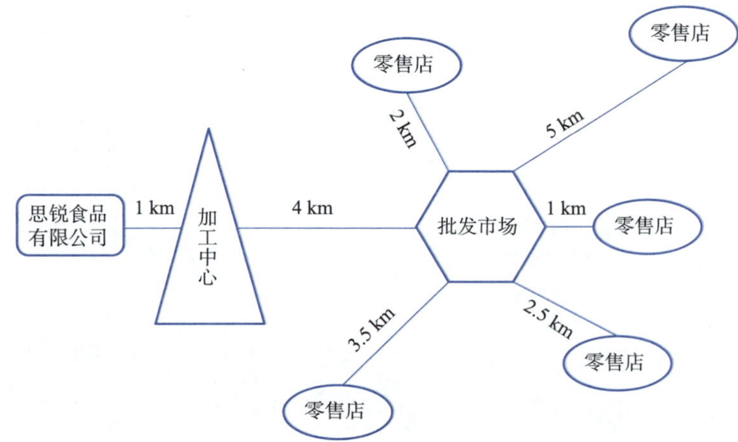

图6-21　思锐食品有限公司的流通加工中心位置

3. 案例分析：

某公司在广州有一家超级市场，设立了组合式鞋店，摆放着的不是做好了的鞋，而是做鞋用的半成品，款式花色多样，有 8 种鞋跟、10 种鞋底，均为塑料制造，鞋面的颜色以黑、白为主，搭带的颜色有 50 种，款式有百余种，顾客进来可任意挑选自己所喜欢的各个部位，交给职员当场进行组合。只要 10 min，一双崭新的鞋便唾手可得。这家鞋店昼夜营业，职员技术熟练，鞋子的售价与成批制造的价格差不多，有的还稍便宜些。所以顾客络绎不绝，销售金额比邻近的鞋店多 10 倍。

思考题：

（1）请结合上述案例分析一下流通加工合理化可以从哪些方面加以考虑。

（2）请根据从上述案例中得到的启示，自己自行设计一个行业或商品合理化流通加工的做法或方案。

项目七　物流信息技术应用

知识结构图：

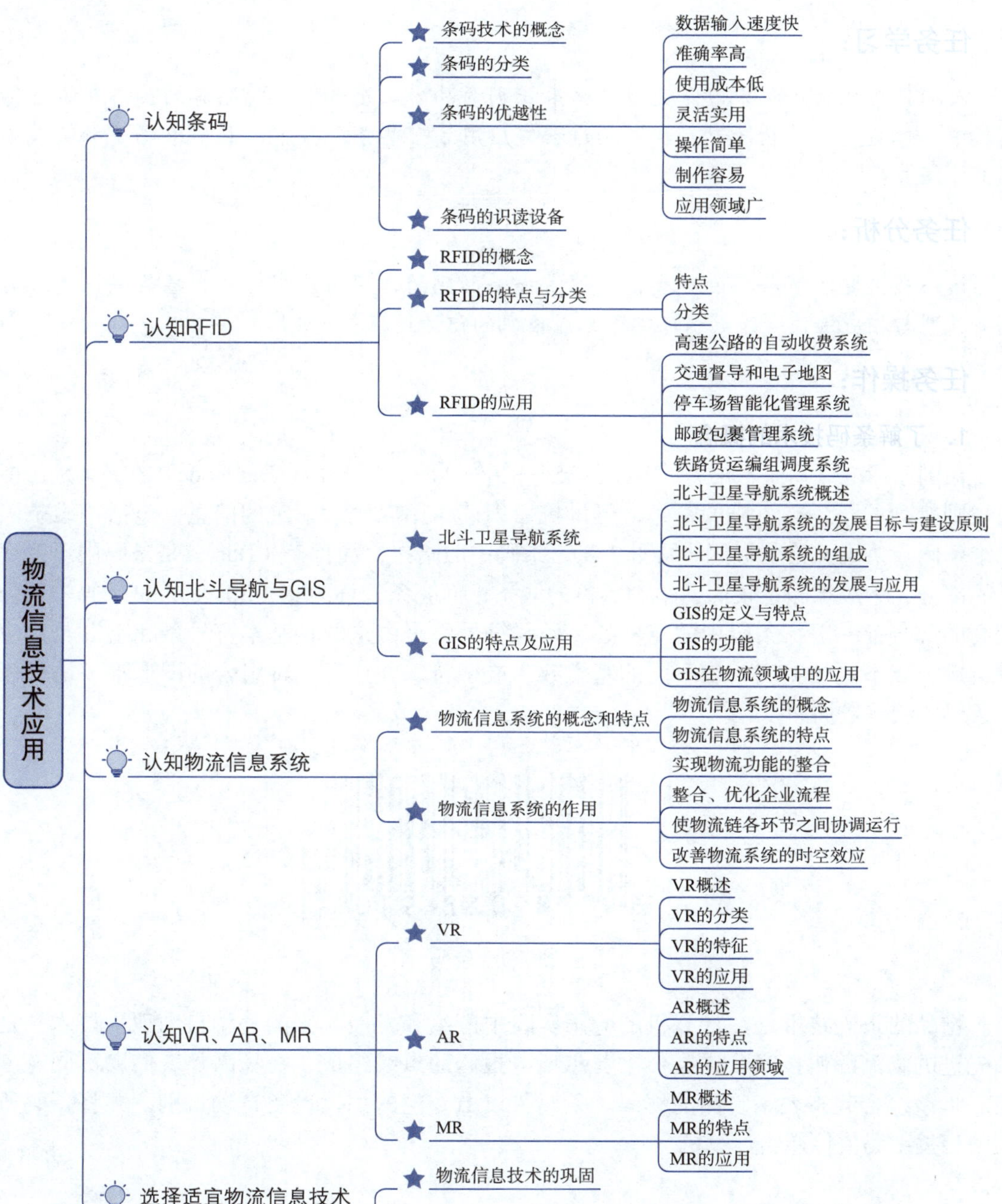

任务一　认知条码

任务目标：

（1）了解条码的概念；

（2）掌握条码的分类、作用与应用。

任务学习：

人们日常购物过程中，是通过什么来识别商品，又是如何进行结算的？请在线下传统商超中，体验一次购物活动。在购物过程中应用了哪些条码技术，利用条码技术完成了哪些工作任务？

任务分析：

该任务主要了解条码的种类，能够掌握条形码的作用与应用，并掌握条码识读工具的相关类型与相应操作；能够根据需要完成条码的识读过程。

任务操作：

1. 了解条码技术的概念

在国家标准《物流术语》（GB/T 18354—2021）中，对条码（Bar Code）的定义是：由一组规则排列的条、空组成的符号，可供机器识读，用以表示一定的信息，包括一维条码和二维条码。条码又称条形码（见图 7-1），条码中的暗条，简称条（Bar），是条码中反射率较低的部分，一般指颜色较深通常为黑色的线条；而亮条，称为空（Space），是条码中反射率较高的部分，一般指条码中的空白处。条码符号就是由这两种基本符号条和空以及对应字符组成，以不同的宽度代表不同的基本数字或字符，并让每一种组合的图形唯一地代表整个条码的编码数据。

图 7-1　条码

物品的条码技术是在计算机的应用实践中产生和发展起来的一种自动识别技术，是一种先进的物品编码技术，它类似于莫尔斯电报码的点线组成，在物品外表借助不同宽度的亮、暗条组合起来表示物品的编码。条码可以由专门的识读设备自动识别，并将条码所代表的相关编码值传递给计算机。

任务单：条码的认知

<table>
<tr><td colspan="6">任务描述：请根据国国家标准《物流术语》（GB/T 18354—2021）中对条码的定义，试完成以下两个任务，并谈谈自己的感受</td></tr>
<tr><td colspan="6">1．请在线下传统商超中，体验一次购物活动。
2．在购物过程中应用了哪些条码技术，利用条码技术完成了哪些操作环节？</td></tr>
<tr><td>在购物过程中，哪些环节用到了条码技术，起到了什么作用</td><td colspan="5"></td></tr>
<tr><td>感 受</td><td colspan="5"></td></tr>
<tr><td>学号</td><td></td><td>姓名</td><td></td><td>时间</td><td>年　月　日</td></tr>
</table>

2. 掌握条码的分类

目前，被广泛适应的条码种类有EAN码、Code39码、UPC条码、25码、交叉25码。其中，EAN条码是当今世界上应用最为广泛的物品条码，已成为电子交换（EDI）的基础。

（1）按码制分类。按码制（编码规则）的不同，条形码可以分为多种类型，常见的条码及其各项指标比较见表7-1。

表7-1 常见条码及各项指标

种类	长度	连续性	支持字符	标准字符集	其他
EAN-13 EAN-8	13位 8位	连续	数字式	0~9	EAN-13为标准版； EAN-8为缩短版
UPC-A UPC-E	12位 8位	连续	数字式	0~9	UPC-A为标准版； UPC-E为肖零压缩版
39码	非定长	非连续	自校验字母数字式	0~9、A~Z、-、$、/、+、%、*、.、空格	用于运输、仓储、工业生产、图书情报、医疗卫生等领域
93码	非定长	连续	字母数字式	0~9、A~Z、-、$、/、+、%、.、空格	密度较高，可替代39码
ITF-14码	定长	连续	自校验数字式	0~9	用于表示非零售商品，其结构中包含保护框
交叉25码	非定长	连续	自校验数字式	0~9	常采用保护框来防止不完全扫描而产生的数据误读
库德巴码	非定长	非连续	自校验数字式	0~9、A~D、$、/、+、-	用于仓库、图书馆、血库和航空快递包裹的跟踪
128码	非定长	连续	自校验数字式	三个字符集覆盖了128个全ASCII码	用于企业内部管理、生产流程、物流控制系统方面

（2）按维数分类。按维数的不同可分为一维条码、二维条码和三维条码。

① 一维条码。一维条码是指仅在一个维度方向上表示信息的条码符号。一维条码自问世以来，很快就得到了普及与广泛应用。一维条码的应用极大地提高了信息录入的速度，降低录入信息的差错率，可直接显示内容为英文、数字和简单符号等。一维条码又可分为商品条码和物流条码，由于一维条码的信息容量很小，如商品上的条码仅能容纳13位的阿拉伯数字，更多的描述商品的信息只能依靠数据库的支持，必须与预先建立好的数据库保持密切联系，一旦分离将受到一定程度的限制。同时，因一维条码存储数据较少，主要依靠计算机中关联的数据库，保密性不高，破损后识读性差。

② 二维条码。二维条码又称二维码，是指在两个维度方向都表示信息的条码符号。二维条码是在一维条码上发展而来的，它是在20世纪90年代为解决一维条码存储容量小，可靠性不高、保密性差等情况而出现的。他除了具有一维条码的优点外，还具有信息容量大、可靠性高、保密防伪性强、易于制作、成本低等优点。二维条码是一种在水平方向和垂直方向均带有信息的条码。二维条码作为一种新的信息存储和传递技术，从诞生之时就受到了国际社会的广泛关注。二维条码依靠其庞大的信息携带量，能够把过去使用一维条

码时存储与后台数据库中的信息包含在条码中，可以直接通过识读设备，读取条码上的信息。并且二维条码还有纠错及防伪功能，增加了数据的安全性。因此，二维条码在很多领域普遍应用，如国防、公共安全、交通运输、医疗卫生、工业、商业、金融、海关及政府等多个领域。二维码示意图如图 7-2 所示。

图 7-2　二维码示意图

③ 多维条码。20 世纪 80 年代以来，人们围绕如何提高条码符号的信息密度，多维条码能够表示任何计算机的数字信息，包括音频、图像、视频、全世界各国文字，不再有二维条码的种种局限。多维条码和集装箱条码成为研究、发展与应用的方向。

（3）按使用的目的分类。按使用目的可分为商品条码和物流条码。

① 商品条码。商品条码是以直接向消费者销售的商品为对象，以单个商品为单位使用的条码。商品条码隐含着数字信息、字母信息、标志信息、符号信息，主要用于表示商品的名称、厂家等信息，是全世界通用的商品代码的表达方法。EAN 条码是国际上通用的商品代码，我国通用商品条码标准也采用 EAN 条码结构。我国于 1988 年成立了“中国物品编码中心”，专门负责全国物品的编码管理工作，并于 1991 年加入欧洲物品编码协会（EAN)。国际 EAN 编码委员会分配给我国的系统代码是 690、691、692 等，也就是说我国物品条码前 3 位是 690 或 691 等数字。EAN 条码主要由前缀码、制造厂商代码、商品代码、校验码组成。

思考：以图 7-3 为例试分析我国 EAN 码的构成，其中 6902890884910 这 13 个数字中哪几个数字分别代表下列相关信息。

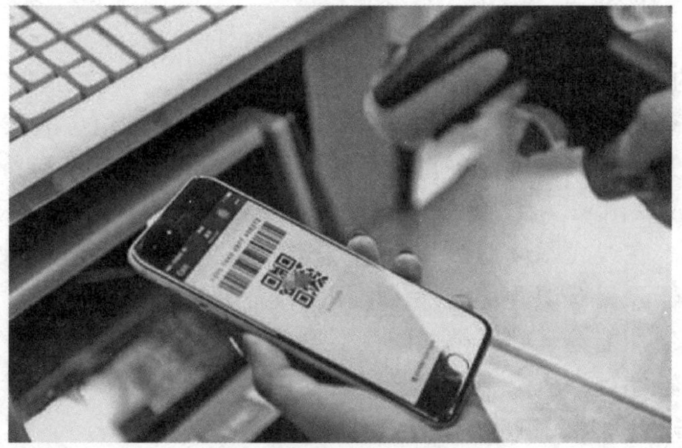

图 7-3　EAN 码的构成

② 物流条码。物流条码是在物流运作过程中以商品为对象，以包装商品为单位使用的条码。物流条码使用在商品装卸、仓储、运输和配送过程中用于识别的符号，通常印在包装箱上，用来识别商品种类、数量等，也可用于仓储批发销售现场的扫描结账。物流条码应用的场合可包括自动装卸货、拣货、分货、进出货自动登录与传输以及订单收货作业等。物流条码包括 14 位标准码与 16 位扩大码两种。若按重量计算的商品，还可以使用 6 位加长码。

3. 了解条码的优越性

条码的广泛应用与其在自动识别技术中所具有的优越性是密不可分的。

（1）数据输入速度快。键盘输入，一个每分钟打 90 个字符的打字员 1.6 s 可输入 12 个字符或字符串，而使用条码进行扫描输入，做同样的工作只需 0.3 s，速度调高幅度较大，利用这种条码扫描器瞬时可以完成数据录入工作。

（2）准确率高。据有关资料显示，键盘输入平均每 300 个字符一个错误，而条码输入平均每 15 000 个字符出现一个错误。如果加上校验位出错率是千万分之一。条码的读取精度与印刷条码的精度有关。一般情况下，按照标准进行印刷的条码通过正常的条码识读设备，都能够 100% 地正确识读。

（3）使用成本低。与其他自动化识别技术相比，推广应用条码技术，所需的费用较低，条码标签的成本价格随着介质和尺寸的大小不同而不同，即使包括打印或印刷等费用，也比其他的自动识别成本低。

（4）灵活实用。条码符号作为一种识别手段可以单独使用，也可以和有关设备组成识别系统实现自动化识别，还可以与其他控制设备联系起来实现整个系统的自动化管理。同时，在没有识别设备时，可实现手工键盘输入。

（5）操作简单。条码符号识别设备结构简单，操作容易，无须专门培训。

（6）制作容易。条码标签可印刷，称作为“可印刷的计算机语言”，易于制作，对印刷技术设备和材料无特殊要求。

（7）应用领域广。由于条码能够快速、准确地收集数据，被应用于社会各个领域。在流通领域的销售和物流、工厂的生产管理、医疗的各种挂号检查、交通领域的识别管理、金融领域的支付、图书馆的文献借阅等方面得到了广泛的应用。

4. 了解条码的识读设备

条码技术是实现物流信息管理的重要手段，条码作为物品信息的载体，可以提供有关物品的一切详细信息。条码识读设备将物品的条码读入计算机，该物品的名称、单价、规格均可相应地自动反映出来。目前条码识读设备种类繁多，大体可分为两大类：在线式阅读器和便携式阅读器。在线式阅读器按其功能和用途，又可分为多功能阅读器和各类在线阅读器。多功能阅读器除具有识读功能外，根据不同需要还可以增加可编程功能、可显示功能以及多机联网通信功能等。而便携式阅读器则配有数据储存器，当数据收集后，先把数据存储起来，然后转储到主机上，适用于脱机使用的场合。目前，国际市场已推出能储存上万个条码的便携式阅读器，广泛应用于各个领域。

任务测评

<table>
<tr><td colspan="3">1. 在我们的生活中，都用到了哪些类型的条码，主要用在什么场合，起到什么作用？</td></tr>
<tr><td>条码图片</td><td rowspan="2">应用场合与作用</td><td rowspan="2"></td></tr>
<tr><td>条码类型：______</td></tr>
<tr><td>条码图片</td><td rowspan="2">应用场合与作用</td><td rowspan="2"></td></tr>
<tr><td>条码类型：______</td></tr>
<tr><td>条码图片</td><td rowspan="2">应用场合与作用</td><td rowspan="2"></td></tr>
<tr><td>条码类型：______</td></tr>
<tr><td>条码图片</td><td rowspan="2">应用场合与作用</td><td rowspan="2"></td></tr>
<tr><td>条码类型：______</td></tr>
</table>

<table>
<tr><td colspan="3">2. 在我们的生活中，都认识哪些条码识读设备？请截取照片，并标明名称是什么。</td></tr>
<tr><td>图片粘贴处</td><td>图片粘贴处</td><td>图片粘贴处</td></tr>
<tr><td>设备名称：______</td><td>设备名称：______</td><td>设备名称：______</td></tr>
<tr><td>图片粘贴处</td><td>图片粘贴处</td><td>图片粘贴处</td></tr>
<tr><td>设备名称：______</td><td>设备名称：______</td><td>设备名称：______</td></tr>
<tr><td>图片粘贴处</td><td>图片粘贴处</td><td>图片粘贴处</td></tr>
<tr><td>设备名称：______</td><td>设备名称：______</td><td>设备名称：______</td></tr>
</table>

<table>
<tr><td colspan="6">3. 请利用条码编辑软件，完成“我是 *** 专业学生，姓名：***，学号：***，我爱学《物流基础》课程。”的二维码编辑工作，并将形成的二维码打印出来粘贴到下面图框中。</td></tr>
<tr><td colspan="6">二维码粘贴处</td></tr>
<tr><td>学号</td><td></td><td>姓名</td><td></td><td>时间</td><td>年　月　日</td></tr>
</table>

任务二　认知 RFID

任务目标：

（1）了解 RFID 的概念；
（2）掌握 RFID 的特点及重要作用；
（3）能够在不同场合分析出 RFID 的应用；
（4）了解 RFID 的组成。

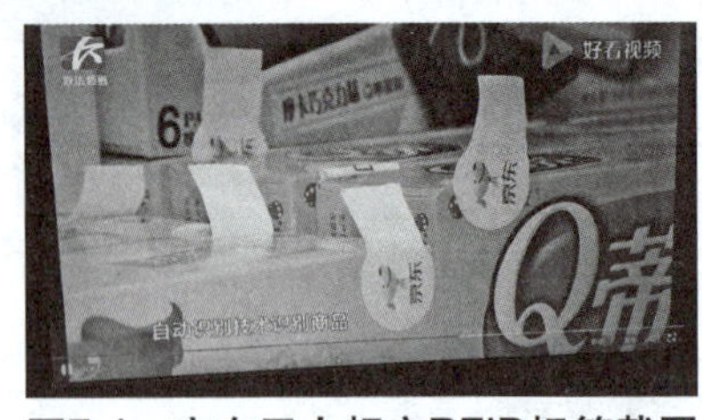

图7-4　京东无人超市RFID标签截图

任务学习：

随着新知识、新技术、智能化产品在物流系统中的应用，加快了物流行业的不断进步与发展。这里通过分享一个京东无人超市的截图（见图 7-4），分析在京东无人超市运作过程中应用到了哪些信息技术，并分析其中信息技术在人们生活中、物流行业中都产生了哪些积极的影响与作用。

任务分析：

该任务主要通过了解 RFID 的基本概念、特点、分类、作用等基础知识，掌握 RFID 技术的应用，并能够在物流行业中恰当的环境下，应用 RFID 技术，以便提高物流行业的作业效率。

任务操作：

1. 了解 RFID 的概念

RFID（Radio Frequency Identification，射频识别）在国家标准《物流术语》（GB/T 18354—2021）中的定义是：在频谱的射频部分，利用电磁耦合或感应耦合，通过各种调式和编码方案，与射频标签交互通信唯一读取射频标签身份的技术。其中，射频是指可发射传播的电磁波（RF），它通过射频信号自动识别目标对象并获取相关数据，识别工作无须人工干预，可工作于各种恶劣环境，可在这样的环境中替代条码。射频识别技术是对条码及扫描技术的补充和发展。它规避了条码技术的一些局限性，为大量信包的存储、改写和远距离识别奠定了基础。例如，京东无人超市在商品结算前商品信息的录入、在生产工厂的流水线上跟踪物体、在物流作业中货物的追踪等。射频的距离可长可短，短距离的射频产品多用于银行、日常消费等领域，长距离的射频产品多用于交通领域，如高速公路自动收费系统设备，车辆经过收费通道时无须停车即可完成缴费工作，大大提高了通行效率。

RFID 技术的基本工作原理并不复杂：标签进入磁场后，接收解读器发出的射频信号，凭借感应电流所获能量发送出存储在芯片中的产品信息（Passive Tag，无源标签或被动标签），或者由标签主动发送某一频率的信号（Active Tag，有源标签或主动标签），解读器读取信息并解码后，送至中央信息系统进行有关数据处理。

射频识别技术几乎可以用来追踪和管理所有物理对象。因此，越来越多的零售商和制造商在关心和支持这项技术的发展和应用。一套完整的 RFID 系统，是由阅读器（Reader）与标签（Tag）、应答器（transponder）及应用软件系统组成，其工作原理是 Reader 发射特定频率的无线电波能量给 Transponder，用以驱动 Transponder 电路将内部的数据送出，此时 Reader 便依序接收解读数据，送给应用程序进行相应处理。

任务单：RFID 的认知

<table>
<tr><td colspan="6">任务描述：我们身边有哪些情况是技术的应用？试从以下几个方面举例说明</td></tr>
<tr><td colspan="2">在家庭生活中</td><td colspan="4"></td></tr>
<tr><td colspan="2">在交通出行上</td><td colspan="4"></td></tr>
<tr><td colspan="2">在金融业务办理上</td><td colspan="4"></td></tr>
<tr><td colspan="2">在校园生活中</td><td colspan="4"></td></tr>
<tr><td colspan="2">其他方面</td><td colspan="4"></td></tr>
<tr><td>学号</td><td></td><td>姓名</td><td></td><td>时间</td><td>年　月　日</td></tr>
</table>

2. 掌握 RFID 的特点与分类

1）RFID 的特点

RFID 技术具有以下一些优势：

（1）扫描识别方面。RFID 识别更准确，识别的距离更灵活，可以做到穿透性和无屏障阅读。

（2）数据的记忆体容量。RFID 最大的容量则有数兆字节（MB)，随着记忆载体的发展，数据容量有不断扩大的趋势。

（3）抗污染能力和耐久性。RFID 对水、油和化学药品等物质具有很强的抵抗性；RFID 卷标是将数据存在芯片中，因此可以免受污损。

（4）可重复使用。RFID 标签则可以重复地新增、修改、删除 RFID 卷标内存储的数据，方便信息的更新。

（5）体积小型化、形状多样化。RFID 在读取上并不受尺寸大小与形状限制，不需要为了读取精确度而配合纸张的固定尺寸和印刷品质。此外，RFID 标签更可往小型化与多样化形态发展，以应用于不同产品。

（6）安全性。RFID 承载的是电子式信息，其数据内容可通过密码进行保护，使其内容不易被伪造及变造。近年来，RFID 因其具备的远距离读取、高储存量等特性而备受瞩目。它不仅可以帮助一个企业大幅提高货物、信息管理的效率，还可让销售企业和制造企业互联，从而更加准确地接收反馈信息，控制需求信息，优化整个供应链。

2）RFID 的分类

根据 RFID 系统完成的功能不同，可以把 RFID 系统分成四种类型：EAS 系统、便携式数据采集系统、物流控制系统和定位系统。

（1）EAS 系统。EAS（Electronic Article Surveillance，电子商品防窃）是一种设置在需要控制物品出入门口的 RFID 技术。这种技术的典型应用场合是商店、图书馆和数据中心等地方，当未被授权的人从这些地方非法取走物品时，EAS 系统会发出警告。在应用 EAS 技术时，首先在物品上黏附 EAS 标签，当物品被正常购买或者合法移出时，在结算处通过一定的装置使 EAS 标签失活，物品就可以取走。物品经过装有 EAS 系统的门口时，EAS 装置能自动检测标签的活动性，发现活动性标签 EAS 系统会发出警告。EAS 技术的应用可以有效防止物品被盗，不管是大件的物品，还是很小的物品。应用 EAS 技术，物品不用再锁在玻璃橱柜里，可以让顾客自由地观看、检查商品，这在自选商品日益流行的今天有着非常重要的现实意义。

EAS 系统的工作原理：在监视区，信号发射机以一定的频率向信号接收机发射信号。信号发射机与信号接收机一般安装在零售店、图书馆的出入口，形成一定的监视空间。当具有特殊特征的标签进入该区域时，会对信号发射机发出的信号产生干扰，这种干扰信号也会被信号接收机接收，再经过微处理器的分析判断，就会控制警报器鸣响。根据信号发射机发出的信号不同以及标签对信号干扰原理不同，EAS 可以分成许多种类型。关于 EAS 技术最新的研究方向是标签的制作，人们正在讨论 EAS 标签能否像条码一样，在产品的制作或包装过程中加进产品，成为产品的一部分。

典型的 EAS 系统一般由三部分组成：附着在商品上的电子标签、电子传感器；电子标签灭活装置，以便授权商品能正常使用；监视器，在出口形成一定区域的监视空间。

（2）便携式数据采集系统。便携式数据采集系统是使用带有 RFID 阅读器的手持式数据采集器采集 RFID 标签上的数据。这种系统具有比较大的灵活性，适用于不宜安装固定式 RFID 系统的应用环境。手持式阅读器（数据输入终端）可以在读取数据的同时，通过无线电波数据传输方式（RFDC）实时地向主计算机系统传输数据，也可以暂时将数据存储在阅读器中，成批地向主计算机系统传输数据。

（3）物流控制系统。在物流控制系统中，RFID 阅读器分散布置在给定的区域，并且阅读器直接与数据管理信息系统相连，信号发射机是移动的，一般安装在移动的物体、人上面。当物体、人流经阅读器时，阅读器会自动扫描标签上的信息并把数据信息输入数据管理信息系统进行存储、分析和处理，以达到控制物流的目的。

（4）定位系统。定位系统用于自动化加工系统中的定位，以便对车辆、轮船等进行运行定位支持。阅读器放置在移动的车辆、轮船或者自动化流水线上移动的物料、半成品和成品上，信号发射机嵌入到操作环境的地表下面。信号发射机上存储有位置识别信息，阅读器一般通过无线的方式（有的使用有线的方式）连接到主信息管理系统。

3. 了解 RFID 的应用

由于射频识别技术具有非接触采集信息、读写能力强、正确率高等优点，因此应用于很多行业中。以下列举了目前射频识别技术的部分应用，随着射频识别技术的进一步成熟与完善，它的前景将十分广阔。

（1）高速公路的自动收费系统。高速公路上的人工收费站由于效率低下而成为交通瓶 颈。如果将 RFID 技术应用在高速公路自动收费上，就能够充分体现它非接触识别的优势，让车辆在高速通过收费站的同时自动完成收费。据测试，采用这种自动收费方式，车辆通过自动收费卡口时车速可保持在 40 km/h，与停车领卡交费相比，行车可节省时间 30%~70%。

（2）交通督导和电子地图。利用 RFID 技术可以进行车辆的实时跟踪，通过交通控制中心的网络在各个路段向驾驶员报告交通状况，指挥车辆绕开堵塞路段，并用电子地图实时显示交通状况，使交通流量均匀，大大提高道路利用率。通过实时跟踪，还可以自动查处违章车辆，记录违章情况。另外，在公共汽车站，通过实时跟踪可以指示公共汽车到站时间及自动显示乘客信息，带给乘客方便。

（3）停车场智能化管理系统。系统可以自动识别车辆的合法性，无须停车即可完成放行（禁止）、记录等管理功能，从而节约进出场的时间，提高工作效率，杜绝管理费的流失。

（4）邮政包裹管理系统。在邮政领域，如果在邮票和包裹标签中贴上 RFID 芯片，不仅可以实现分拣过程的全自动化，而且当包裹到达某个地方时，标签信息就会被自动读入管理系统，并融入“物联网”供顾客和企业查询。

（5）铁路货运编组调度系统。火车按既定路线运行，读写器安装在铁路沿线，就可得到火车的实时信息及车厢内所装物品的信息。通过读到的数据，能够了解火车的情况、监控火车的完整性，以防止遗漏在铁轨上的车厢发生撞车事故，同时可以在车站将车厢重新编组。

任务测评：

根据所学知识，对 RFID 在各领域的应用作用进行分析	
应用领域	RFID 技术所起到的作用（可举例说明）
物流	
零售	
制造业	
服装业	
医疗	
身份识别	
防伪	
资产管理	
交通	
食品	
动物识别	
图书管理	
汽车	
航空	
军事	

任务三　认知北斗导航与 GIS

任务目标：

（1）了解 BDS 与 GIS 的基本概述及组成；

（2）掌握 BDS 与 GIS 在物流领域及生活中的应用。

任务学习：

新到某市火车站分部的快递员小王于早上 8:15 分，以电话方式接到了一个高级客户发来的紧急催派任务，要求将因不可抗力造成货物邮寄途中延误的快件，加急送给于 10:00 在该市机场登机的张经理手中。假如你是小王，你将选择哪些信息技术来辅助完成此次快件的送货任务？如何在一个早高峰时间规划送货路线？

任务分析：

该任务为了协助物流作业人员或满足特殊客户需求，充分利用现代信息技术完成工作或提供服务。通过该任务的学习主要了解北斗导航与 GIS 的基本概述，充分掌握该信息技术在物流行业中发挥了哪些重要作用。

任务操作：

1. 了解北斗卫星导航系统

1）北斗卫星导航系统概述

北斗卫星导航系统（BeiDou Navigation Satellite System，BDS）是我国自行研制的全球卫星导航系统，也是继 GPS、GLONASS 之后的第三个成熟的卫星导航系统。BDS 和美国 GPS、俄罗斯 GLONASS、欧盟 GALILEO，是联合国卫星导航委员会已认定的供应商。

北斗卫星导航系统由空间段、地面段和用户段三部分组成，可在全球范围内全天候、全天时地为各类用户提供高精度、高可靠定位、导航、授时服务，并且具备短报文通信能力，已经初步具备区域导航、定位和授时能力，定位精度为分米、厘米级别，测速精度 0.2 m/s，授时精度 10 ns。

2020 年 7 月 31 日上午，北斗三号全球卫星导航系统正式开通。

目前全球范围内已经有 137 个国家与北斗卫星导航系统签下了合作协议。随着全球组网的成功，北斗卫星导航系统未来的国际应用空间将会不断扩展。

北斗卫星导航系统是中国着眼于国家安全和社会经济发展需要，自主建设、独立运行的卫星导航系统，是为全球用户提供全天候、全天时、高精度的定位、导航和授时服务的重要空间基础设施。

随着北斗系统建设和服务能力的发展，相关产品已广泛应用于交通运输、海洋渔业、水文监测、气象预报、测绘地理信息、森林防火、通信系统、电力调度、救灾减灾、应急搜救等领域，逐步渗透到人类社会生产和人们生活的方方面面，为全球经济和社会发展注入新的活力。

任务单：北斗导航与 GIS 的作用

<table>
<tr><td colspan="6">任务描述：通过上述两个案例分析北斗导航与 GIS 的给我们带来了哪些启示，并探讨在物流行业起到了什么作用</td></tr>
<tr><td colspan="2">从直观的感受上</td><td colspan="4"></td></tr>
<tr><td colspan="2">从技术应用上</td><td colspan="4"></td></tr>
<tr><td colspan="2">从社会进步发展上</td><td colspan="4"></td></tr>
<tr><td colspan="2">从专业认知上</td><td colspan="4"></td></tr>
<tr><td colspan="2">北斗导航与 GIS 在物流行业中发挥了哪些重要作用</td><td colspan="4"></td></tr>
<tr><td>学号</td><td></td><td>姓名</td><td></td><td>时间</td><td>年　月　日</td></tr>
</table>

2）北斗卫星导航系统的发展目标与建设原则

建设世界一流的卫星导航系统，满足国家安全与经济社会发展需求，为全球用户提供连续、稳定、可靠的服务；发展北斗产业，服务经济社会发展和民生改善；深化国际合作，共享卫星导航发展成果，提高全球卫星导航系统的综合应用效益。BDS 的建设主要围绕着“自主”“开放”“兼容”“渐进”的原则。

（1）自主：坚持自主建设、发展和运行北斗系统，具备向全球用户独立提供卫星导航服务的能力。

（2）开放：免费提供公开的卫星导航服务，鼓励开展全方位、多层次、高水平的国际交流与合作。

（3）兼容：提倡与其他卫星导航系统开展兼容与互操作，鼓励国际交流与合作，致力于为用户提供更好的服务。

（4）渐进：分步骤推进北斗系统建设，持续提升北斗系统服务性能，不断推动卫星导航产业全面、协调和可持续发展。

3）北斗卫星导航系统的组成

BDS 由空间段、地面段和用户段三部分组成。

（1）空间段：由若干地球静止轨道卫星、倾斜地球同步轨道卫星和中圆地球轨道卫星组成。

（2）地面段包括主控站、时间同步 / 注入站和监测站等若干地面站，以及星间链路运行管理设施。

（3）用户段：包括北斗及兼容其他卫星导航系统的芯片、模块、天线等基础产品，以及终端设备、应用系统与应用服务等。

4）北斗卫星导航系统的发展与应用

（1）北斗卫星导航系统的发展。未来，北斗系统将持续提升服务性能，扩展服务功能，增强连续稳定运行能力。2020 年底前，北斗二号系统将发射一颗地球静止轨道备份卫星，北斗三号系统还将发射六颗中圆地球轨道卫星、三颗倾斜地球同步轨道卫星和两颗地球静止轨道卫星，进一步提升全球基本导航和区域短报文通信服务能力，并实现全球短报文通信、星基增强、国际搜救、精密单点定位等服务能力。

① 基本导航服务：为全球用户提供服务，空间信号精度将优于 0.5 m；全球定位精度将优于 10 m，测速精度优于 0.2 m/s，授时精度优于 20 ns；亚太地区定位精度将优于 5 m，测速精度优于 0.1 m/s，授时精度优于 10 ns，整体性能大幅提升。

② 短报文通信服务：中国及周边地区短报文通信服务，服务容量提高 10 倍，用户机发射功率降低到原来的 1/10，单次通信能力 1 000 汉字（14 000 比特）；全球短报文通信服务，单次通信能力 40 汉字（560 比特）。

③ 星基增强服务：按照国际民航组织标准，服务中国及周边地区用户，支持单频及双频多星座两种增强服务模式，满足国际民航组织相关性能要求。

④ 国际搜救服务：按照国际海事组织及国际搜索和救援卫星系统标准，服务全球用户。与其他卫星导航系统共同组成全球中轨搜救系统，同时提供反向链路，极大提升搜救效率和能力。

⑤ 精密单点定位服务：服务中国及周边地区用户，具备动态分米级、静态厘米级的精密定位服务能力。

（2）北斗卫星导航系统（BDS）的应用。北斗系统提供服务以来，已在交通运输、农林渔业、水文监测、气象测报、通信系统、电力调度、救灾减灾、公共安全等领域得到广泛应用，融入国家核心基础设施，产生了显著的经济效益和社会效益，如图 7-5 所示。同时，北斗系统大众服务发展前景广阔。基于北斗的导航服务已被电子商务、移动智能终端制造、位置服务等厂商采用，广泛进入我国大众消费、共享经济和民生领域，深刻改变着人们的生产生活方式。

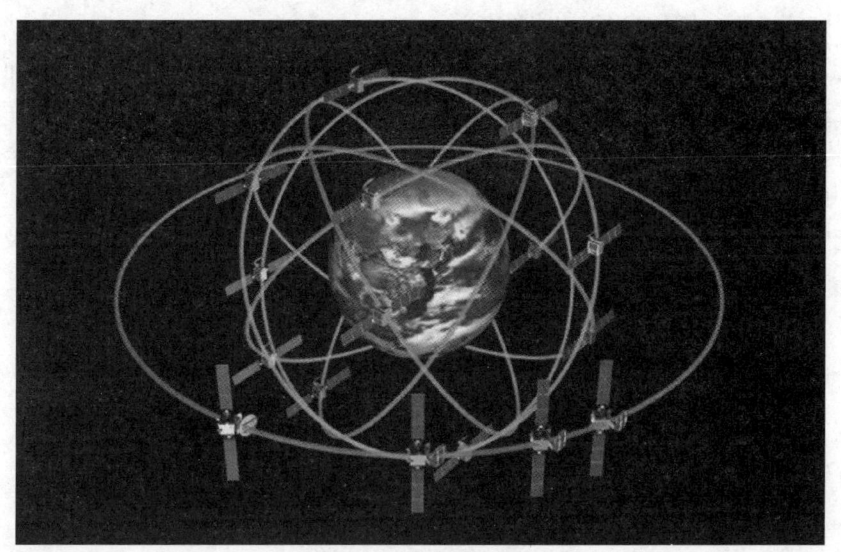

图 7-5　北斗空间示意图

① 交通运输方面，北斗系统广泛应用于重点运输过程监控、公路基础设施安全监控、港口高精度实时定位调度监控等领域。截至 2020 年底，中国新能源公交车超过 46 万辆，占比 66.2%；空调车占比达到 82.1%；安装卫星定位系统车辆占比达到 90.1%；更新公交车辆基本配备有车载视频监控、驾驶区安全防护隔离设施和无障碍设备。

② 农林渔业方面，基于北斗的农机作业监管平台实现农机远程管理与精准作业，服务农机设备超过 5 万台，精细农业产量提高 5%，农机油耗节约 10%。定位与短报文通信功能在森林防火等应用中发挥了突出作用。为渔业管理部门提供船位监控、紧急救援、信息发布、渔船出入港管理等服务，全国 7 万余只渔船和执法船安装北斗终端，累计救助 1 万余人。

③ 水文监测方面，成功应用于多山地域水文测报信息的实时传输，提高灾情预报的准确性，为制定防洪抗旱调度方案提供重要支持。

④ 气象测报方面，研制一系列气象测报型北斗终端设备，形成系统应用解决方案，提高了国内高空气象探空系统的观测精度、自动化水平和应急观测能力。

⑤ 通信时统方面，突破光纤拉远等关键技术，研制出一体化卫星授时系统，开展北斗双向授时应用。

⑥ 电力调度方面，开展基于北斗的电力时间同步应用，为在电力事故分析、电力预警系统、保护系统等高精度时间应用创造了条件。

⑦ 救灾减灾方面，基于北斗系统的导航、定位、短报文通信功能，提供实时救灾指挥调度、应急通信、灾情信息快速上报与共享等服务，显著提高了灾害应急救援的快速反应能力和决策能力。

⑧ 公共安全方面，全国 40 余万部警用终端联入警用位置服务平台。北斗系统在亚太经济合作组织会议、二十国集团峰会等重大活动安保中发挥了重要作用。

⑨ 电子商务领域，国内多家电子商务企业的物流货车及配送员，应用北斗车载终端和手环，实现了车、人、货信息的实时调度。

⑩ 智能手机应用领域，在人们的日常生活中，手机已经成了必需品，然而导航系统在各 App 中发挥着重要的作用。其中，从打开地图导航，到外卖点餐，再到车库里停车，现在北斗卫星导航系统在老百姓的生活中已经无处不在。截至 2020 年 10 月，全球应用北斗系统导航的手机已经超过 3.72 亿部。

⑪ 智能穿戴领域，多款支持北斗系统的手表、手环等智能穿戴设备，以及学生卡、老人卡等特殊人群关爱产品不断涌现，得到广泛应用。

任务单：北斗导航的功能分析

<table>
<tr><td colspan="6">任务描述：2020 年年初，北斗系统火线驰援武汉市火神山和雷神山医院建设。通过利用北斗高精度技术，为医院建设节省了大量时间。请问北斗系统在此次建设过程中提供了那些功能</td></tr>
<tr><td colspan="2">功能描述</td><td colspan="4"></td></tr>
<tr><td colspan="2">个人感想</td><td colspan="4"></td></tr>
<tr><td>学号</td><td></td><td>姓名</td><td></td><td>时间</td><td>年　月　日</td></tr>
</table>

2. 掌握 GIS 的特点及应用

1）GIS 的定义与特点

（1）GIS 的定义。

地理信息系统（Geographic Information System，GIS）在国家标准《物流术语》（GB/T 18354—2021）中的定义是：在计算机技术支持下，对整个或部分地球表层（包括大气层）空间中的有关地理分布数据进行采集、储存、管理、运算、分析、显示和描述的系统。

GIS 是空间数据和属性数据的综合体，其中，空间数据是以点、线、面等方式采用编码技术对空间物体进行特征描述及其物体间建立相互联系的数据集。空间特征包含三方面的内容：位置信息、属性信息和时间信息。

（2）GIS 的特点：

① GIS 的物理外壳是计算机化的技术系统。该系统由若干相互关联的子系统构成，如数据采集子系统、数据管理子系统、数据处理和分析子系统、可视化表达与输出子系统等。这些子系统的构成直接影响着 GIS 的硬件平台、系统功能和效率、数据处理的方式和产品输出的类型。

② GIS 的操作对象是空间数据。所谓地理实体指的是在人们生存的地球表面附近的地理图层（大气图、水图、岩石图、生物图）中可相互区分的事物和现象，即地理空间中的事物和现象。在 GIS 中，所操作的只能是实体的数据，它们都有描述其质量、数量、时间特征的属性数据，也有其非属性的数据——空间数据。

空间数据即由点、线、面这三类基本要素组成的地理实体。地理实体数据的最根本特点是每一个数据都按统一的地理坐标进行编码，实现对其定位、定性、定量和拓扑关系的描述，即空间特征数据和属性特征数据统称为地理数据。

③ GIS 具有数据综合、模拟与分析评价能力。GIS 的技术优势在于数据综合、模拟与分析评价能力，可以得到常规方法难以得到的重要信息。总的来说，GIS 具有独特的地理空间分析能力、快速的空间定位搜索和复杂的查询功能、强大的图形创造和可视化表达手段，以及地理过程的演化模拟和空间决策支持功能等。其中，通过地理空间分析可以产生常规方法难以获得的重要信息，实现在系统支持下的地理过程动态模拟和决策支持，这既是 GIS 的研究核心，也是 GIS 的重要贡献。

2）GIS 的功能

由于 GIS 本身的综合性，决定了它具有广泛的用途。GIS 在各方面的应用主要是通过系统中的多要素空间数据、各种数学模型以及应用软件来实现。

（1）统计与量算 。利用 GIS 将多种数据源信息汇集在一起，通过系统的统计和叠置分析功能，按多种边界和属性条件，提供区域多种条件组合形式的资源统计和进行原始数据的快速再现。

（2）规划与管理 。规划与管理是 GIS 应用的一个重要方面。GIS 通过对跨地域的资源数据进行处理、分析，并将空间和信息结合起来，揭示其中隐含的模式，发现其内在的规律和发展趋势，使用户在短时间内对资源数据有一个直观和全面的了解。区域规划和城市规划中涉及诸多方面和众多因素，如人口、交通、经济、文化、教育、金融和基础设施等多个地理变量和大量数据。GIS 技术能够进行多要素分析，它具有为规划部门快速提供大量信息的能力。

（3）监测与预测。在 GIS 中，监测是借助遥感遥测数据的收集，利用 GIS 对环境污染、森林火灾、洪水灾情等进行监视推测，为环境治理和救灾抢险决策提供及时准确的信息。

预测主要采用统计方法，通过分析历史资料和建立数学模型，对事物进行定量分析，并对事物的未来做出判断和预测，例如洪水预报模型。

（4）辅助决策。GIS 在其多要素空间数据库的支持下，通过构建一系列决策模型，并对这些决策模型进行比较分析，为各部门决策提供科学的依据，辅助政府部门制定决策。GIS 技术已经被用于辅助完成一些任务，例如，为计划调查提供信息，为解决领土争端提供信息服务，以最小化视觉干扰为原则设置路标等。所有的这些数据都可以用地图的形式简洁而清晰地显示出来，或者出现在相关的报告中，使决策的制定者不必再浪费精力在分析和理解数据上。GIS 快速的结果获取，使多种方案和设想可以得到高效的评估。

（5）制图功能。制图功能是 GIS 最重要的一种功能，对多数用户来说，也是用得最多的一种功能。GIS 的综合制图功能包括专题地图制作，在地图上显示出地理要素，并赋予数值范围，同时可以放大和缩小以表现不同的细节层次。GIS 不仅可以为用户输出全要素图，而且可以根据用户需要分层输出各种专题地图，以显示不同要素和活动的位置，或有关属性内容。例如，矿产分布图、城市交通图、旅游图等。通常这种含有属性信息的专题地图主要有多边形图、线状图、点状图等三种基本形式，也可由这几种基本图形综合组成各种形式和内容的专题图。

总之，随着社会的进步、科技的发展，GIS 的应用将越来越广泛，必将产生巨大的经济效益和社会效益。

3）GIS 在物流领域中的应用

GIS 在物流中主要用于货物的跟踪和车辆的运输管理。GIS 技术和其他技术相结合，可实现汽车和自动搬运车的无人驾驶。具体地说，GIS 在物流领域的应用主要表现在以下几方面。

（1）实时监控。经过 GSM 网络的数字通道，将信号输送到车辆监控中心，监控中心通过差分技术换算位置信息，然后通过 GIS 将位置信号用地图语言显示出来。货主、物流企业可以随时了解车辆的运行状况、任务执行和安排情况，使得不同地方的流动运输设备变得透明而且可控。另外，还可以通过远程操作、断电锁车、超速报警对车辆行驶进行实时限速监管、偏移路线预警、疲劳驾驶预警、危险路段提示、紧急情况报警、求助信息发送等安全管理保障驾驶员、货物、车辆及客户财产安全。

（2）指挥调度。客户经常会因突发性的变故而在车队出发后要求改变原订计划：有时公司在集中回程期间临时得到了新的货源信息；有时几个不同的物流项目要交叉调车。在上述情况下，监控中心借助于 GIS 就可以根据车辆信息、位置、道路交通状况向车辆发出实时调度指令，用系统的观念运作企业业务，达到充分调度货物及车辆的目的，降低空载率，提高车辆运作效率。如果为某条供应链服务，则能够发挥第三方物流的作用，把整个供应链上的业务操作变得透明，为企业供应链管理打下基础。

（3）规划车辆路径。目前主流的GIS应用开发平台大多集成了路径分析模块，运输企业可以根据送货车辆的装载量、客户分布、配送订单、送货线路交通状况等因素设置计算条件，利用该模块的功能，结合真实环境中所采集到的空间数据，分析客、货流量的变化情况，对公司的运输线路进行优化处理，可以便利地实现以费用最小或路径最短等目标为出发点的运输路径规划。

（4）定位跟踪。GIS结合GPS技术实现货物实时快速的定位，这对于现代物流的高效率管理来说非常关键。在主控中心的电子地图上选定跟踪车辆，将其运行位置在地图画面上保存，精确定位车辆的具体位置、行驶方向、瞬间时速，形成直观的运行轨迹，并任意放大、缩小、还原、换图，可以随目标移动，使目标始终保持在屏幕上。利用该功能可对车辆和货物进行实时定位、跟踪，满足掌握车辆基本信息、对车辆进行远程管理的需要。

（5）信息查询。货物发出以后，受控车辆所有的移动信息均被存储在控制中心计算机中——有序存档、方便查询；客户可以通过网络实时查询车辆运输途中的运行情况和所处的位置，了解货物在途中是否安全，是否能快速有效地到达。接货方只需要通过发货方提供的相关资料和权限，就可通过网络实时查看车辆和货物的相关信息，掌握货物在途中的情况以及大概的到达时间。以此来提前安排货物的接收，存放以及销售等环节，使货物的销售链可提前完成。

（6）辅助决策分析。在物流管理中，GIS会提供历史的、现在的、空间的、属性的全方位信息，并集成各种信息进行销售分析、市场分析、选址分析以及潜在客户分析等空间分析。另外，GIS与GPS的有效结合，再辅以车辆路线模型、最短路径模型、网络物流模型、分配集合模型和设施定位模型等，可构建高度自动化、实时化和智能化的物流管理信息系统，这种系统不仅能够分析和运用数据，而且能为各种应用提供科学的决策依据，使物流变得实时并且成本最优。

任务测评：

1. 请用北斗导航找出自己的家乡所在地区（最好能找出具体哪一座房子或建筑是自己的家），同时介绍一个家乡的风景名胜（配上景观照片）。以上均给出北斗导航的屏幕截图，在图上标注地点并配文字说明，并谈谈北斗导航与GIS有何内在联系。
2. 选取一个具体的GIS应用案例或解决方案，较为深入地分析GIS在其中的作用和价值，不少于3 000字。

学号		姓名		时间	年　月　日

任务四 认知物流信息系统

任务目标：

（1）了解物流息系统的概念；

（2）掌握物流信息系统的功能作用；

（3）熟悉常见的物流信息系统应用。

任务学习：

2020 年 1 月 23 日，在这个寒冷的冬天某区域受到疫情的影响，面临着对食物的需求。因此，利用网络资源在京东商城搜到了爱吃的罐头制品，下单后因疫情影响需对邮寄包裹和产品进行严格的检查与消杀，所以货物迟迟未到。为了解决内心对货物的渴望与担忧，特此利用手机登录京东进行订单的查询与跟踪。

仔细分析京东订单物流跟踪详细信息，可细化到分秒，还是很不错的。跟踪得这么精细、数据量如此之大，京东是怎样做到的？

任务分析：

通过该任务了解物流信息系统的概念与功能，掌握物流信息系统在物流行业应用中所起到的作用。通过物流信息系统的应用不断提升物流作业的效率。

任务操作：

1. 了解物流信息系统的概念和特点

1）物流信息系统的概念

物流信息系统（Logistics Information Systems，LIS）是企业信息系统中的一类，是物流企业按照现代管理思想、理念，以信息技术为支撑所开发的信息系统。该系统充分利用数据、信息、知识等资源，实施物流业务、控制物流业务、支持物流决策、实现物流信息共享，以提高物流企业业务的效率、决策的科学性，其最终目的是提高企业的核心竞争力。

基于信息技术的物流信息系统是一个人机系统，它对企业的各种数据进行收集、传递、加工、存储，将各种有用的信息传递给使用者，以帮助物流企业进行全面管理。

2）物流信息系统的特点

随着社会经济的发展和科技的进步，物流信息系统正向信息分类的集成化、系统功能的模块化、信息采集的在线化、信息存储的大型化、信息传输的网络化、信息处理的智能化以及信息处理界面的图形化方向发展。

（1）集成化：指物流信息系统将业务逻辑上相互关联的部分连接在一起，为企业物流活动中的集成化信息处理工作提供基础。在系统开发过程中，数据库的设计、系统结构以及功能的设计等都应该遵循统一的标准、规范和规程，以避免出现“信息孤岛”的现象。

（2）模块化：指把物流信息系统划分为各个功能模块的子系统，各子系统通过统一的标准来进行功能模块开发，然后再集成、组合起来使用，这样就能既满足物流企业的不同管理部门的需要，也保证了各个子系统的使用和访问限。

（3）标准化：包括两方面内容，一是物流信息本身的标准化，如数据格式、语言、传输协议、处理程序等的标准化；二是物流信息系统的结构、接口、基本模块的基本统一性。标准化有利于物流企业信息系统和其他企业信息系统之间的数据和信息的交换与共享。

（4）实时化：借助编码技术、自动识别技术、北斗导航、GIS 等现代物流信息技术，对物流活动进行准确、实时的信息采集，并采用先进的计算机与通信技术，即时地进行数据处理和传送物流信息，将供应商、分销商和客户在业务关系上连接起来，是整个物流信息系统能够及时掌握和共享属于供应商、分销商和客户的信息。

（5）网络化：通过网络技术和通信技术将分散在不同地理位置的物流分支结构、供应商、客户等连接起来，形成一个复杂但有密切联系的信息网络，实时地了解各地业务的运作情况。物流信息中心将对各地传来的物流信息进行汇总、分类，以及综合分析，并通过网络把结果反馈和传达下去，以指导、协调、综合各个地区的业务工作。

（6）智能化：智能化物流信息系统正在不断完善，正在往智能化方向努力发展。比如，在物流企业决策系统中的知识子系统，它就负责收集、存储和智能化处理在决策过程中所需要的物流领域知识、专家的决策知识和经验知识。

任务单：

<table>
<tr><td colspan="6">任务描述：通过上述案例试分析一下，京东订单物流跟踪详细信息细化到分秒，跟踪如此精细、数据量如此之大，京东是怎么做到的呢？通过这个案例我们有何感触</td></tr>
<tr><td colspan="2">试分析如何实现物流跟踪服务</td><td colspan="4"></td></tr>
<tr><td colspan="2">通过案例的分析，谈谈自己的感受（从社会发展、科技进步等方面）</td><td colspan="4"></td></tr>
<tr><td>学号</td><td></td><td>姓名</td><td></td><td>时间</td><td>年　月　日</td></tr>
</table>

2. 掌握物流信息系统的作用

物流系统中的相互衔接是通过信息予以沟通的，基本资源的调度也是通过信息共享来实现的，因此，组织物流活动必须以信息为基础。为了使物流活动正常而有规律地进行，必须保证物流信息畅通。物流信息的网络化就是要将物流信息通过现代信息技术使其在企业内、企业间乃至全球达到共享的一种方式。物流信息已经从“点”发展到“面”，以网络方式将物流企业的各部门、各物流企业、物流企业与生产企业和商业企业等连在一起，实现了社会性的各部门、各企业之间低成本的数据高速共享；从平面应用发展到立体应用，企业物流更好地与信息流和资金流综合，统一加工消除了部门间的冗余，实现了信息的可追溯性。具体作用如下：

1）实现物流功能的整合

物流系统是由运输、储存、包装、装卸、搬运、加工、配送等多个作业环节构成的，这些环节相互联系，形成物流系统整体。在物流信息系统实施之前，即使企业从观念上考虑了系统整体优化，但由于信息管理手段落后，信息传递速度慢、准确性差，而且缺乏共享性，使得各功能之间的衔接不协调或者相互脱节，这些不协调与脱节便需要利用信息技术对这些物流环节进行功能整合，将联合运输、共同配送、仓储、加工一体化等物流功能进行有效的整合。

2）整合、优化企业流程

物流企业的不断发展离不开业务流程的整合与优化，物流信息系统为物流企业流程优化奠定了坚实的基础，也为企业经济效益、管理水平的提升和核心竞争力的提升带来了实质性的效果。

3）使物流链各环节之间协调运行

物流信息系统是物流各环节上的成员能实现信息的实时共享，实现供应链全局库存信息、订单信息和运输状态等信息的共享和可见，以降低供应链中的需求订单信息畸变现象。在这种物流信息实时反应的网络条件下，物流各环节成员能够相互支持，相互配合，以适应激烈竞争的市场环境。

4）改善物流系统的时空效应

时间效应和空间效应是物流系统的两个主要功能。时间效用，指通过商品库存消除商品生产和消耗在时间上的矛盾，是生产与消耗在时间空间上达到一致；空间效应，指通过运输、配送等活动消除商品生产与消耗在空间位置上的矛盾，达到生产与消耗位置上空间的一致。企业物流信息系统之间通过 JIT 快速、准确地传递和共享物流信息，使生产厂商和物流服务提供商能随时掌握商品需求者的需求状况，生产厂商的准时生产、物流提供商的准时配送，将生产地和流通过程中的库存减少到最低限度，供应商与生产商或消费者之间的距离被拉近，甚至达到“零库存”或“零距离”，由此降低物流费用。

任务测评：

你见过哪些物流信息系统，它们在物流运作过程中起到了什么作用？					
学号		姓名		时间	年 月 日

任务五　认知 VR、AR、MR

任务目标：

（1）了解 VR、AR、MR 的概述；
（2）掌握 VR、AR、MR 的功能和应用。

任务学习：

近年来，VR、AR、MR 作为将人与虚拟世界展开互动的标志性技术，带来的诱人体验不仅让游戏玩家急于尝新，也让普通消费者充满期待。VR 游戏、AR 购物、MR 试装、全景视频等如雨后春笋，应接不暇。它们正在以更大的步伐、更快的速度走进市场。

VR、AR、MR 在人们的生活中、工作中、学习中的应用越来越广泛，给人们带来诸多方面，试分析一下 VR、AR、MR 在物流行业中的作用。

任务分析：

该任务通过进一步了解 VR、AR、MR 的基本概况，分析其在更多行业中的应用和作用，从而结合物流运作的实际环境选择性应用 VR、AR、MR 技术，以便提供物流运作效果。

任务操作：

1. 了解 VR

1）VR 概述

虚拟现实（Virtual Reality，VR）技术又称灵境技术，是 20 世纪发展起来的一项全新的实用技术。所谓虚拟现实，顾名思义，就是虚拟和现实相互结合。从理论上来讲，虚拟现实技术（VR）是一种可以创建和体验虚拟世界的计算机仿真系统，它利用计算机生成一种模拟环境，使用户沉浸到该环境中。虚拟现实技术就是利用现实生活中的数据，通过计算机技术产生的电子信号，将其与各种输出设备相结合使其转化为能够让人们感受到的现象，这些现象可以是现实中真真切切的物体，也可以是人们肉眼所看不到的物质，通过三维模型表现出来。因为这些现象不是人们直接所能看到的，而是通过计算机技术模拟出来的现实中的世界，故称为虚拟现实。

2）VR 的分类

VR 涉及学科众多，应用领域广泛，系统种类繁杂，这是由其研究对象、研究目标和应用需求决定的。从不同的角度出发，可对 VR 系统做出不同的分类。

（1）根据沉浸式体验角度分类。沉浸式体验分为非交互式体验、人——虚拟环境交互式体验和群体——虚拟环境交互式体验等几类。该角度强调用户与设备的交互体验，相比之下，非交互式体验中的用户更为被动，所体验内容均为提前规划好的，即使允许用户在一定程度上引导场景数据的调度，也仍没有实质性交互行为，如场景漫游等，用户几乎全程无事可做；而在人——虚拟环境交互式体验系统中，用户则可用诸如数据手套、数字手术刀等设备与虚拟环境进行交互，如驾驶战斗机模拟器等，此时的用户可感知虚拟环境的变化，进而也就能产生在相应现实世界中可能产生的各种感受。如果将该套系统网络化、多机化，使多个用户共享一套虚拟环境，便得到群体—虚拟环境交互式体验系统，如大型网络交互游戏等，此时的 VR 系统与真实世界无甚差异。

（2）根据系统功能角度分类。系统功能分为规划设计、展示娱乐、训练演练等几类。规划设计系统可用于新设施的实验验证，可大幅缩短研发时长，降低设计成本，提高设计效率，城市排水、社区规划等领域均可使用，如 VR 模拟给排水系统，可大幅减少原本需用于实验验证的经费；展示娱乐类系统适用于提供给用户逼真的观赏体验，如数字博物馆，大型 3D 交互式游戏、影视制作等，如 VR 技术早在 20 世纪 70 年代便被 Disney 用于拍摄特效电影；训练演练类系统则可应用于各种危险环境及一些难以获得操作对象或实操成本极高的领域，如外科手术训练、空间站维修训练等。

3）VR 的特征

（1）沉浸性。沉浸性是虚拟现实技术最主要的特征，就是让用户成为并感受到自己是计算机系统所创造环境中的一部分。虚拟现实技术的沉浸性取决于用户的感知系统，当使用者感知到虚拟世界的刺激时，包括触觉、味觉、嗅觉、运动感知等，便会产生思维共鸣，造成心理沉浸，感觉如同进入真实世界。

（2）交互性。交互性是指用户对模拟环境内物体的可操作程度和从环境得到反馈的自然程度，使用者进入虚拟空间，相应的技术让使用者跟环境产生相互作用，当使用者进行某种操作时，周围的环境也会做出某种反应。如果使用者接触到虚拟空间中的物体，那么使用者手上应该能够感受到；如果使用者对物体有所动作，物体的位置和状态也应改变。

（3）多感知性。多感知性表示计算机技术应该拥有很多感知方式，如听觉、触觉、嗅觉等。理想的虚拟现实技术应该具有一切人所具有的感知功能。由于相关技术，特别是传感技术的限制，目前大多数虚拟现实技术所具有的感知功能仅限于视觉、听觉、触觉、运动等几种。

（4）构想性。构想性也称想象性，使用者在虚拟空间中，可以与周围物体进行互动，可以拓宽认知范围，创造客观世界不存在的场景或不可能发生的环境。构想可以理解为使用者进入虚拟空间，根据自己的感觉与认知能力吸收知识，发散拓宽思维，创立新的概念和环境。

（5）自主性。自主性是指虚拟环境中物体依据物理定律动作的程度。例如，当受到力的推动时，物体会向力的方向移动、或翻倒、或从桌面落到地面等。

4）VR 的应用

虚拟现实技术受到了越来越多人的认可，用户可以在虚拟现实世界体验到最真实的感受，其模拟环境的真实性与现实世界难辨真假，让人有种身临其境的感觉；同时，虚拟现实具有一切人类所拥有的感知功能，如听觉、视觉、触觉、味觉、嗅觉等感知系统；最后，它具有超强的仿真系统，真正实现了人机交互，使人在操作过程中，可以随意操作并且得到环境最真实的反馈。正是虚拟现实技术的存在性、多感知性、交互性等特征使它受到了许多人的喜爱。

（1）在影视娱乐中的应用。近年来，由于虚拟现实技术在影视业的广泛应用，以虚拟现实技术为主而建立的第一现场 9DVR 体验馆得以实现（见图 7-6）。第一现场 9DVR 体验馆自建成以来，在影视娱乐市场中的影响力非常大，此体验馆可以让观影者体会到置身于真实场景之中的感觉，让体验者沉浸在影片所创造的虚拟环境之中。同时，随着虚拟现实技术的不断创新，此技术在游戏领域也得到了快速发展。虚拟现实技术是利用计算机产生的三维虚拟空间，而三维游戏刚好是建立在此技术之上的，三维游戏几乎包含了虚拟现实的全部技术，使得游戏在保持实时性和交互性的同时，也大幅提升了游戏的真实感。

图 7-6　VR 影视体验

（2）在教育中的应用。如今，虚拟现实技术已经成为促进教育发展的一种新型教育手段。传统的教育只是一味地给学生灌输知识，而现在利用虚拟现实技术可以帮助学生打造生动、逼真的学习环境，使学生通过真实感受来增强记忆。相比于被动性灌输，利用虚拟现实技术来进行自主学习更容易让学生接受，这种方式更容易激发学生的学习兴趣。此外，各大院校利用虚拟现实技术还建立了与学科相关的虚拟实验室来帮助学生更好地学习。图 7-7 所示为 VR 滑雪训练场景。

图 7-7　VR 滑雪训练

（3）在设计领域的应用。虚拟现实技术在设计领域小有成就，例如室内设计，人们可以利用虚拟现实技术把室内结构、房屋外形通过虚拟技术表现出来，使之变成可以看得见的物体和环境。同时，在设计初期，设计师可以将自己的想法通过虚拟现实技术模拟出来，可以在虚拟环境中预先看到室内的实际效果，这样既节省了时间，又降低了成本。

（4）虚拟现实在医学方面的应用。医学专家利用计算机，在虚拟空间中模拟出人体组织和器官，让学生在其中进行模拟操作，并且能让学生感受到手术刀切入人体肌肉组织、触碰到骨头的感觉，使学生能够更快地掌握手术要领。而且，主刀医生在手术前，也可以建立一个病人身体的虚拟模型，在虚拟空间中先进行一次手术预演，这样能够大大提高手术的成功率，让更多的病人得以痊愈。

（5）虚拟现实在军事方面的应用。由于虚拟现实的立体感和真实感，在军事方面，人们将地图上的山川地貌、海洋湖泊等数据通过计算机进行编写，利用虚拟现实技术，能将原本平面的地图变成一幅三维立体的地形图，再通过全息技术将其投影出来，这更有助于进行军事演习等训练，提高我国的综合国力。

（6）虚拟现实在航空航天方面的应用。由于航空航天是一项耗资巨大，非常烦琐的工程，所以，人们利用虚拟现实技术和计算机的统计模拟，在虚拟空间中重现了现实中的航天飞机与飞行环境，使飞行员在虚拟空间中进行飞行训练和实验操作，极大地降低了实验经费和实验的危险系数。

2. 了解 AR

1）AR 概述

增强现实（Augmented Reality，AR）技术也被称为扩增现实，AR 增强现实技术是促使真实世界信息和虚拟世界信息内容之间综合在一起的较新的技术内容，其将原本在现实世界的空间范围中比较难以进行体验的实体信息在计算机等科学技术的基础上，实施模拟仿真处理，将虚拟信息内容在真实世界中加以有效应用，并且在这一过程中能够被人类感官所感知，从而实现超越现实的感官体验。真实环境和虚拟物体之间重叠之后，能够在同一个画面以及空间中同时存在。增强现实技术是一种将虚拟信息与真实世界巧妙融合的技术，广泛运用了多媒体、三维建模、实时跟踪及注册、智能交互、传感等多种技术手段，将计算机生成的文字、图像、三维模型、音乐、视频等虚拟信息模拟仿真后，应用到真实世界中，两种信息互为补充，从而实现对真实世界的“增强”。

2）AR 的特点

增强现实技术可以通过真实世界和虚拟世界相互结合，使真实世界得到增加与加强，从而以新的方式大幅提升人们认知和改造真实世界的能力。AR 主要的三个特点如下：

（1）虚实结合性：也就是真实世界和虚拟世界的信息集成，通过将虚拟环境与实际环境融为一体，让人们感觉不到真假融合所产生的不和谐。

（2）实时交互性：用户可通过交互设备直接与虚拟物体或虚拟环境进行交互，增强了使用者对环境的感知。

（3）3D 定位性：指在三维尺度空间中增添定位虚拟物体。例如，视频式增强现实系统，一方面由摄像机拍摄所得的视频直接显示在显示器中，使用户看到真实场景；另一方面由虚拟摄像机拍摄到的虚拟视频被送到显示器，通过虚、实两个摄像机的全方位对准，使虚、实场景融合一体，可在三维空间中自由增添、定位虚拟物体。

3）AR 的应用领域

随着 AR 技术的成熟，AR 越来越多地应用于各个行业，如教育、培训、医疗、设计、广告等。

（1）教育。AR 以其丰富的互动性为儿童教育产品的开发注入了新的活力，儿童的特点是活泼好动，运用 AR 技术开发的教育产品更适合孩子们的生理和心理特性。例如，现在市场上随处可见的 AR 书籍，对于低龄儿童来说，文字描述过于抽象，文字结合动态立体影像会让孩子快速掌握新的知识，丰富的交互方式更符合孩子们活泼好动的特性，提高了孩子们的学习积极性。在学龄教育中 AR 也发挥着越来越多的作用，如一些危险的化学实验，及深奥难懂的数学、物理原理都可以通过 AR 使学生快速掌握。

（2）健康医疗。近年来，AR 技术也越来越多地应用于医学教育、病患分析及临床治疗中，微创手术越来越多地借助 AR 及 VR 技术来减轻病人的痛苦，降低手术成本及风险。此外，在医疗教学中，AR 与 VR 的技术应用使深奥难懂的医学理论变得形象立体、浅显易懂，大大提高了教学效率和质量。

（3）广告购物。AR 技术可帮助消费者在购物时更直观地判断某商品是否适合自己，以做出更满意的选择。用户可以轻松地通过该软件直观地看到不同的家具放置在家中的效果，从而方便用户选择，该软件还具有保存并添加到购物车的功能。

（4）展示导览。AR 技术被大量应用于博物馆对展品的介绍说明中，该技术通过在展品上叠加虚拟文字、图片、视频等信息为游客提供展品导览介绍。此外，AR 技术还可应用于文物复原展示，即在文物原址或残缺的文物上通过 AR 技术将复原部分与残存部分完美结合，使参观者了解文物原来的模样，达到身临其境的效果。

（5）应用于信息检索领域。对于用户需要对某一物品的功能和说明清晰了解时，增强现实技术会根据用户需要将该物品的相关信息从不同方向汇聚并实时展现在用户的视野内。在未来，人们可以在通过扫描面部，识别出此人的信用以及部分公开信息，防止上当受骗，这些技术的实现很大程度上减少了受骗概率，方便用户快速高效地工作。

（6）应用于工业设计交互领域。增强现实技术最特殊的地方就是在于其高度交互性，应用于工业设计中，主要表现为虚拟交互，通过手势、点击等识别来实现交互技术，将虚拟的设备、产品展示给设计者和用户前，也可以通过部分控制实现虚拟仿真，模仿装配情况或日常维护、拆装等工作，在虚拟中学习，减少了制造浪费以及对人才培训的成本，大大改善了设计的体制，缩短了设计时间提高效率。

3．了解 MR

1）MR 概述

混合现实技术（Mixed Reality，MR）是虚拟现实技术的进一步发展，该技术通过在虚拟环境中引入现实场景信息，在虚拟世界、现实世界和用户之间搭起一个交互反馈的信息回路，以增强用户体验的真实感。

混合现实是一组技术组合，不仅提供新的观看方法，还提供新的输入方法，而且所有方法相互结合，从而推动创新。输入和输出的结合对中小型企业而言是关键的差异化优势。这样，混合现实就可以直接影响工作流程，可帮助人们提高工作效率和创新能力。

2）MR 的特点

混合现实（MR）（既包括增强现实和增强虚拟）指的是合并现实和虚拟世界而产生的新的可视化环境。在新的可视化环境里物理和数字对象共存，并实时互动。系统具有三个主要特点：结合了虚拟和现实；在虚拟的三维（3D 注册）；实时运行。

混合现实（MR）的实现需要在一个能与现实世界各事物相互交互的环境中。如果一切事物都是虚拟的那就是 VR 的领域。如果展现出来的虚拟信息只能简单叠加在现实事物上，那就是 AR。MR 的关键点就是与现实世界进行交互和信息的及时获取。

3）MR 的应用

一般来说，虚拟现实的常见载体都是智能眼镜，如今，第一款融合了 MR 技术的智能眼镜正在开发阶段，离投入商用还需要一定时间。

从概念上来说，MR 与 AR 更为接近，都是一半现实一半虚拟影像，但传统 AR 技术运用棱镜光学原理折射现实影像，视角不如 VR 视角大，清晰度也会受到影响。为了解决视角和清晰度问题，新型的 MR 技术将会投入在更丰富的载体中，除了眼镜、投影仪外，目前研发团队正在考虑用头盔、镜子、透明设备做载体的可能性。MR 的发展极其迅速，已经在很多领域得到了广泛应用。在如图 7-8 所示的试装宝 MR 体验中，消费者可以 1 min 绘制户型图，进行 1:1 的产品 VR 试装，借助 MR 设备身临其境体验未来的家。一方面满足了消费者，设计家、试装家、体验家、得到家的迫切需求；另一方面从引流、转化、成本等环节助力家居商进行新零售营销升级。微软与西密歇根大学合作，开始将微软 HoloLens 等 MR 技术整合到航空教育中，如图 7-9 所示。目前，有两种使用方式：其一是可以帮助飞行员为天气的各种变化做准备的新模拟方式；另一个应用是一款交互式 MR 应用程序，可让学生摸索飞机的各种组件。

图 7-8　试装宝 MR 体验中

图 7-9　MR 航空教育

任务单：了解 VR、AR、MR 在我国的应用

<table>
<tr><td colspan="6">任务描述：通过对上述案例的分析，了解 VR、AR、MR 的应用，分析其具体的作用和带给我们的影响</td></tr>
<tr><td colspan="2">VR 的作用与影响</td><td colspan="4"></td></tr>
<tr><td colspan="2">AR 的作用与影响</td><td colspan="4"></td></tr>
<tr><td colspan="2">MR 的作用与影响</td><td colspan="4"></td></tr>
<tr><td colspan="2">科技发展给自己带来什么样的感受</td><td colspan="4"></td></tr>
<tr><td>学号</td><td></td><td>姓名</td><td></td><td>时间</td><td>年　月　日</td></tr>
</table>

任务测评：

1. VR、AR、MR 在物流领域有哪些应用，起到了哪些作用？					
2. 2021 年春节晚会中用到 XR 完成了什么样的表演活动？ XR 是什么，有什么样的特点和功能？					
学号		姓名		时间	年　月　日

任务六　选择适宜物流信息技术

任务目标：

（1）掌握各种信息技术的特点和作用；

（2）能够根据情况选择不同的信息技术。

任务学习：

大家知道的常用物流信息技术有哪些，它们有什么作用？

01 条码技术
02 无线射频RFID
03 北斗导航、GIS、GPS
04 物流信息系统
05 VR、AR、MR
06
…

任务分析：

通过对知识点进行巩固分析，完成对物流信息技术的学习与巩固，并能够根据实际情况选择适当的信息技术，从而降低物流运营成本，提高物流作业效率。

任务操作：

1. 物流信息技术的巩固

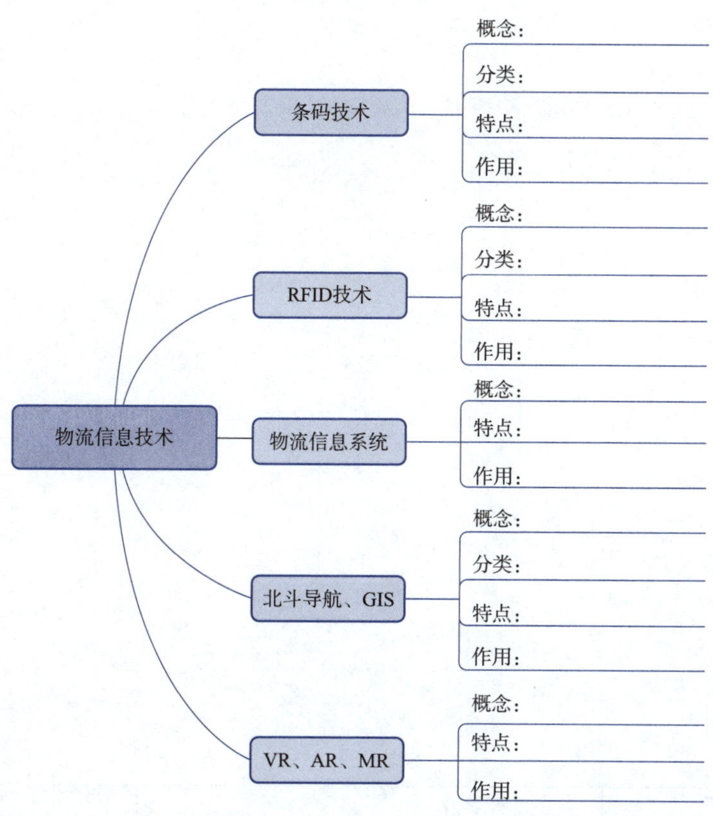

2．物流信息技术的知识提升

任务单：信息技术的应用分析

<table>
<tr><td colspan="6">任务描述：通过网络搜索京东无人超市相关视频，试分析在京东无人超市视频中都应用了哪些物流信息技术，起到了什么作用</td></tr>
<tr><td colspan="6"></td></tr>
<tr><td>学号</td><td></td><td>姓名</td><td></td><td>时间</td><td>年　月　日</td></tr>
</table>

任务测评：

利用网络资源查找任何一个快递运作中心的视频，试分析其应用了哪些物流信息技术，并对其提出建议与意见。

学号		姓名		时间	年　月　日

项目八　物流职业道德

知识结构图：

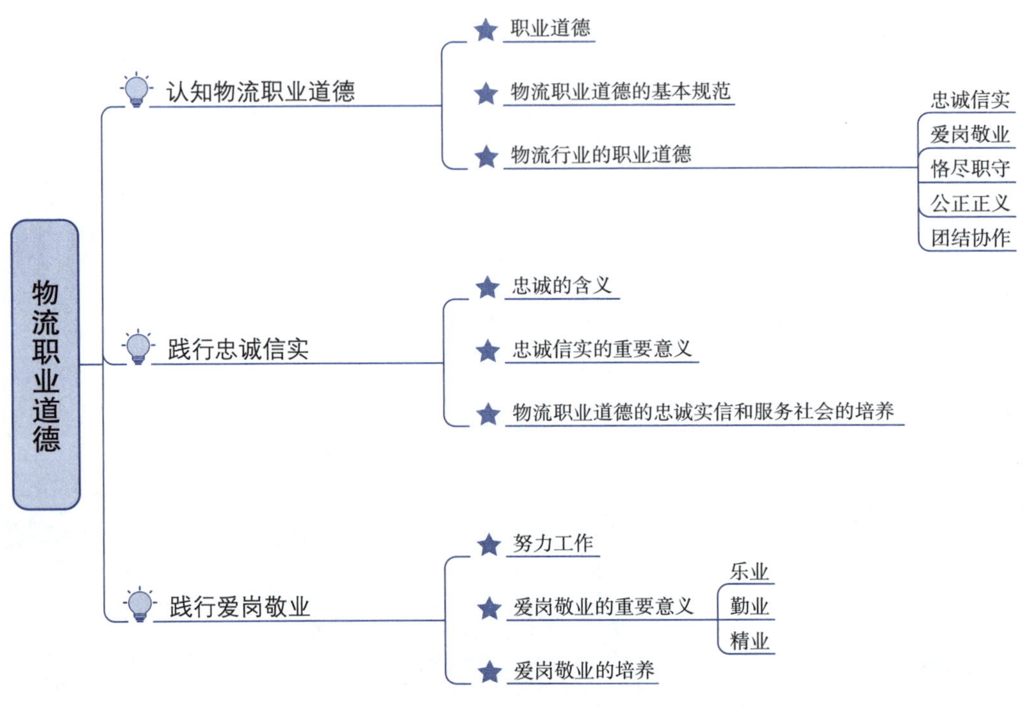

任务一　认知物流职业道德

任务目标：

（1）认识职业道德；

（2）掌握物流职业道德的基本规范；

（3）培养物流行业学生职业道德。

任务学习：

小李负责的一个项目需要和另一个部门合作完成，而和他直接合作的是一个年轻女孩。每次意见不合的时候，那个女孩就会很不高兴，甚至会在办公室对他大发脾气。小李一直告诫自己要忍耐，但是情况越来越糟糕。如果你是小李会怎么办？

A. 下次再出现这种情况时，严厉告诫她，让她知道你不是好欺负的

B. 找个机会和她单独谈一下，要她以后注意分寸

C. 不和她计较，如果还遇见这种情况，冷静地和她一起讨论、分析

思考：人在世界上有三层基本关系：（1）人与正确的道德信仰之间的关系；（2）人与人之间的关系；（3）人与物之间的关系。在这三层关系中，请思考哪一层关系最重要，为什么？

任务分析：

心理学家克赖茨（Crites）认为职业成熟度是个人对做出职业决策所需条件的知晓程度以及选择的现实性和一致性程度。职业成熟度包括职业认知、职业态度、职业价值观、职业选择等因素。不管你的答案怎样，在职业生涯中，建立与公司、同事、客户之间的正确关系非常重要，而职业道德正是规范这些关系的基础。

任务操作：

1. 认识职业道德

道德指衡量行为正当的观念标准，是指一定社会调整人们之间以及个人和社会之间关系的行为规范的总和。不同的对错标准是特定生产能力、生产关系和生活形态下自然形成的。一个社会一般有社会公认的道德规范。只涉及个人、个人之间、家庭等私人关系的道德，称为私德；涉及社会公共部分的道德，称为社会公德。

任务单：最可爱的“托厄哈扒”（傈僳语意为“送信人”）2021 年第八届全国道德模范——桑南才

<table>
<tr><td colspan="6">任务描述：阅读材料，体验一名共产党员为人民服务的坚守和责任担当</td></tr>
<tr><td colspan="2">中国邮政：真情服务，责任担当</td><td colspan="4">桑南才，男，傈僳族，1971 年 12 月生，中国邮政集团云南省怒江傈僳族自治州分公司泸水市称杆乡邮政所所长。
33 年来，桑南才从“小桑”到“桑哥”再到“桑叔”，一条山路，一个身影，一生践诺，往返于全乡 13 个村委会 5 个投递段和乡直机关单位之间，平均每天行程 160 km，默默坚守着大山深处的绿色生命线，践行着一名共产党员为人民服务的责任担当，被群众称为傈僳山寨的“托厄哈扒”。
兑现承诺，坚守岗位。2016 年以来，乡亲们的网购需求量成倍增长，邮政所里的投递业务量也迅速攀升，每天都有 80 多件邮件需要及时投递，最多时超过 200 件。投递业务量虽然攀升了，但桑南才没有延长投递时限，影响服务质量。“大年三十也得送，这是乡亲们买的新棉被、新衣服，把它们送到乡亲手里，让他们过个暖暖的春节。”桑南才说。2021 年春节期间，邮政所快递邮件量很大，桑南才承诺春节期间不打烊。乡亲们劝他过完春节再送，他却说：“过节邮件更不能耽搁，大家都等着收年货，我要把邮件送到大家手里，心里才踏实！”
真情服务，群众信赖。桑南才首创云南省部分民族聚居区邮政特殊服务模式，除了及时准确地将一封封邮件送到村民手中外，他还是山里的“义务采购员”，无论是大米食盐、化肥农药，还是生活用品，只要乡亲们打个电话或者提前说一声，桑南才都会采购好送上门。“他就是党派来的亲人啊！”王玛基村的核波才赞道。
助力脱贫，增收致富。桑南才依托邮政电商平台开展消费扶贫，助力脱贫攻坚。为了方便乡亲们销售农产品，他开了“邮乐小店”，帮助乡亲们把荞麦、天麻、大蒜、蜂蜜等农特产品销往全国各地，成为乡亲们脱贫致富的“贴心人”。为了帮助村民杨赵才一家脱贫，他拿出 15 万元助其发展运输和养殖。他还利用走村入户送邮件的机会，主动宣传外出务工政策，鼓励村里富余劳动力外出务工、增收致富。
桑南才荣获全国劳动模范、云南省道德模范等称号，荣登“中国好人榜”。</td></tr>
<tr><td colspan="2">通过材料阅读，有何感受</td><td colspan="4"></td></tr>
<tr><td colspan="2">第八届全国道德模范中你还知道谁的事迹</td><td colspan="4"></td></tr>
<tr><td>学号</td><td></td><td>姓名</td><td></td><td>时间</td><td>年　月　日</td></tr>
</table>

良好的职业修养是每一个优秀员工必备的素质，良好的职业道德是每一个员工都必须具备的基本品质，这两点是企业对员工最基本的规范和要求，同时也是每个员工担负起自己的工作责任必备的素质。那么，怎样才是具备了良好的职业修养和职业道德呢？

每个人平时都有习惯，但不一定是职业习惯，更不一定是符合要求的职业习惯。

那么，哪些才是符合要求的职业习惯呢？

职业习惯是一个职场人士根据工作需要，为了很好地完成工作任务主动或被动地在工作过程中养成的工作习惯，也是保证工作任务和工作质量必须具备的品质。良好的职业习惯，是出色地完成工作任务的必要前提，如果不具备良好的职业习惯就不能按照要求完成自己的工作。所以，每一个人都需要一个良好的职业习惯。

任务单：进一步理解职业道德

<table>
<tr><td colspan="6">任务描述：通过老师提供的视频进一步了解什么是职业道德</td></tr>
<tr><td colspan="2"></td><td colspan="4">职业道德</td></tr>
<tr><td colspan="2">广义</td><td colspan="4"></td></tr>
<tr><td colspan="2">狭义</td><td colspan="4"></td></tr>
<tr><td colspan="2">包括</td><td colspan="4"></td></tr>
<tr><td colspan="2">意义</td><td colspan="4"></td></tr>
<tr><td>学号</td><td></td><td>姓名</td><td></td><td>时间</td><td>年　月　日</td></tr>
</table>

2. 掌握物流职业道德的基本规范

从一个行业看，职业道德是所有从业人员在职业活动中应该遵循的行为准则，涵盖了从业人员与服务对象、从业人员与企业及从业人员之间的关系。职业道德是各行业的劳动者在职业活动中必须共同遵守的基本行为准则。它是判断人们职业行为优劣的具体标准，也是个人道德在职业生活中的反映。职业道德有五项基本规范，即忠诚信实、爱岗敬业、恪尽职守、公平正义、团结协作。

任务单：进一步理解职业道德的基本规范

任务描述：进一步了解什么是职业道德的基本规范						
什么是忠诚信实						
什么是爱岗敬业						
什么是恪尽职守						
什么是公平正义						
什么是团结协作						
学号		姓名		时间		年　月　日

以上五项职业道德的基本规范，与物流行业的特点结合，形成了五个具体的标准，即忠诚、敬业、责任、公正、合作。

3. 培养物流行业的职业道德

1）忠诚信实

忠诚是指真心诚意、尽心尽力。忠诚并不是从一而终，而是一种职业的责任感；忠诚也不只是对某个公司或者某个人的忠诚，更是对职业的忠诚。

在工作中忠诚表现在哪些方面？

2）爱岗敬业

爱岗是一种情感，即热爱自己的工作岗位，热爱自己从事的职业。敬业是对待职业的态度，即以恭敬、严肃、负责的态度对待工作，一丝不苟、兢兢业业、专心致志。

敬业有哪些基本要求？

3）恪尽职守

社会学家戴维斯说："放弃了自己对社会的责任，就意味着放弃了自身在这个社会中更好的生存机会。"

责任就是分内应做的事，以及没有做好分内应做的事而应当承担的过失。

坚守责任就是坚守自己最根本的人生义务。责任是对人生义务的勇敢担当，也是对生活的积极接受，更是对自己所负使命的忠诚和信守，因此工作本身就意味着责任。

怎样才能做到恪尽职守？

4）公正正义

公正即公平正义，没有偏私。高于道德的东西必须基于公正，包含公正，并通过公正的途径去获取。公正是一种价值判断，内含一定的价值标准，因此公正是一种道德选择。

公正的具体要求有哪些？

5）团结协作

团队协作是指在人与人之间的关系中，为了实现共同的利益和目标，互相帮助，互相支持，彼此合作，共同发展的行为。

团队精神是指能够支撑企业不断地释放团队成员潜在的才能和技巧；让员工深感被尊重和被重视；鼓励坦诚交流，避免恶性竞争；在岗位中找到最佳的协作方式；为了一个统一的目标，大家自觉地认同必须担负的责任和愿意为此共同奉献的氛围。

如何培养团队精神？

任务单：进一步理解职业道德特征

任务描述：通过对职业道德的特征理解职业道德					
职业性					
实践性					
继承性					
多样性					
学号		姓名		时间	年 月 日

任务测评：

1. 列举忠诚于企业的 5 个理由。
2. 如果你是一名职场新人，如何开启自己的职业生涯？
3. 处事不公会带来怎样的危害？

任务二　践行忠诚信实

任务目标：

（1）掌握忠诚信实的重要意义；

（2）明确忠诚信实养成的重要性。

任务学习：

一个顾客走进一家汽车维修店，自称是某运输公司的汽车司机。“在我的账单上多写点零件我回公司报销后，有你一份好处。”他对店主说。但店主拒绝了这样的要求。顾客纠缠说：“我的生意不算小，会常来的，你肯定能赚很多钱！”店主告诉他，这事无论如何也不会做。顾客气急败坏地嚷道：“谁都会这么干的，我看你是太傻了。”店主火了，他要那个顾客马上离开，到别处谈这种生意去，这时顾客露出微笑并满怀敬佩地握住店主的手：“我就是那家运输公司的老板，我一直在寻找一个固定的、信得过的维修店，你还让我到哪里去谈这笔生意？”面对诱惑，不怦然心动，不为其所惑，虽平淡如行云，质朴如流水，却让人领略到一种山高海深，这是一种闪光的品格——诚信。

思考：在店主的身上，我们能看到哪些异于常人的优秀特质？

任务分析：

我国物流业从业人员总体上看存在着教育程度不高、缺乏专业素质、服务意识还比较差、对企业忠诚度不高、人员流动比较大等问题。通过本任务学习，可总结归纳员工对企业的忠诚度提升的途径。

任务操作：

1. 理解忠诚的含义

忠诚就是指对特定对象赤诚无私、尽心竭力的思想觉悟和道德操守。忠诚是一个人世界观、人生观和价值观的体现。

忠诚是最可贵的品格，它是一种信念、一种品质、一种追求。它可以提升思想境界，激发内在动力，规范行为方式，保持正确方向。纵观历史上涌现出的英雄模范人物，无论是战争年代的董存瑞、黄继光、邱少云，还是和平时期的雷锋、苏宁、李向群，他们的模范事迹和先进思想无不闪耀着忠诚的光芒。

忠诚的人总是拥有强大的自我坚守。忠诚是一种特质，能给人们带来自我认可、自我提升，是时刻伴随人们的强大精神力量。忠诚是一种信仰，它可以指引人们，在不断的付出中获得更多的财富、声望和荣誉。

忠诚体现的是对工作的一种高度负责的态度，也可以说它是一种义务。因为只有把忠诚当成了一种义务，才能始终做到爱岗敬业，恪尽职守。具有忠诚品质的人是敢于并且乐于承担工作责任的人，他们忠诚地工作着，对工作非常负责任，坚决摒弃偷懒耍滑、马虎草率、玩忽职守、敷衍塞责的态度和行为。

任务单：积极向上，以认真负责的态度对待工作

<table>
<tr><td colspan="6">任务描述：阅读材料，德邦快递“退伍军人”快递员的忠诚坚守，严谨负责</td></tr>
<tr><td>德邦：积极向上，认真负责</td><td colspan="5">从一个小小的门口保安，到如今晋升为杭州转运场接送货部高级经理，崔庆伟每一步都走得踏实而认真。
崔庆伟于 2014 年 9 月在吉林省吉林市投身军营，两年义务兵的经历让他养成了雷厉风行的作风，做事有规划有目标，也让自己的为人处事更加成熟。“参军的经历让我在工作时比常人更加认真负责，我始终有一种荣誉感，觉得自己只要保持积极向上的心态，尽心尽力、尽职尽责，自己的职业发展就一定会越来越好。”崔庆伟这样说道。
退役不退志，退伍不褪色。崔庆伟从基层干起，当别人回家过年团聚时，他像在部队一样，选择值班，选择坚守，用自己的行动书写人民战士退伍后新的篇章。正是由于这种认真负责的态度，崔庆伟获得了“2019 年双十一进取者”奖。</td></tr>
<tr><td>在崔庆伟的身上，我们能看到哪些异于常人的优秀特质</td><td colspan="5"></td></tr>
<tr><td>通过材料阅读，你有何感受</td><td colspan="5"></td></tr>
<tr><td>体现了“物流人”怎样的精神</td><td colspan="5"></td></tr>
<tr><td>学号</td><td></td><td>姓名</td><td></td><td>时间</td><td>年　月　日</td></tr>
</table>

只有忠于职责的人才能积极主动地去开展工作，全身心投入到工作事业当中。因为忠于自己的事业，一个人才会在工作中具有极大的主观能动性，才会最大限度地完成工作甚至取得极大的突破。正如忠于国家的军人会在战场上奋不顾身乃至建功立业，一个忠于职责的工人会在车间里废寝忘食进而开拓创新，一个忠于职业的医生会为了挽救生命不惜牺牲自己，然后成就医德。

2. 掌握忠诚信实的重要意义

忠诚信实是从业人员应该具备的一种崇高精神，是做到求真务实、优质服务、勤奋奉献的前提和基础。从业人员，首先要安心工作、热爱工作、献身所从的行业，把自己远大的理想和追求落到工作实处，在平凡的工作岗位上做出非凡的贡献。从业人员有了忠诚敬业的精神，就能在实际工作中积极进取，忘我工作，把好工作质量关。对工作认真负责，把工作中所得出的成果，作为自己的天职和莫大的荣幸；同时认真分析工作的不足和积累经验。

从行业看，忠诚信实是所有从业人员在职业活动中应该遵循的行为准则，涵盖了从业人员与服务对象、从业人员与企业及从业人员之间的关系。忠诚信实是各行业的劳动者在职业活动中必须共同遵守的行为准则。它是判断人们职业行为优劣的具体标准，也是个人道德在职业生活中的反映。也是职业道德的一项基本规范。其中还包含忠于职守，乐于奉献；实事求是，不弄虚作假；依法行事，严守秘密。

任务单：进一步理解忠诚信实

<table>
<tr><td colspan="8">任务描述：忠诚信实包含的忠于职守，乐于奉献；实事求是，不弄虚作假；依法行事，严守秘密，进一步分析理解</td></tr>
<tr><td colspan="2">什么是忠于职守，乐于奉献</td><td colspan="6"></td></tr>
<tr><td colspan="2">什么是实事求是，不弄虚作假</td><td colspan="6"></td></tr>
<tr><td colspan="2">什么是依法行事，严守秘密</td><td colspan="6"></td></tr>
<tr><td>学号</td><td></td><td>姓名</td><td></td><td>时间</td><td colspan="3">年 月 日</td></tr>
</table>

以上职业道德规范，与物流行业的工作结合，形成了相应的标准。

3. 物流职业道德的忠诚信实和服务社会的培养

从当前我国物流业从业人员的整体状况看，目前物流业从业人员素质不高、服务意识较差的现象还普遍存在。物流业中的快递业是与消费者直接接触最多的业务，从快递人员的服务态度和服务质量，可以大致了解物流业服务的基本情况。我国的快递业正处于高速发展阶段，由于进入门槛较低，整个行业缺乏自律，服务水平及质量都存在一定问题。根据2019年搜狐网和《法制日报》联合做的一次调查，也可以看出用户对快递公司的服务是不满意的：在对快递公司服务的满意度上，表示“满意”的只占到11.19%,“一般”的占到59.06%，“不满意”的占到29.76%。对快递公司不满意的原因选项中，28.67%的调查者表示因为“快递变慢递，延误晚点成常事”，选择“被快递公司寄丢物品”的占到8.61%, 选择“投递员服务态度恶劣”的为13.25%，选择“拒绝验货成霸王条款”的为35.21%, 选择“保价金额随便定，事后拒绝赔偿”的为14.28%，在对快递公司有什么要求这一问题上有67%的人选择了“改善服务态度”这一选项。从以上的资料中可以看出，当前作为与消费者直接接触最多的快递从业人员，其服务意识和服务态度都存在不少问题，这些问题也从另一个侧面显示了物流从业人员的服务意识还不高，直接的原因来自我国物流从业人员对企业和客户的忠诚度不高，人员的流动性较大。

忠诚是信任的根本前提，也是责任担当的根本前提。没有忠诚，就不会有信任；而没有信任，就不会有责任和担当；没有责任和担当，就不会有情谊、机会和持续的高价值的利益。

员工的忠诚度是企业发展的一个重要因素，因此提高员工的忠诚度，端正员工对待工作的态度，即员工的职业化诚信度，是企业生存与发展的一个重要问题。然而，员工诚信、员工的职业化不是随着企业的设立而自然存在的，需要经过长期的建设与培育，需要企业进行诚信管理。

提高员工忠诚信实的途径有主要有以下几方面：

（1）加强培训。首先从领导层到员工都要进行全面培训，同时建立健全合同管理制度。管理制度不健全和不配套，是员工不讲诚信，违规违约的重要原因之一。其次建立科学的信用制度，也是企业进行竞争和防范风险的重要手段之一。

劳动合同中通常包括的违约责任条款：

____

____

____

____

（2）加强诚信道德教育。使员工明确自己的职责，本着认真守信的原则切实做好本职工作。树立岗位诚信道德观，同时倡导创建学习型企业，加强员工岗位培训，提高工作技能，使员工个个成为岗位能手、技能专家，即使有员工违约离职，公司有强大的人才储备，也不会造成大的损失。而且有时员工岗位诚信的缺失并非其主观努力不够，而是客观条件的缺失。

在物流企业中如何创建学习型组织：

____

（3）加强公司内部管理机制和有效的薪酬管理。企业文化建设中要突出诚信，建立员工岗位信用制度、职责信用制度，将员工诚信纳入绩效考核体系，定期按相关制度和标准对公司下属各单位进行诚信评估，还应逐渐延伸到员工的个人生活信用，对出现诚信危机的员工予以教育或处罚、在公司网站上进行诚信公布，更甚者与其解除劳资关系等。

薪酬管理是人力资源管理的一项主要职能活动，具有非常重要的作用。有效的薪酬管理有助于吸引和保留优秀的员工。员工在有效的薪酬管理体系下，通过个人的努力，不仅可以提高薪酬水平，而且可以提高个人在企业中的地位、声望和价值。员工的衣食住行、社会保障、社会关系以及尊重的需要都得到满足，在一定程度上也满足员工自我实现的需要。这些需求都得到满足，员工对企业的满意度会自然而然地上升。员工对企业满意度高了，员工的忠诚度也将会提高。

快递企业薪酬管理存在的问题：

（4）弘扬企业文化。企业文化产生的根源及其形成过程使其既具有民族文化的烙印，又具有组织管理的个性角色。一般来说，企业文化具有以下特点：阶级性、民族性、整体性和个体型、历史连续性及创新性。其中，整体性和个体性及创新性有助于提高员工的忠诚度。同时要树立典型，宣传诚信文化，以此带动诚信管理的发展。

企业如何开展诚信文化建设：

（5）对员工的职业生涯开发与管理。职业生涯的设计与开发，对个人对企业甚至对整个社会都具有极为重要的意义。从企业的角度看，职业生涯计划可以降低人才流动率，从而减少人才流动带来的损失。如果企业能够帮助员工制订事业生涯计划，那么这些计划更有可能与企业的目标协调起来，而且职工辞职的可能性就会减小。事实表明，如果企业对职工职业生涯计划的制订表现出兴趣，那么对于员工也会产生积极的影响，员工感到他们被当作了企业整体中不可缺少的一部分，而不仅仅是一个数字或符号，从而使员工个人感到满意、快乐，而且使本人的成长发展、心理上的激励和各种需要得到满足。企业满足了员工的各种需求，也就增强了员工对企业的满意度。员工对企业满意，就会在企业中好好工作，不会离开企业，员工的忠诚度也就提高了。

任务测评：

1．列举物流从业人员诚信观念的形成。
2．结合物流企业分析，如何提高从业人员对企业的忠诚度。
3．试对物流人员守信与失信相关的心理进行分析。

任务三　践行爱岗敬业

任务目标：

（1）掌握爱岗敬业的重要意义；
（2）理解爱岗敬业中的乐业、勤业和精业的表现；
（3）对物流行业学生爱岗敬业的培养。

任务学习：

在某石油公司，有一位小职员。每次远行住旅馆时，总会在自己签名的下方写上“每桶四美元的标准石油”，而且在书信及收据上也不例外，签了名后，总不忘写上那几个字。他因此被同事叫作“每桶四美元”，而他的真名倒没有人叫了。公司董事长知道此事后，大为感叹：“没想到竟有如此敬业的员工，我要见见他。”董事长卸任后，这位小职员便成了该公司的第二任董事长。

作为一名企业员工，只有具备敬业精神，才能在工作中更好地体现自己的人生价值，才能获得丰厚的薪水、更高的职位和更完美的人生。而对一个企业来说，员工的敬业精神将决定这家企业的竞争力，在企业里，员工敬业精神越强，工作效率就越高，企业的发展也就越迅速。

任务分析：

在现实生活中，有些人就是这样想的：我为公司干活，公司付我一份报酬，等价交换，仅此而已。他们看不到公司以外的价值，一切的梦想随着空虚的生活也破灭了。没有了信心，没有了热情，工作时总是采取一种应付的态度，只是对得起目前的薪水，从来不想象是否对得起自己未来的薪水，甚至是将来的前途。通过本任务学习，主要使人明白为什么要努力工作，如何热爱自己的岗位，真正做到爱岗敬业。

任务操作：

1. 为什么要努力工作

在现实生活中，很多员工只知道抱怨公司，却不反省自己的工作态度，他们根本不知道被公司重用是建立在认真工作的基础上的。但是，他们整天应付工作，并发出这样的结论：“何必那么认真呢?”“说得过去就行了嘛?”“现在的工作。只是个跳板，那么认真干什么?”等等。结果，他们失去了工作的动力，不能全身心地投入工作，更不能在工作中取得成绩。最终聪明反被聪明误，失去了本应属于自己升职加薪的机会。其实无论做什么工作，只有在工作中锻炼自己的能力，使自己的能力不断提高，加薪升职的事才会落在你的头上。

任务单：进一步理解努力工作

<table>
<tr><td colspan="6">任务描述：一位心理学家为了了解人们对于同一个工作在心理上所反映出来的个体差异，来到一所正在兴建中的奥运会比赛体育馆，对现场忙碌的建筑工人进行访问。
心理学家问他遇到的三位工人：“请问你们在做什么？”第一位工人没好气地回答：“在做什么？你没有长眼睛吗？我正在用这个重得要命的铁锤，来敲碎这些该死的石头。而这些石头又特别的硬，还握得手酸麻不已，这真不是人干的活。”第二位工人无奈地回答：“为了每天 30 元的工资。若不是为了一家人的温饱，谁愿意干这份敲石头的粗活？”第三位工人眼中闪烁着喜悦：“我正参与兴建这座雄伟无比的奥运会比赛体育馆。落成之后，这里可以容纳许多参赛者和观众。虽然敲石头的工作并不轻松，但当我想到将来会有无数的人来到这里，看着激动的比赛，热情高涨的欢呼，我的心中就会激动不已，也就不感觉到劳累了。”
同样的工作，同样的环境，却有如此截然不同的感受。</td></tr>
<tr><td colspan="2">第一位工人的想法对吗</td><td colspan="4"></td></tr>
<tr><td colspan="2">第二位工人的想法呢</td><td colspan="4"></td></tr>
<tr><td colspan="2">第三位工人有何想法，我们该向他学习什么</td><td colspan="4"></td></tr>
<tr><td>学号</td><td></td><td>姓名</td><td></td><td>时间</td><td>年　月　日</td></tr>
</table>

在工作中不管做任何事情，都应将自己的心态回归为零：把自己放空。抱着学习的态度，将每一次任务都视为一个新的开始、一段新的体验、一扇通往成功的机遇之门。千万不要视工作如鸡肋，食之无味，弃之可惜，结果做得心不甘情不愿，于公于私都没有益处。

2．掌握爱岗敬业的重要意义

一个人的成就大小，其决定因素就是他对待工作的态度，而事业心责任感的强弱就是对待工作的根本态度问题。高尔基曾说过："天才是由于对事业的热爱而发展起来的，简直可以说，天才就其本质而论，只不过是对事业，对工作过程的热爱而已。"一个对待工作随随便便、敷衍了事的人，在职不尽责、在位不尽心，老想着个人的进退得失，又怎么可能高标准完成工作任务呢？只有把工作当事业干、把岗位当舞台，以高度的责任心对待自己所从事的工作，并为之付出辛勤劳动，才能在困难的时候找到力量，在浮躁的时候得以坚定，在成功的时候不至于迷失，促进各项事业不断向前发展。一个人的事业心，主要体现在乐业、勤业、精业上等三方面。

任务单：感动中国最美抗疫英雄快递小哥——汪勇

<table>
<tr><td colspan="6">任务描述：阅读材料，最美“快递小哥”的使命感和责任感</td></tr>
<tr><td colspan="2">快递小哥：爱岗敬业，责任和使命担当</td><td colspan="4">央视《感动中国2020年度人物颁奖盛典》节目播出。该节目把这一年的特别致敬献给所有以生命赴使命、用挚爱护苍生、舍小我顾大局的“抗疫英雄”。疫情中守护医护人员出行的快递员汪勇是武汉一位普通的快递小哥。
2月13日凌晨5点，他在武汉二环外快递仓库的一个高低床上醒来，测了下体温准备出门。他下意识看了看手机日历，才意识到，自己已经22天没回家了。
大年三十傍晚，快递公司放假了。他关好仓库返回家中与亲人吃团圆饭。晚上10点，打算哄女儿休息时，突然刷到一名来自武汉金银潭医院护士的朋友圈，对方写道：“求助，我们这里限行了，没有公交车和地铁，回不了家，走回去要四个小时。”需求是6点钟发布的，一直没人接单。去还是不去？他经过思想斗争，决定去帮助这位除夕之夜不能回家的护士。当他接到护士时，小护士愣了，说：“我没想到有人会接这个单。”她感动得哭了，坐在车上，她一直默默流泪。
本来只是送快递的汪勇，一下感到自己新的责任。第二天，他接送了将近三十个医护人员往返金银潭医院，要知道他这样做，是冒着被感染风险啊！而且一天下来，累得双腿哆嗦个不停。在这期间，他没有回家，想念妻子和女儿，就只能对着手机视频看一看，说几句话。他后来说：“我不能停下脚步，驰援武汉的医疗队是我们的救命恩人。
汪勇有一段话朴实又感人：“人这一辈子碰不到这么大的事情，不管做什么，尽全力做，不后悔。其实想想，我开始做这件事的初衷很简单，一天接送一个医护人员可以节省4个小时，接送100个就是400小时，400个小时医护人员能救多少人，怎么算我都是赚的。”
汪勇只是一个快递小哥，但他同样在一线为抗击疫情英勇战斗，他以自己的行为，告诉我们：只要力所能及地为别人、为社会、为国家做出奉献，一个普通劳动者也可以在平凡岗位成为顶天立地的英雄！</td></tr>
<tr><td colspan="2">作为一名普通的80后快递小哥，从早到晚，送快递、打包、发快递、搬货，日复一日地拼搏，够得上一家三口开销。这22天他做了些什么</td><td colspan="4"></td></tr>
<tr><td colspan="2">通过材料阅读，你有何感受</td><td colspan="4"></td></tr>
<tr><td colspan="2">体现了“快递小哥”怎样的精神</td><td colspan="4"></td></tr>
<tr><td>学号</td><td></td><td>姓名</td><td></td><td>时间</td><td>年　月　日</td></tr>
</table>

1）乐业

所谓乐业,就是热爱自己的职业,并且享受其中的快乐,从中能够找到乐趣。孔老夫子说:“知之者不如好之者，好之者不如乐之者。”只有乐之者，才会充分发挥自己的聪明才智去完成一件事情。

乐业就是热爱自己的工作岗位,热爱本职工作。爱岗是对人们工作态度的一种普遍要求。热爱本职，就是以正确的态度对待自己所从事的工作，努力培养热爱自己所从事的工作的幸福感、荣誉感。一个人一旦爱上了自己的工作，就会全身心地融合在职业工作中。对工作是否热爱,有个人对工作的兴趣问题。有兴趣就容易产生爱的感情,没有兴趣就谈不上爱。但每一个岗位都要有人去干，缺一不可。这就要求不论人们对从事的工作是否感兴趣，都要从整个社会需要的角度出发，培养兴趣，热爱这一工作，这是基本觉悟的一种表现。以高标准要求自己的工作，这个高标准，体现在想问题、办事情、做决策等各个方面，更体现在自己的工作岗位上，干一行、爱一行，饱含感情地去工作，把所从事的工作做到一定高度、一种境界。

任务单：乐业的进一步理解

<table>
<tr><td colspan="6">任务描述：小陈在一家快运公司负责递送快件，时间一久，他开始厌倦自己的工作。经理建议他换一种方式，用“心”去工作，与客户分享快乐。
他把一些格言、祝福语、笑话、天气预报等写在纸条上，贴在快件上，客户接过快件时看到这些纸条，都格外高兴，由衷地对他表示感谢，而他自己也从中分享到了工作的乐趣</td></tr>
<tr><td colspan="2">你是不是也有这样的经历：做某件事情一开始很感兴趣，时间一久就感到厌烦了？小陈是如何从工作中挖掘出乐趣的</td><td colspan="4"></td></tr>
<tr><td>学号</td><td></td><td>姓名</td><td></td><td>时间</td><td>年　月　日</td></tr>
</table>

2）勤业

所谓勤业，就是对事业勤奋，业精于勤，以勤为本。辛勤劳动不贪安逸的人，才能成就大事。勤劳兴邦，逸乐毁国，突出的就是“勤”字。勤劳品德包含着纯粹的实干精神，天道酬勤、勤能补拙。勤业就是勤奋努力做好本职工作，不敬业不行，不精业不行，不勤业更不行。古人云：“业精于勤，荒于嬉；行成于思，毁于随”。要始终保持一种张弛有序的工作状态，保持一种昂扬向上的精神，做到三“勤”：腿勤、手勤和脑勤。

勤业要求人们有忠于职守的工作责任心、认真负责的工作态度和刻苦勤奋的工作精神。忠诚、认真、勤奋是成功的金科玉律，敷衍、马虎、懒惰是成功的最大威胁。

任务单：勤业的进一步理解

<table>
<tr><td colspan="6">任务描述：小胡在一个建筑工地打杂。每天早来晚走，勤奋工作而不管分内分外，有无报酬，整个工地被他收拾得干干净净，工具、材料安排得井井有条。三个月后，经理让他看管工地，并负责收料。小胡更加努力地工作，干脆搬到工地上住了下来。他处处留心，了解工地上的每一个角落，了解施工的每一个环节，熟悉施工队里的每一个人。由于他工作认真负责，管理细致到位，一年下来，为工程节约了因跑冒滴漏造成的损失几万元。经理把他提升为财物总管</td></tr>
<tr><td colspan="2">小胡为什么能得到提升？小胡有什么过人之处？在学习和班级工作中，你能做到像小胡那样吗？请举例说明</td><td colspan="4"></td></tr>
<tr><td>学号</td><td></td><td>姓名</td><td></td><td>时间</td><td>年　月　日</td></tr>
</table>

3）精业

所谓精业，就是要在自己所从事的岗位上精通业务，具备扎实的岗位基本功，能做出优异成绩，争创一流。

精业需要熟练掌握自己的工作业务和技能，具备事业发展的知识、能力、素质和水平。随着时代信息化建设水平的日益发展和提高，对人的素质要求也是“水涨船高”，在知识、能力和素质方面要与时俱进、不能落后。

敬业不易，精业更难。梅兰芳在舞台上顾盼生辉、流光溢彩，可是很少有人知道，为了让眼神活起来,眼睛近视的他每天早晨放飞鸽子,极目苍穹,苦练眼功。邓亚萍打球快速凶狠，可是很少有人知道，为了增强手腕的力量，身材娇小的她曾用铁拍子练球。成功没有捷径，辉煌的背后，是鲜为人知的努力和付出。

“取法乎上，仅得其中；取法乎中，斯风下矣”。精业既强调职业精神又强调业务素质。

任务单：精业的进一步理解

<table>
<tr><td colspan="6">任务描述：观看视频“许振超：新时代的工匠精神”</td></tr>
<tr><td colspan="2">你打算如何将“精”的要求落实到学习、工作当中</td><td colspan="4"></td></tr>
<tr><td>学号</td><td></td><td>姓名</td><td></td><td>时间</td><td>年　月　日</td></tr>
</table>

3. 爱岗敬业的培养

（1）做好本职工作。一台机器的正常运转，依赖所有部件毫无故障地发挥作用，假如某个齿轮或螺钉突然失灵，整台机器都会连带受损，甚至停转。企业和员工的关系也是这样。如果员工消极怠工，对于整个工作的进程和效益，必然产生或大或小的不利影响。工作中每个人都有不同的分工，有些人负责比较重要且引人瞩目的工作，另外也有一些人负责被人忽视的琐事，或许就容易感到沮丧。

对于物流从业人员如何做好自己的本职工作？

（2）责任不容推卸，借口不是推卸责任的挡箭牌。只有当员工在为自己的企业承担责任时，他才会意识到自己在企业中是重要的，是有位置的。一个人应该为自己所承担的责任感到骄傲，因为已经向别人证明你比别人更突出，更有价值，你更值得信赖！一个不负责任的员工往往会找很多借口，比如，“是别人的错，与我无关。”“客户太挑剔了，否则早成交了。”等等。而一个有责任感的员工时刻要求自己：责任面前没有任何借口！

责任和机遇同时存在对于物流从业人员应该如何去做？

（3）忠诚：物流企业和员工生存的基石。一个忠诚的员工必然是维护公司利益的，集体荣誉至高无上。绝不会为个人私利而损害公司，甚至不惜牺牲自己的利益。他们知道，只有公司强大了，自己才能有更大的发展。

忠诚为何对于物流从业人员至关重要？

（4）进取：工作积极主动。在工作中经常会遇到这种情形，你的工作堆积如山，压得你喘不过气来，这时老板又给你布置了新的任务，这时你千万不要有抱怨，而应该看作是老板对你的信任。

带着思考工作：在工作中，有意识多想一想自己的决定是否能够经受住考验，自己的计划是否全面周详。

为什么积极主动的工作是你走向成功的基础？

____
____
____
____
____
____
____

（5）敬业到位彻底。今天工作不努力，明天努力找工作。事实上，不管你所在的工位有多好，也不管你所在的工位有多糟糕，都可以学到很多。虽然有时上司对我们做了错误的评价，或者对你的工作视而不见，但并不能因为这些而改变自己对人生的正确态度。积极地面对工作，将会在竞争激烈的市场上走得更顺利。

对于物流从业人员如何做到敬业？

____
____
____
____
____
____
____
____

任务单：进一步理解爱岗敬业

<table>
<tr><td colspan="6">任务描述：结合案例进行分析，5 月 12 日，地震后的 ×× 镇里，面对埋在废墟里的 200 万元左右现金和防暴枪弹，一名身体已经负伤的农行职工熊英主动提出坚守岗位，留下来守护金库。这一守就是 6 天 6 夜，这期间，熊英克服了常人难以想象的困难。后援队赶到时，200 万元左右现金和防暴枪弹安然无恙，保护了国家和集体的财产</td></tr>
<tr><td colspan="2">熊英的事迹体现出怎样的职业道德</td><td colspan="4"></td></tr>
<tr><td colspan="2">爱岗敬业有什么重要意义</td><td colspan="4"></td></tr>
<tr><td colspan="2">怎样做好爱岗敬业或爱岗敬业的要求是什么</td><td colspan="4"></td></tr>
<tr><td>学号</td><td></td><td>姓名</td><td></td><td>时间</td><td>年　月　日</td></tr>
</table>

任务测评：

1. “干一行，爱一行，专一行”，这句话你是怎么理解的？
2. 庄子讲的“庖丁解牛”的故事给我们的启示是（　　）。
A. 平凡的职业也可以干出不平凡的成就 B. 普通的职业也可以达到很高的境界 C. 干份工作会给自己带来很大的精神满足 D. 职业不过就是个熟练活儿
3. 面对目前越来越多的择业机会，在以下说法中，你认为可取的是（　　）。
A. 树立干一行、爱一行、专一行的观念 B. 多转行，多学习知识，多受锻炼 C. 可以转行，但不可盲目，否则不利于成长 D. 干一行就要干到底，否则就是缺少职业道德
4. 关于爱岗与敬业的关系的论述，你认为正确的是（　　）。
A. 爱岗与敬业是相互联系的 B. 敬业不一定爱岗 C. 爱岗敬业是现代企业精神 D. 爱岗不一定敬业

项目九　物流法规与安全

知识结构图：

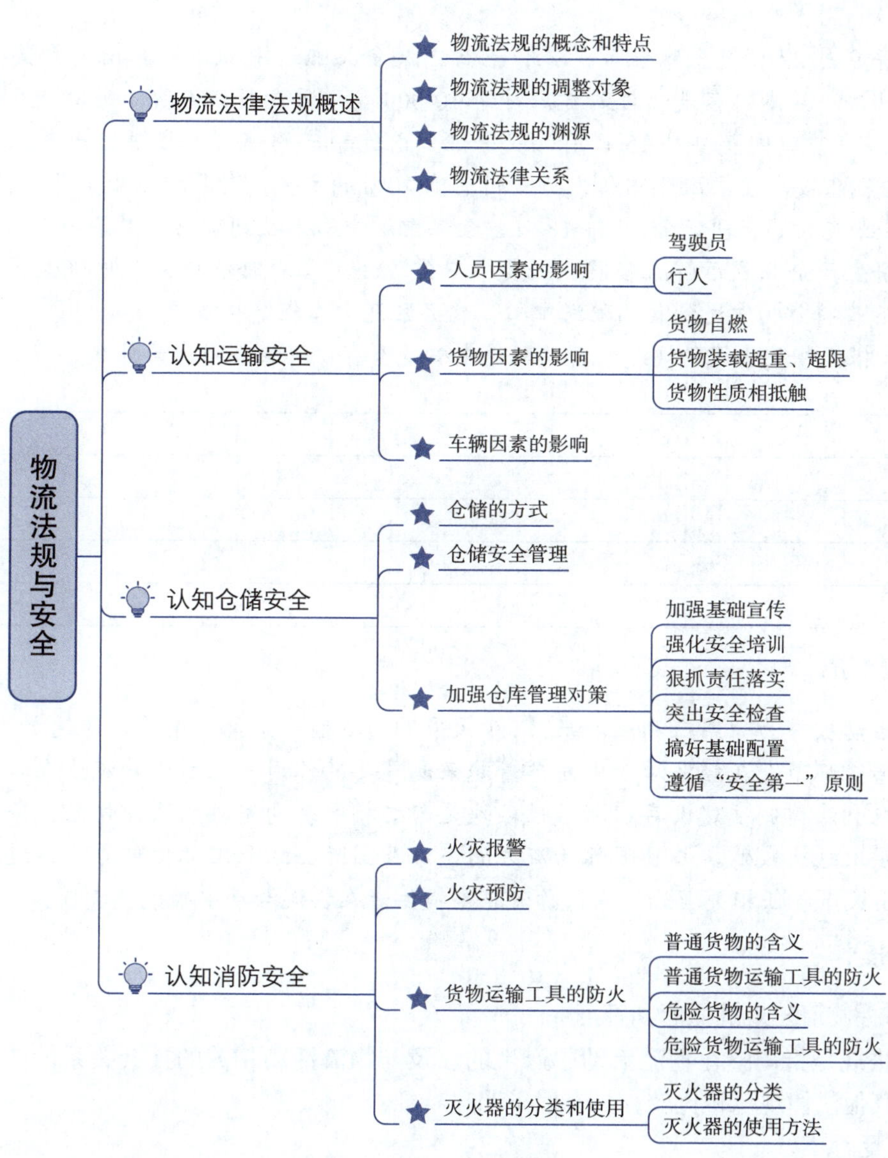

任务一　物流法律法规概述

任务目标：

（1）掌握物流法规的概念和特点；

（2）掌握物流服务提供者民事法律责任的归责原则。

任务学习：

2015年9月27日是中秋佳节。8月15日，某食品配送中心通过E-mail向某月饼生产企业订购月饼，具体内容是：订购贵厂月饼10 000盒，每盒月饼6块，每块250克，每盒价格80元，交货时间是9月15日前，以保证节前连锁店的销售。月饼生产企业接到订单后，同意订购但要求食品配送中心先行支付总价20%的定金。食品配送中心于8月20日向月饼生产企业支付了合同定金。9月18日，食品配送中心未收到货物，申请人又通过E-mail方式向月饼生产企业表示解除合同，并要求双倍返还定金和赔偿损失。月饼生产企业不同意，9月25日将货物发送到食品配送中心。食品配送中心拒绝收货。

思考：根据相关法律的规定，食品配送中心是否有权解除合同，为什么？

____

____

____

____

____

____

任务分析：

物流活动被誉为“第三利润源泉”，涉及采购、运输、仓储、生产、流通加工、配送、平等自销售等环节，在经济活动中发挥着越来越重要的作用。但由于物流业在我国起步较晚，物流权利法律制度建设存在滞后性，缺乏与之相配套的完善的法律体系，条块分割严重，效力层次也比较低，并且国际物流方面还涉及国际公约和国际惯例等。通过本章的学习，可利用民事责任相关理论，分析物流服务提供者在物流活动中的民事责任。

任务操作：

1. 掌握物流法规的概念和特点

物流法规是指调整在物流活动中产生的以及与物流活动相关的社会关系的法律规范的总称。与其他法律规范相比较，具有以下明显特征：

1）广泛性

物流活动具有广泛性，涉及采购、运输、仓储、生产、流通加工、配送、销售等方面，而物流活动的各个领域均存在有关的法律、法规或公约。同时，物流活动的过程、参与者、内容涉及的行业以及表现形式多种多样，既要受社会经济活动的一般准则制约，又要受到行业法规和惯例的制约。此外，国家为促进物流业的发展及规范物流市场秩序，颁布了涉及多项物流功能相互之间关系的综合性政策、法律、法规。

2）技术性

由于物流活动是由采购、运输、仓储、装卸、搬运、包装和加工、销售等多个技术性较强的物流环节组成的，而物流法律制度作为调整物流活动、规范物流市场的法律规范，涉及从事物流活动的专业用语、技术标准、设备标准以及操作规程等，因而具有较强的技术性 特点。

3）多样性

物流法规法律的多样性是指物流法规在形式上表现为各种法律、法规和公约。法律法规有许多表现形式，有最高国家权力机关制定的宪法、法律，有地方国家权力机关制定的地方公司法规，有国务院发布的行政法规，也有各级政府和各主管部门规定的规章、办法，还有有关货代的技术标准、技术法规和行业惯例。此外，当物流活动在世界范围内进行时，既涉及多个其他国家的国内法，还要受到国际及有公约的制约，并应遵守相应的国际惯例。

此外，当物流活动在世界范围内进行时，既涉及多个其他国家的国内法，还要受到国际及有公约的制约，并应遵守相应的国际惯例。

4）综合性

物流法律法规的综合性是指各种和物流相关的法律、法规之间存在着相互协调、相互配合的关系。现代物流是综合物流，是将多种功能组合起来的一项经济活动，涵盖了从采购原材料到半成品、产品的生产，直至最后产品通过流通环节到达消费者手上的全过程；同时，还包括物品的回收和废弃物的处理过程，涉及采购、运输、仓储、装卸、搬运、包装、流通加工、配送、信息处理等环节。物流法律法规当中的很多条款都参照了《中华人民共和国道路交通安全法》和《中华人民共和国铁路法》。当中的很多法律条约物流法律法规应当对所有这些环节中产生的关系进行调整，因此反映综合物流的物流法律法规自然也具有综合性的持点。

任务单：进一步深入理解物流个法规的特点及应用

<table>
<tr><td colspan="6">任务描述：根据物流法规的定义和特点，试分析各种物流活动中涉及哪些物流法规</td></tr>
<tr><td colspan="2">仓储领域物流法规</td><td colspan="4"></td></tr>
<tr><td colspan="2">运输领域物流法规</td><td colspan="4"></td></tr>
<tr><td colspan="2">流通加工领域物流法规</td><td colspan="4"></td></tr>
<tr><td>学号</td><td></td><td>姓名</td><td></td><td>时间</td><td>年　月　日</td></tr>
</table>

2. 了解物流法规的调整对象

物流法规的调整对象是指物流法律规范所调整的社会关系，主要包括以下两个方面：

1）物流活动当事人之间的民事法律关系

物流活动当事人可以是自然人、法人和其他组织。他们具有平等的民事法律地位，依据平等自愿原则就物流活动达成协议，规范和明确各自的权利义务，通过履行协议实现各自的权利。他们的权利义务关系是一种横向的法律关系，属于民法范畴。

2）国家行政机关与物流活动当事人之间的行政法律关系

物流活动是一种经济活动，物流活动的主体就是市场经济活动的主体，国家行政机关需要依据法律的授权，对市场主体的经营行为进行管理和监督。国家行政机关与物流活动当事人之间的关系表现为纵向的法律关系，属于行政法范畴。

3. 了解物流法规的渊源

法律渊源，就是指法律的表现形式。对物流法规而言，是指不同国家机关依法制定或认可的具有不同法律效力的有关物流活动的规范性文件。

1）国内法的渊源

（1）宪法。我国的宪法是由全国人民代表大会制定的国家根本大法，具有最高法律效力。宪法关于经济制度和经济管理的规定，是对物流关系进行法律调整的根本依据。

（2）法律。法律是指由全国人民代表大会及其常务委员会按照立法程序制定和颁布的文件。

（3）行政法规。行政法规是指由最高国家行政机关即国务院根据宪法和法律制定的规范性文件，其法律地位和法律效力仅次于宪法和法律。

（4）部门规章。部门规章是指由国务院所属各部、各委员会根据法律和国务院的行政法规决定、命令，在本部门的权限内制定的法律文件。

（5）地方法规和政府规章。享有立法权的地方人民代表大会和地方人民政府，在法律规定的权限内制定的调整物流关系的地方性法规和政府规章，同样是物流法律制度的渊源。

（6）技术标准。技术标准一般由国家技术监督管理部门组织制定、批准和发布，包括强制性标准和推荐性标准两种。

2）国际法渊源

（1）国际条约。涉及物流活动的国际条约很多，但并非所有国际条约都无条件在任何一个国家生效。

据国际法和国家主权原则，只有经过一国政府签署、批准或加入的有关物流的国际条约，才对该国具有法律约束力，从而成为该国物流法规的渊源。在涉外物流法律关系中，当我国批准或加入的国际条约与我国国内法规之间存在冲突时，优先适用该国际条约，除非我国在批准或加入该条约时有声明保留的条款。

（2）国际惯例。与物流活动相关的国际惯例是指在物流活动中，对同一性质的问题采取的类似行动，经过长期反复实践逐渐形成，为大多数国家所接受的、具有法律约束力的不成文的行为规则。

4. 物流法律关系

法律关系是指受法律规范调整的社会关系。物流法律关系即物流法律规范所调整的具有权利义务内容的社会关系。物流法律关系包括主体、客体和内容三个要素。

1）物流法律关系的主体

物流法律关系的主体，即物流法律关系中权利和义务的承担者。它分为权利主体和义务主体。其中，在物流法律关系中享有权利的一方为权利主体，在物流法律关系中负有义务的一方为义务主体。物流法律关系的主体包括：

（1）自然人：指生物学意义上的基于出生而取得民事主体资格的人。与之相对应的概念为法人，即法律拟制为“人”的组织。自然人包括本国公民、外国人和无国籍人。自然人具有民事主体资格，可以作为物流法律关系的主体。

（2）法人：指具有民事权利能力和民事行为能力，依法享有民事权利和承担民事义务的组织。法人是社会组织在法律上的人格化。法人的构成应具备以下条件：

① 依法成立：指法人依照法律的规定成立。

② 有必要的财产或经费：法人的财产或经费是法人以自己的名义占有、使用、处分的财产或经费。法人的财产和经费不仅独立于创立人的财产，而且与法人成员的财产相分离。

③ 有自己的名称、组织机构和场所。

④ 能独立承担民事责任。法人是物流法律关系主体的主要组成部分，随着国际物流和区域物流以及国内物流活动的发展，法人在物流活动中占有越来越重要的地位。依据是否以营利为目的可以将法人划分为企业法人、机关事业单位法人和社会团体法人，其中，企业法人是物流活动的最主要参与者。

（3）其他组织：指合法成立、有一定组织机构和财产，但不具备法人资格，不能独立承担民事责任的组织。其他组织作为民事主体，在我国合同法中已得到明确的认可，从而为其成为物流法律关系的主体提供了基本的条件。在我国，其他组织包括：

① 依法登记领取营业执照的个体工商户、个人独资企业、合伙组织。

② 依法登记领取营业执照的合伙型经营企业。

③ 依法登记领取我国营业执照的中外合作经营企业、外资企业。

④ 经民政部门批准登记领取社会团体登记证的社会团体。

⑤ 依法设立并领取营业执照的法人分支机构。

⑥ 经核准登记领取营业执照的乡镇、街道、村办企业其他组织必须符合相应的法律规定，取得一定的经营资质，才能从事物流业务。

2）物流法律关系的客体

法律关系的客体是指法律关系主体的权利和义务所指向的对象。物流法律关系的客体，即物流法律关系的主体享有的权利和承担的义务所共同指向的对象。物流法律关系的多样性，决定了成为物流法律关系的客体的广泛性。物流法律关系的客体通常为物、行为和智力成果，如运输公司的运送行为，工商行政管理部门对设立物流企业的审核、批准行为等。

3）物流法律关系的内容

物流法律关系的内容，是指物流法律关系主体在物流活动中享有的权利和承担的义务。

权利是指权利主体能够凭借法律的强制力或合同的约束力，在法定限度内自主为或不为一定行为以及要求义务主体为或不为一定行为，以实现其实际利益的可能性；义务是指义务主体依照法律规定或应权利主体的要求必须为或不为一定行为，以协助或不妨碍权利主体实现其利益。

4）物流法律关系的发生、变更和终止

（1）物流法律关系的发生。物流法律关系的产生是指物流法律关系的主体之间形成了一定的权利和义务关系。如果某仓储公司与其他公司签订了仓储服务合同，主体双方就产生了相应的权利和义务。此时，受物流法律规范调整的物流法律关系即告产生。

（2）物流法律关系的变更。物流法律关系的变更是指物流法律关系的三个要素发生变化。

① 物流法律关系主体变更。主体变更是指法律关系主体数目增多或减少，也可以是主体改变。在合同中，客体变，相应权利义务也不变，此时主体改变也称为合同转让。

② 物流法律关系客体变更。客体变更是指法律关系中权利义务所指向的事物发生变化。客体变更可以是其范围变更，也可以是其性质变更。

③ 物流法律关系内容变更。物流法律关系内容的变更是指物流法律关系主体所享有的权利和义务发生改变。物流法律关系主体与客体的变更，必然导致相应的权利和义务的改变，即物流法律关系内容的变更。

（3）物流法律关系的终止。物流法律关系的终止是指物流法律关系主体之间的权利义务不复存在，彼此丧失了约束力。

① 自然终止。物流法律关系的终止是指物流法律关系所规范的权利义务顺利得到履行，物流法律关系主体取得了各自的利益，从而使该物流法律关系达到完结。比如储存期限届满，存货人将货物取回导致仓储合同的自然终止。

② 协议终止。物流法律关系协议终止是指物流法律关系主体之间协商解除物流法律关系规范的权利和义务，致使物流法律关系归于终止。比如，在运输合同签订以后尚未履行之前，托运人与承运人经过协商，解除货物运输合同，致使该货物运输合同协议终止。

③ 违约终止。物流法律关系违约终止是指物流法律关系主体一方违约，或发生不可抗力，致使物流法律关系规范的权利义务不能实现。比如，在货物运输合同签订后，一方未按照合同约定的期限履行合同，经另一方催告后，在合理期限内仍未履行，则另一方有权解除货物运输合同。

5）物流法律关系产生、变更和消灭的条件

物流法律关系只有在一定的情况下才能产生，同样，物流法律关系的变更和消灭也要满足一定的条件。这种引起物流法律关系产生、变更和消灭的情况称为物流法律事实。物流法律事实是物流法律关系产生、变更和消灭的原因。

法律事实按是否包含当事人的意志分为两类：

（1）事件。事件是指不以当事人意志为转移而产生的法律事实，包括自然事件、社会事件、意外事件。

（2）行为。行为是指人的有意识的活动，包括积极的作为和消极的不作为。

任务测评：

某储运公司与某食品加工厂签订了食品原料仓储合同，约定由储运公司储存食品加工厂的生产原料。在合同履行期间，食品厂发现从仓库提取的原材料有变质现象，致使食品厂生产原料供应不上，影响了生产。经查，由仓库的通风设备发生故障引起的不能按时通风导致了食品原料变质。

1. 储运公司提供的仓储属于哪种类型的仓储？
2. 造成的损失由谁承担，为什么？

任务二　认知运输安全

任务目标：

（1）掌握造成道路运输安全的主要因素；
（2）掌握如何避免运输安全事故的方法。

任务学习：

长期以来，道路交通事故给众多家庭造成了极大痛苦以及重大化经济损失。尤其是近些年来物流运输企业车辆发生事故概率较高，关于道路交通事故的形成原因，目前较普遍的看法是：事故的主要原因是人为的，且主要为驾驶员的失误与错误操作所造成。国内外关于道路交通事故形成原因的统计结果为：80 %~85 % 的道路交通事故为驾驶员因素所造成，5 %~10 % 的道路交通事故为车辆因素所造成。这一统计结果表明，驾驶员是导致道路交通事故发生的主体因素，道路是次要因素。对此统计结果进行客观、理性分析后发现，此统计结果存在着过分夸大驾驶人员责任而忽视道路条件在预防（或诱发）道路交通事故中影响作用的倾向，因而此统计结论有欠合理与科学性。

思考：从事公路运输时容易发生哪些事故，应当如何避免？

任务分析：

我国的经济水平越来越高，人们的生活质量也随之升高，对汽车的运输需求也越来越多，因此更要预防并减少交通事故的发生。面对交通事故，有些人选择排斥、远离，但是在生活中总是避免不了的，所以我们对交通事故的危机意识就显得很重要。分析如何避免交通事故。

任务操作：

1. 掌握人员因素的影响

人员因素是影响道路交通安全的最关键因素，包括驾驶员、行人、乘客。

1）驾驶员

现如今驾驶人员的素质问题往往得不到太多人的关注，驾驶员的不良驾驶习惯是引发交通事故的重要原因。物流企业的驾驶员多数都经过专业的训练，但是部分驾驶员还是将普通公路行驶中的不良驾驶习惯带入高速公路行驶中。例如，没有观察路面情况便直接驶入了行车道，结果与后面疾驰而至的小车发生追尾，造成追尾车辆司乘人员受伤；又如，盲目开快车，无理超车，甚至出现“见车就追，逢车便超”，这些都是事故的严重隐患。另外，驾驶员的公路交通法规意识淡薄，违法、违章行为是引发交通事故的另一重要原因。

由于绝大多数驾驶员长期行驶于高速公路与普通公路混合的交通环境，对高速公路上的交通标志、标线的意义的重要性缺乏认识与重视，部分驾驶员甚至视而不见。此外，防范意识不强，忽视对车辆的日常检查和维护、检查携带易燃易爆物品不严，防火意识淡薄。

目前酒后驾车已经成为交通事故发生的重要因素，为了保障自身和他人的安全，驾驶员在酒后切忌驾驶车辆。

案例：物流公司车辆驾驶操作失误酿成车祸，谁来承担损失？

2020 年 1 月 19 日 10 时 40 分许，穆某驾驶车牌号为 *K***5 挂“ ** 牌”重型半挂牵引货车，在由西向东行驶至国道 339 线昔阳县广阳桥弯道路段，操作不当致使车辆发生侧翻，造成车辆、货物及道路损坏。

思考：事故造成的损失由谁承担？如何避免此类交通事故？

____

____

____

____

____

____

____

____

2）行人

行人的遵章意识、交通行为会对道路交通安全产生明显影响。一些交通事故就是由于行人不遵守交通规则而导致的。加强行人的法律法规教育，规范他们的行为，将会对保障道路交通安全产生重要作用。

任务单：如何避免交通事故

<table>
<tr><td colspan="6">任务描述：结合案例进行分析，2018 年 3 月 18 日 15 时 45 分许，驾驶人何某某驾驶 A 挂重型半挂汽车列车（空载，使用性质为货运），沿 315 国道由东向西行驶，当行至 125 km 加 550 m 弯道处（海北州海晏县境内）时，因车辆转弯甩尾与对向一辆小型轿车相撞，造成 5 人员死亡，1 人受伤。事发时路面有冰雪</td></tr>
<tr><td colspan="2">造成交通事故的原因</td><td colspan="4"></td></tr>
<tr><td colspan="2">如何避免交通事故</td><td colspan="4"></td></tr>
<tr><td colspan="2">作为一名物流车辆驾驶员应当具备哪些素质</td><td colspan="4"></td></tr>
<tr><td colspan="2">物流车辆驾驶员的岗位职责是什么</td><td colspan="4"></td></tr>
<tr><td>学号</td><td></td><td>姓名</td><td></td><td>时间</td><td>年　月　日</td></tr>
</table>

2. 掌握货物因素的影响

1）货物自燃

货物本身的危险属性，如危险化学品本身具有易燃、易爆、有毒、有害的特性；货物发生自燃也是车辆着火的主要原因之一，尤其是当车辆运输的货物与易燃物品甚至易燃、易爆物品混杂在一起时，稍不小心就会导致货物着火。

思考：什么是自燃？

____

____

____

____

____

所以，普通车辆不可混装或者违法运输禁运货物。在运输危险品时一定要做好防护措施，比如运输电石、生石灰等遇水容易自燃的货物时要盖好篷布。危化品运输车一旦出事后果不堪设想，更需要谨记运输规则及装卸规则。

2）货物装载超重、超限

车辆超重、超限严重破坏公路基础设施。由于超载、超限车辆的荷载远远超过了公路和桥梁的设计载荷，致使路面损坏，桥梁断裂，使用年限大大缩短。超重、超限还会使行车中危险性增大，惯性加大，制动距离加长。如果严重超载，则会因轮胎负荷过重变形过大而引发爆胎、突然偏驶、制动失灵、翻车等事故。

思考：如何扼制车辆超重超限，超重超限如何处罚？

____

____

____

____

3）货物性质相互抵触

货物性质就是货物的物理性质和化学性质，像易变形、易碎等都属于物理性质，像易燃性、易爆性等都属于化学性质。

影响货物变化的因素，包括货物本身的自然性、化学组成与结构不同，温湿度、阳光、雨属水和微生物等不利环境因素的影响，运输中装卸搬运的外力影响使货物的质量变化，都会造成货物使用价值的下降或丧失。从事运输时需要掌握货物的各种特性，如物理性质、化学性质和生物性质。研究货物特性的目的，是通过货物质量变化的现象，找到其变化的实质，掌握质量变化的科学规律。

思考：哪些物品不能进行快递运输？

____

____

____

____

4）货物装载加固不当、稳定性差

如果货物在运输过程中加固不牢，可能产生严重后果，例如物件、车辆损坏以及人员受伤。货物需要使用捆扎带、包装网或防滑垫在表面加固，以保证货物在运输途中得到充分的保护。

货物装载加固的具体要求：使货物均衡、稳定、合理地分布在货车上，禁止三重一超一落；能够经受正常调车作业及货车运行中所产生的各种力的作用，在运输过程中，不发生滚动倾覆、倒塌和坠落等情况。

思考：如何进行托盘货物的加固？

3．掌握车辆因素的影响

车辆是现代道路交通的主要运行工具，车辆技术性能的好坏，是影响道路交通安全的重要因素。因为带病行驶、车辆制动失灵、制动不良、机件失灵、灯光失效和车辆装载超高、超宽超载、货物绑扎不牢固所致的事故不在少数。另外，由于车辆在行驶过程中，各种机件承受的反复交变载荷，当超过一定数量后也会突然发生疲劳而酿成交通事故。大量的交通事故案例显示，车辆的关键安全部件一旦出现问题和故障，将导致恶性交通事故的发生，如制动系统失灵，车辆不能停止；转向系统失灵，无法控制行驶方向；前轮轮胎爆裂、车辆栽头、跑偏等，导致客车失控，以至发生撞车、撞人、坠沟、翻车等恶性交通事故。

任务测评：

1. 哪些因素会引起车辆发生事故？
2. 应如何杜绝车辆事故发生？

任务三　认知仓储安全

任务目标：

（1）掌握仓库的一般安全要求；
（2）掌握仓库设备的安全要求。

任务学习：

在任何企业管理的活动中，安全都是至关重要的。安全是一切工作的基础，对个人而言，安全就是生命；对企业而言，安全就是效益，是企业发展的基石，安全管理“责任重于泰山”。在这其中，仓库安全管理占据重要的地位。仓库（Warehouse）是指保管、储存物品的建筑物和场所的总称，它是企业物资供应体系的一个重要组成部分。仓库担负着产品的仓储、调拨及配送设备的保管和维修等工作。

思考：仓库的不安全因素有哪些？

____

____

____

____

任务分析：

仓库安全事故好像在时刻发生着，比如水火，偷盗、抢劫卫生安全事故等，为什么会有这么多的安全事故，我们应该如何做才能远离这些安全事故或者降低伤害？

任务操作：

1. 了解仓储的方式（见表 9-1）

表 9-1　仓储方式

分类标准	类　型
功能	储备仓库，周转仓库（生产、流通、中转、集配、加工）
用途	自用、营业、公共、保税
保管形态	普通、冷藏、恒温、危险品
结构与构造	平房、多层、高层、散装、罐式
选址	港口、内陆、枢纽

仓储的实际场景如图 9-1 所示。

图 9-1　仓储的实际场景

2. 仓库安全管理

仓库主要承担着产品的保管工作，是商品环节的重要组成部分。保管和调配好库内产品，做到数量准确，质量完好，确保安全，收发迅速，对各种企业的效益起着至关重要的作用。仓库安全管理，就是要及时发现并消除仓库内各种危险隐患，有效防止灾害事故的发生，保护仓库中人、财、物的安全。仓库的安全管理工作包括防火、防盗、防破坏、防潮湿等。做好仓库安全管理是保证效益的前提，也是提高物流效率的基础。图 9-2 所示为安全警示标识。

图 9-2　安全警示标识

3. 掌握加强仓库安全管理的对策

（1）加强基础宣传，提高仓管人员的安全意识。加强安全意识宣传是仓库安全管理的一项基础工作，也是实现仓库安全运行预防事故发生的重要手段。通过内容丰富化、形式多样化、对象广泛化的宣传，特别是在单位“安全生产月活动中”的宣传，通过具体案例的分析，使仓管人员增强安全意识，克服麻痹思想和侥幸心理，时刻敲响安全警钟，营造“关爱生命，关注安全”的良好舆论氛围。

（2）强化安全培训，增强仓管人员的安全素质。安全责任重于泰山，要想使单位的工作有条不紊地开展，仓库工作相当重要，对于仓库工作人员来说，必须牢固树立“安全第一”的思想，时刻绷紧安全这根弦，要经常结合工作实际，抓好对仓管人员的技能培训，进一步提高各岗位工作人员熟练操作各种机械和设备的能力，避免不规范操作引起的安全问题。有针对性地组织仓管人员组织应急演练等活动，以切实提高仓管人员安全防范技能，增强其防灾、救灾能力。

（3）狠抓责任落实，确保仓库安全工作无死角。抓安全工作，最直接、最有效的方式就是将责任落实到人。可根据仓管人员的具体分工和岗位性质，详细制定每个岗位直至每个仓管人员的安全职责，确保安全工作时时有人抓、事事有人管。安全工作需要人人参与，但更需要有专人负责。通过安全责任的分工，增强仓管人员的责任心，同时加大安全工作检查力度，有利于及时发现并消除安全隐患。

（4）突出安全检查，增强对安全隐患的监管能力。应突出重点，围绕防范重大安全责任事故，防范重大财产损失的基本要求，对事故多发部位、多发领域存在的安全隐患进行不间断的排查治理。排查的主要内容是基础配置、技防设施、作业环境、防控手段等，以及管理组织机构、责任落实、事故查处等方面存在的薄弱环节。建立健全重大隐患管理机制和重大危险源监控机制，努力实现隐患排查治理工作制度化、经常化，切实做到隐患监控心中有数，隐患治理及时有效。通过安全监管，切实增强对安全隐患的发现并及时做好排除工作。

（5）搞好基础配置，增强安全突发事故的应对能力。对于仓库安全管理，应做到及时安装防火、防盗监控报警等安全设施，配齐消防、通风、排潮设备，对库房用电一律进行阻燃处理，加装防护设施，仓库应建立并完善消防档案、安全台账及各项安全管理规章制度，以便及时掌握设备运行状态、仓库的情况，避免发生安全事故。

（6）严格遵循“安全第一”的原则，确保库内产品调拨的安全运行。一是要遵循“定点、定量、定位”原则，确保库内产品摆放不混乱，不受挤压；二是要做到“先进先出”的原则；三是在堆放时要做到不得阻塞通道、不得阻塞消防栓和灭火器。通过这些原则的执行，做到库内产品完好无损、及时调进和调出、切实做到安全无障碍运行。安全工作始终是一项长期、艰巨、复杂的系统工程，直接影响着生命、财产的安危，安全生产必须警钟长鸣，常抓不懈。在市场竞争日益激烈的今天，安全事故可能使任何一家企业走向衰败。应切实把安全工作作为头等大事来抓，使安全工作成为一种自觉行动，及早堵塞漏洞，查找隐患，才能从根本上杜绝事故的发生。应牢固树立“安全第一、预防为主、综合治理”的思想，严格执行安全制度，切实遵守装卸、搬运、堆码等人工或机械的安全操作规程，加强危险品的监督检查，严防事故的发生，以减少财产物资的损失以及人身伤害，经常检查消防设备是否完好，熟练掌握消防器材的使用方法，防止事故的发生，切实做到仓库的安全管理。

任务单：进仓储管理人员岗位职责及应具备的素质、素养

<table>
<tr><td colspan="6">任务描述：某地仓库安全隐患给我们带来的警示</td></tr>
<tr><td colspan="2">仓储人员岗位职责</td><td colspan="4"></td></tr>
<tr><td colspan="2">仓储管理人员应具备的素质和素养</td><td colspan="4"></td></tr>
<tr><td colspan="2">仓库 6S 管理</td><td colspan="4"></td></tr>
<tr><td colspan="2">仓管员的职业道德</td><td colspan="4"></td></tr>
<tr><td colspan="2">仓储安全的重要意义</td><td colspan="4"></td></tr>
<tr><td>学号</td><td></td><td>姓名</td><td></td><td>时间</td><td>年　月　日</td></tr>
</table>

任务测评：

物品堆码安全要求有哪些？

任务四　认知消防安全

任务目标：

（1）掌握仓库的一般安全要求；
（2）掌握仓库设备的安全要求。

任务学习：

近年来，一些生产安全事故发生在以矿山开采、危险化学品生产、建筑施工、交通运输等为主的高危行业，以及以中小企业为主的制造与加工业等行业。酿成这些事故的一个不可忽视的重要原因是一些从业人员安全意识淡薄，既缺乏基本的安全法律法规常识与安全知识，又缺乏必要的应急避险能力。如何能够预防火灾的发生？当火灾发生时如何能将损失降到最低？

任务分析：

安全生产、劳动保护事关劳动者的身体健康和生命安全，是广大劳动者最基本的劳动权利。多年来，党和政府十分重视保障劳动者安全生产、劳动保护权益，已经颁布和实施一系列法律法规和职业安全卫生标准，但在一些地方和单位没有执行到位。企业从业人员享有安全生产的权利，还有应尽的义务。从业人员要懂得不伤害自己，不伤害别人，不被他人所伤害。在享有权利的同时，也必须履行应尽的义务，必须遵章守法，服从管理，自觉接受安全培训，掌握安全技能，提高发现隐患、保护自己、保护企业的能力。

思考：你知道报警常识有哪些吗？

任务操作：

1. 火灾报警

（1）一般情况下，发生火灾后应当报警和救火同时进行。

（2）拨通“119”电话后，应沉着、准确地讲清起火单位、具体位置、起火部位、燃烧物是什么、火势大小等。

2. 火灾预防

火与人类的生存和发展有着十分密切的关系，火的出现给人类带来生活的方便，然而，事物都有两重性，火也是一样，如果掌握得好，火可以造福人类，假如失去控制，火就成了灾害之源。火灾是一种凶恶的灾害，它可以顷刻之间夺取人的生命，使社会事业和人民生命财产受危害；因此，预防火灾对于促进社会主义现代化建设和保障人们的幸福生活有着十分重要的意义。随着经济和科学技术的发展，火灾起因也更复杂，引起火 灾的不再仅仅是明火，机械的摩擦、电的热效应、化学的放热反应、核能的释放、物资自燃等，都会导致火灾的发生，尤其是电气火灾比例日益上升及使用违规电器，如何做好火灾的预防，减少财物的损失，是当前消防工作的首要问题。

（1）仓库、货场、车间等建筑物的建筑构件和建筑材料的防火性能必须符合国家及行业规范，并经消防设计审批和消防验收。

（2）按规定配置符合国家标准或行业标准的消防设施及器材，设置消防安全标志，并定期检查。

（3）保障疏散通道、安全出口畅通，安全疏散标志清晰有效。

（4）汽车、火车、船舶装载货物，应严格按载重量装载并按要求加固，不得超重、超限。

（5）货物性质相抵触或者对运输条件要求不相同的，不得混合装载。

（6）仓库、货场应当分类、分垛储存货物，在设有仓库、车间的建筑物内不得设置员工集体宿舍。

3. 掌握货物运输工具的防火方法

1）普通货物的含义

普通货物是“特种货物”的对称，是指在运输与保管方面没有特殊要求的各种货物。中国交通部将普通货物划分为三等：一等货物多系堆积货物，价值较低，如煤、砂、石、土、炭、渣等及某些非金属矿石和普通的包装容器等；二等货物多系一般的工业产品、农业产品和加工过的矿产品，这类货物本身的价值比一等货物高，运输责任也较重。

2）普通货物运输工具的防火

（1）行驶前应对运输工具认真进行检查，确认机件设备良好，并配备相应的灭火器具。

（2）严格遵守交通规则，严禁酒后驾驶，疲劳驾驶，严禁超速。

（3）应严格按载重量装载货物并按要求加固，不得超重、超限。

（4）载有可燃货物时必须覆盖严密，随行人员不得在货物旁吸烟。

（5）汽车在禁火区发生故障时，应及时拖离，不能就地修理。

3）危险货物的含义

危险货物是指容易引起燃烧、爆炸、腐蚀、中毒或有放射性的物品，在运输、储存过程中容易造成人身伤亡和财产损失，必须采用特殊防护设施与措施的货物。中国《危险货物运输规则》中，将危险货物分为爆炸品、氧化剂、压缩气体和液化气体、自燃物品、遇水燃烧物品、易燃液体、易燃固体、毒害品、腐蚀物品和放射性物品等十类。某些易燃货物，如棉、麻、煤粉等，在含量、浓度、件重等均小于规定的限额时，可作普通货物处理。

4）危险货物运输工具的防火

（1）应取得相关主管部门的许可，在许可范围内运输危险货物。

（2）对装运危险货物的包装严格检查，包装不牢、破损、品名标签、标志不明显的易燃易爆化学物品和不符合安全要求的罐体、没有瓶帽的气体钢瓶不得装运，危险物品应严格按照核定载重量装载，不得超重、超限，性质不稳定、易变质、分解和自燃的物品，应定时检查、测温、防止自燃爆炸。

相关人员应按要求穿戴劳动防护用品，对货物轻拿轻放，防止碰撞、拖拉和倾倒。

运输易燃易爆化学物品的工具必须彻底清扫冲洗干净，才能继续装运其他危险物品。

（3）化学性质、安全防护、灭火方法互相抵触的易燃易爆化学物品不得混合装运，不符合危险货物安全积载的不得装运。

（4）遇热容易引起燃烧、爆炸或产生有毒气体的化学物品，根据气温情况合理安排，必要时应采取隔热降温措施。

（5）遇潮容易引起燃烧、爆炸或产生有毒气体的化学物品，不宜在阴雨天运输。若必须在阴雨天运输，除了具有良好的装卸条件外，还应有完善的防潮遮雨措施。

（6）无关人员不得搭乘装有易燃易爆化学物品的运输工具。

（7）载运危险货物的汽车必须有明显的符合要求的标志，配备可用于扑灭所运输危险货物的消防器材，及时导除静电（常用方法是车身后拖金属链），不能带拖斗，选择人流少、车流少的道路行驶，禁止在闹市等人员密集区停放。装运液体物料的槽罐车的颜色应符合要求,槽内应分隔,以减少静电产生,并安装静电接地装置和阻火设备,槽罐顶部应装置呼吸阀。

（8）装载危险货物的列车在编组调车作业中，应执行有关禁止溜放、限速连挂、编组隔离等规定；驾驶室不得有杂物，内燃机车的机械间不得有油污、杂物，电力机车的高压间不得有杂物及临时加设的电气明线。

（9）载运危险货物的船舶进行洗（清）舱、驱气或者置换，应当选择安全水域，期间不得使用雷达、无线电发报机，不得进行明火及其易产生火花的作业，不得加油、加水；作业载运爆炸品、有机过氧化物、闪点 28℃以下易燃液体和液化气的船，不得与其他驳船混合编队拖带。

任务单：仓库安全的要求及注意事项

<table>
<tr><td colspan="6">任务描述：请根据以前所学知识，写出仓库安全的一般要求</td></tr>
<tr><td colspan="2">物料的安全储存原则</td><td colspan="4"></td></tr>
<tr><td colspan="2">根据仓储物品的不同，仓库应配备哪些种类的灭火器</td><td colspan="4"></td></tr>
<tr><td colspan="2">仓库防火措施</td><td colspan="4"></td></tr>
<tr><td>学号</td><td></td><td>姓名</td><td></td><td>时间</td><td>年　月　日</td></tr>
</table>

4．掌握灭火器的分类和使用

1）灭火器的分类

灭火器按所充装的灭火剂可分为泡沫灭火器、干粉灭火器、二氧化碳灭火器、清水灭火器、卤代烷灭火器等。灭火器按其移动方式可分为手提式灭火器和推车式灭火器。

2）灭火器的使用

灭火器主要的用途都是用来灭火，但不同灭火器适用的范围和场合不同。

灭火器的使用方法，如图 9-3 所示。

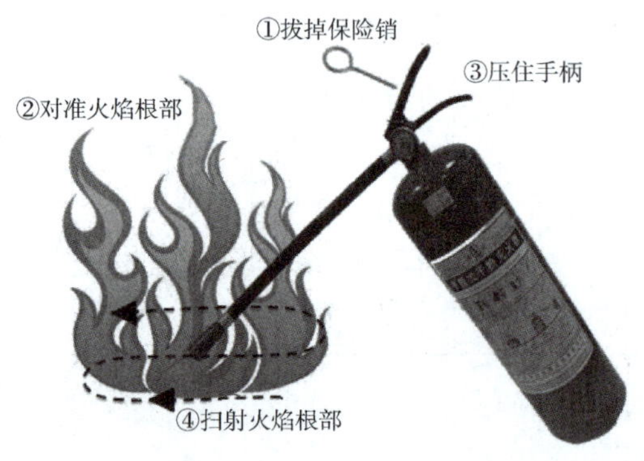

图 9-3 灭火器的使用方法

任务测评：

请写出常见的灭火常识。

参考文献

[1] 宋文官 . 物流基础 [M]. 4 版 . 北京：高等教育出版社，2017.

[2] 侯彦明 . 物流信息技术与管理 [M]. 北京：中国财富出版社，2015.

[3] 人力资源和社会保障部职业技能鉴定中心 . 物流师（仓储管理）国家题库技能实训指导手册 [M]. 北京：科学出版社，2010.

[4] 侯彦明 . 供应链管理 [M]. 北京：中国财富出版社，2015.

[5] 杨紫元 . 物流基础 [M]. 东营：中国石油大学出版社，2021.